AIは人間を憎まない

The AI Does Not Hate You

トム・チヴァース著
樋口武志訳

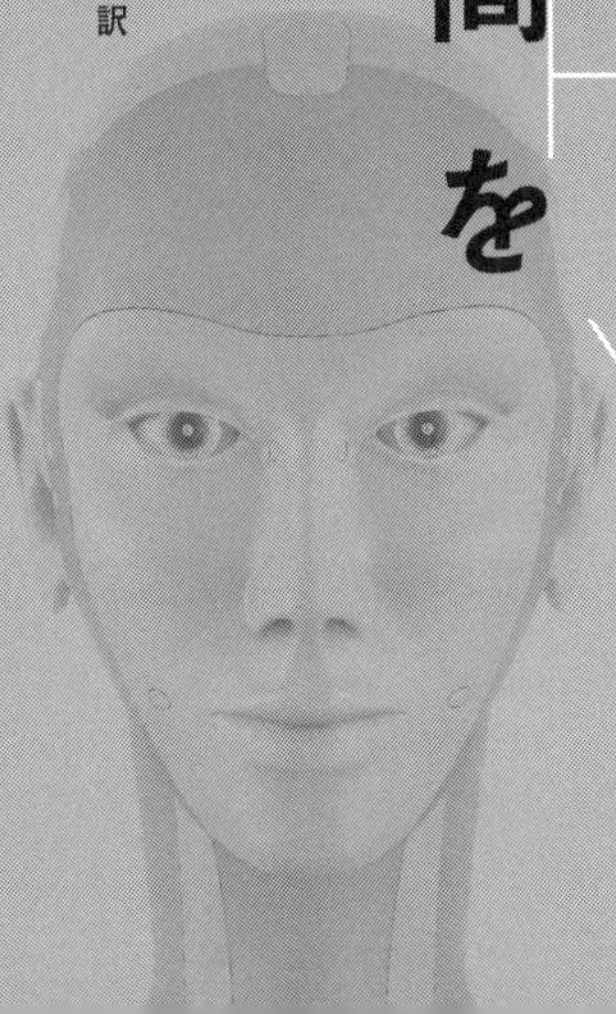

飛鳥新社

ビリーとエイダへ。
この本で紹介している人びとの考えが正しく、人類が宇宙へと進出するのを
生きて目にすることができることを願う。

AIは人間を憎まない　目次

PART2 ペーパークリップの黙示録

PART3 すべての基本はベイズ的思考法

PART4 バイアスという人間の弱点

PART5 理性の水位を上げる4つの方法

PART6 衰退と離散

PART7 ダークサイド

PART8 より効果的に善をなす

PART9 滅亡の基準率

イントロダクション「あなたの子供たちが老化で死ぬことはないと思う」

主とマスター！　私の電話を聞いてください。ああ、マスターに来て！　主よ、必要は大きいです！　私が呼んだもの、霊は去りません。

ヨハン・ヴォルフガング・フォン・ゲーテの詩「魔法使いの弟子」（一七九七年）。
人工知能を使った翻訳（つまり、Google翻訳）。

私はBMW社製の大きな黒いSUVの助手席に座っていた。心地よい10月の午後、サンフランシスコ・ベイエリア南部の入り組んだ高速を走っていると、運転する男がこう言った。

「あなたの子供たちが老化で死ぬことはないと思う」

言葉の主はポール・クローリーという男で、暗号エンジニアとしてグーグルのAndroid携帯のOS開発を仕事としている。だが、人生の主な関心事は「人類がみずから生みだした技術に滅ぼされることなく、他惑星へ進出する手助けをすること」だ。

ポールを含む「あるグループ」の人びとは、現代が運命の分かれ道だと考えている。これから100年ほどが、きっと人類にとって大きな分岐点となるだろう――このまま繁栄を続けて宇宙へ進出し、銀河を股にかける不死に近い神のような文明となるか、自分たちが生みだしたテクノロジーに滅ぼされるか。そのグループの人びとは、私の子供たちが神のような存在になる可能性があると考えている。そしてまた、そうならない可能性も十分にあると考えている。だから前者の可能性を高めることを目指している。

こうした人びとの存在は、数年前から認識していた。「合理主義者（Rationalist）」として知られる人びとだ。

ＡＩ（人工知能）については、ここ数年あらゆる意見を目にしたことがあるはずだ。ＡＩは私たちの仕事を奪うのか？　新しく恐ろしい自律型兵器となっていくのか？　富める者が新時代の経済を動かすロボットやコンピュータを買い占め、貧しき者がますます取り残されていく格差の時代へとつながっていくのか？　昔から言われていたようなロボット執事が手に入るのだろうか？

ロボット執事はさておき、こうした深刻でリアルな懸念については、多くの記事や本が書かれてしかるべきだ。合理主義者たちもこうした問題を心配してはいるが、いちばんの懸念は別のところにある。彼らが懸念しているのは、ＡＩが――比較的近い将来、つまり私の子供たちが当然のように生きて目にできるくらいの、あるいは子供世代にとってそう遠くない未来に――人間と同じくらい賢くなることだ。そうなったとき、ＡＩは「人工知能システムの構築」という能力においても人間と肩を並べることになる。人間にできることはＡＩにもできるようになるのだ。

しかも人間と同じくらい賢いＡＩということは、かなり急速に自身を改善させ、さらには改善の方法自体も向上させ、さらなる改善を遂げ……と繰り返していく可能性がある。そしてあるとき「知能爆発」が起こると、一瞬にして人間は知能面でＡＩに大きく遅れをとることになる。知能こそ、人間を地球で最も繁栄する大型動物たらしめたものだ。人類とゴリラのＤＮＡのほんのちょっとの違い、人類をゴリラより賢くしたそのほんのちょっとの違いが、地球上のあらゆる大陸に何十億とあふれ返る人類と、コンゴやルワンダの山で絶滅の危機を迎えるゴリラを分ける結果となっている。もし人間より賢い機械が生まれると、人間は機械による暗黙の許可のもとで生きるほかなくなる、と合理主義者たちは言う。ゴリラと人間の関係と同じように。

加えて合理主義者たちは、賢いからといって、機械が善いものとは限らないと言う。良識を持っているかすらわからないのだ。人工知能の作り方にはきわめて慎重でないと——さらに指示の内容にはもっと慎重でないと——人工知能との未来は、私たちの知る限り、きわめて短く好ましくないものに終わってしまう可能性がある。そしてまた一方で、エントロピーや、光の速度や、原子の大きさといった物理的な限界にしか制限されない、銀河を股にかけた輝かしいものになる可能性もある。

本書は、そんな未来についての本だ。本当に私たちは瀬戸際に立っているのだと——自分の子供たちが老化で死なない時代が迫っているのだと——合理主義者（の一部）と同じように信じるかどうか、私なりに見極める試みである。魅力的で、変わっていて、頭が良くて、親切で、未来を案じ、みずからイメージを悪くしてしまうこともある合理主義の人びとに焦点をあてた本でもある。

本書でなされる大半の主張は真実だと、大いに自信を持っている。合理主義者たちが何を信じ、どう生きているかを力の限り公平に説明しているはずだ。しかし私も人間だから、脳が間違った方向に進んでしまうことが予想される。そんな間違った方向のひとつとして、（本書に登場する何人かによると）脳は自分が気に入った事実に直面すると、「信じていいよね？」と自問するが、気に入らない事実に直面すると「信じる必要があるの？」と自問するという。

　私はこの本に登場する多くの人——全員ではない——のことを好きだから、少しでもそう思えなくなる出来事が起こったとき、「信じる必要があるの？」という思考に振れすぎてしまっているかもしれない。そんなわけで、自分が本書のあちこちでミスを犯していることにもきわめて自信を持っている。そうしたミスが大きなものであったり、人を傷つけるようなものでないことを願う。そうであろうとなかろうと、ミスは私の責任であり、ほかの誰の責任でもない。

新時代の鍵を握る人たちに会いに行く

２０１７年10月にカリフォルニアへ飛び、ポールを筆頭に、合理主義者コミュニティに属する数人と会った。現実世界における最大の拠点はバークレーとシリコンバレーを中心とした地域だが、そのコミュニティはインターネットを中心としてあちこちに広がっている。

　このコミュニティとの接触は、これが初めてではなかった。その存在は２０１４年から知っていた——ニック・ボストロムの『スーパーインテリジェンス 超絶ＡＩと人類の命運』（日本経済新聞出版社）の書評を書いたときだ。ＡＩが人類を滅ぼすか否かについての議論をあなたが多少なりとも知っているとしたら、それはおそらくボストロムの本があったからだろう。

　イーロン・マスクはペイパル社を設立して大金を儲けたあと、火星を目指して資金をせっせと失っている期間にこの本を読み、ＳＮＳでこう報告した。「ＡＩにはかなりの注意を払っておく必要がある。核よりも危険なものになる可能性がある」[1]。ビル・ゲイツは、ＡＩを理解するために誰もがボストロムの本を読むべきだと語っている[2]。ボストロムの著作は、人工知能が「人類にとって最高のもの、もしくは最悪のものになる」[3]可能性があるというスティーブン・ホーキングの見解にも影響を与えた。

きわめて濃密で、難解な本だった――書評を書きながら、適当なページを開いて一文を選んでみると、こんな表現が出てくる。

「［オラクルは］その動機システムに馴化性《じゅんかせい》メソッドによる動機づけ選択を採用することにすれば、その目標内容は、過度な資源を利用して答えを出すことに価値を置かない、という内容に設定されるかもしれない[4]」

何を言っているのか私にはよくわかるが、ＡＩについての優しい入門書とは言えない。それでも、哲学的でアカデミックな本としては異例の売上を記録し、『ニューヨーク・タイムズ』のベストセラーリストで17位にまで上り詰めた。

ひとたび理解すると、その本の内容はいくぶん恐ろしいものだ。そこでは超人的人工知能を作ろうとする人間の取り組みが――継続的で、本格的で、完成がかなり近づきつつあるかもしれない取り組みが――自分たちを育て、守ってくれるフクロウを探すスズメたちの試みにたとえられている。そのたとえでは万能なフクロウを求めるスズメたちの気持ちも理解できるが、そのフクロウをスズメの群れのなかでどうコントロールするかは、１００パーセント洗いざらい考え抜けていないようだ。

この本の発売は、大まかに言って、合理主義者たちの懸念が広く一般にも浸透してきた頃のことだった。しかしどうやらメディアには内容が理解されなかったらしく、あちこちで『ターミネーター』シリーズが引き合いに出される結果となってしまった。でもポールを含め合理主義者コミュニティの数人が、私の書評を読み、要点を理解している人物と見なしてくれた。そうして向こうから連絡が来たのだった。

そこから数年間、私は合理主義者たちと深く関わっていった。さまざまなウェブサイトを読み、専門的な用語を学んだ。「更新（updating）」、「ペーパークリップ・マキシマイザー」、それから「パスカルの路上強盗（Pascal's mugging）」といった技術用語や半技術用語だ（これらの意味については本編で説明していく）。読むべきもの、特に何と言っても「ザ・シークエンス」も読んだ（これも詳細は本編で紹介する）。

超人的人工知能が与えうる計り知れない影響を、ポジティブなものであれネガティブなものであれ、受け止めた。そしてＡＩの脅威に対してのみならず、世界に対する彼らのアプローチにますます惹《ひ》かれていった。

また、人間をよりよくすることを願い、宇宙へ進出する手助けをし、自滅を防ぎ、不死への道を模索しようとする人びとを知った。さらに、合理主義の運動は「自分たちがどう思考しているのか」について思考するのに役立つことも。人間の脳の仕組みを正しく理解できれば、目標をより効率的に達成できるようになり、真実を探り出すよりよい方法を見つけ、善意と親しみを持って議論できる――そうしたことも合理主義者の目的なのだと知った。

それから、人間レベルの知能の実現はかなり近いかもしれないこともわかった。ＡＩ研究者の多くは、それが次の世紀には訪れるだろうと考えており、今後数十年のうちに起こることもありうるとしている。諸々を総合して考えると、それには反論の余地がないように思えた。

しかし私は、そうした情報をうまく飲み込むことができなかった。人間レベルのＡＩの甚大なる影響や、その実現が迫っている可能性があることを理解し、頭では受け止めていたが、それらが実際に何を意味するのかを、内臓レベルで、腹から体感的に理解することができていなかったのだ。

だから私の子供2人が実際に老化で死なない可能性があると言われたときも、ショックの受けようがなかった――わが子たちは、当時2歳と3歳だった。2人はかなりの確率であと90年か１００年は生きることになるだろう。90年と言えば多くの研究者が予想しているような「超人的人工知能が実現する可能性の方が高い」時代へ、とっくに突入している。超人的人工知能は、この分野の多くの人が信じているように、人間を滅ぼすか、不死に近い神のような存在にするポテンシャルを秘めている。

それまでは、こうした議論をただの知的ゲームだと思っていた。それがいまや、実在する自分の子供たちに関する話になっている。恐竜とピクサー映画のなかで出来が悪い部類の作品が好きな、幼いビリーとエイダの話に。動悸《どうき》で息が切れるような思いがした。ロボットが人間の仕事を奪うとか、戦場で使われるようになると言って心配していた人びとが頭をよぎった。そしてこう思った。この人たちは、氷山はまだ左舷前方１００メートル近く先だけど、いま甲板で座っている椅子が安全かどうかを心配しているんだ。

カリフォルニアに行った２０１７年の秋は、大規模な山火事が起こった時期と重なっていた。[5] 州北部の森や木々が１００万エーカーも燃えた。43名が命を落とし、特にナパのワイン畑付近は被害がひどく、数千もの住宅が損壊した。火はベイエリア北部にあと数キロというところまで迫ってきていた。毎朝、Airbnb（エアビーアンドビー）でバークレーに借りた、階下にうるさいクラブがあるわびしい小さな部屋で目を覚ますたび、木の燃えるにおいが漂ってきた。太陽も煙霧でかすんでいた。観光がてらサンフランシスコへと出かけたとき、埠頭のショッピングエリア「ピア39」から北を眺めると、湾の遠く向こう岸が、不気味な霧のような灰色の煙のカーテンに覆われているのが見えた。

別の日に、バークレー校の裏手の大きな丘にのぼって夕暮れを見に行くと、煙によって鮮やかな燃える玉のような姿になった太陽が、20キロほど先のほとんど見えなくなったゴールデンゲート・ブリッジの奥に沈んでいった。iPhoneのカメラではまったく捉えられないような素晴らしい光景だった（煙のなかに沈んでいく太陽を眺めながら、足元の枯れ草でタバコの火を消す人間もいた。彼の襟をつかんで叱りつけてやりたかった）。

ほんの少し先では、すべてが火に包まれ、人びとが命を落としている――しかしこちら側の、向こうとは隔たった快適な場所では、みな気にも留めていなかった。煙が家まで漂ってきてさえいるのに。しかし少数の人びとは火事を気にかけ、医療用マスクをつけていた――焼け死ぬ可能性に敏感に反応して、喘息《ぜんそく》を気にしていたのだった。向こうに見える氷山と、こちら側のデッキチェア。

もちろん、これは大げさなたとえだ。こちら側のバークレーには焼け死ぬほど深刻なリスクなどなかったが、たしかに肺の病気の症状を悪化させる可能性は十分にあった。人びとは完璧に平静を保って振る舞っていたものの、私はジャーナリストになって10年以上が経つので、目の前にある陳腐だがわかりやすい比喩を放っておくようでは、この商売はやっていけない。だからこう自問し始めた。私たちは（比喩的に、もしかしたら文字通り）焼け死んでしまうのだろうか？

目標は、人類が恒星へ進出すること

私にとって重要に思えたのは、この「子供世代は老化で死ぬことがなくなる」といった類いの言説が合理主義者たちのあいだで広く信じられているものなのか確かめることだった。そこで私はアナ・サラモンに話を聞きに行った。

サラモンは非営利組織「応用合理性センター（ＣＦＡＲ／Center for Applied Rationality）」（シー・ファー《遠くを見通す》と発音する）の会長および共同創設者で、合理主義者たちの中心メンバーだ。ＣＦＡＲは、機械知能研究所（ＭＩＲＩ／Machine Intelligence Research Institute）と並び、合理主義者コミュニティがオンライン以外に持つ、現実世界との最も近い接点と言える。オフィスはＭＩＲＩとシェアしており、カリフォルニア大学バークレー校のキャンパスから歩いて数分の、大学通りに並行して走る静かな通りに建つ控えめなオフィスビルの３階にある。ＭＩＲＩを創設したエリエゼル・ユドカウスキーは、この運動の先駆者であり主導者で、一風変わった、評価が二分する人物だ（彼は本編にも登場する）。サラモンはＭＩＲＩで人工知能の安全性や人類の絶滅リスクといった問題に取り組んだのちにＣＦＡＲを設立し、同様の問題に取り組む聡明で勤勉な若者たちの育成を目指している。ＣＦＡＲのミッションは、そうした賢い若者たちに、ユドカウスキーら合理主義者たちが提唱する合理的な判断力と方法論を教え込むことだ。

待ち合わせの数分前に着いた私は、ＭＩＲＩとＣＦＡＲのオフィスが共有するラウンジをひとりきりで眺めながら、ずいぶんと妙な心地になった。オフィスは少し古びている――学生寮の談話室のような趣だ。想像していたような、ＩＴ系スタートアップのまばゆい近未来的なオフィスではない。受付はなく、少し年季の入った数組のソファにビーズクッションが置かれているだけ。ある壁には宇宙から見た地球の大きな写真が飾られている。別の壁にはホワイトボードがあり、計算式の数々に加えて、Ｈ・Ｐ・ラヴクラフト風の神話めいたスローガン「その名を口にするのもはばかられるような永遠なる存在を怒らせてはいけない」と、「ありがとう、スタニスラフ・ペトロフ！」という明るい言葉が書き留められている（ペトロフはロシアの元将校で、１９８３年９月に核戦争が引き起こされるのを防いだとされる人物だ）。

それから、ドロップハンドルでリアキャリアが付いた高そうなロードバイクがウォーターサーバーに立てかけられ、ふせんにこう書かれていた。「誰の自転車？　アーロンまで」。組織が掲げるミッションの大きさや、ベイエリア郊外の途方もない広さに比べて、この狭い部屋はどこか不釣り合いに感じられる。ところどころ古さが目立つ。

どんな質問に答える際も、アナは０・５秒くらいハッキリと間をとる。これは確実に意識的な行動だ。発言がその場の思いつきではなく、きちんと考えたうえでのものに聞こえるよう、一つひとつ言葉を吟味している。彼女との会話は、はじめのうちかなり厳しい。彼女は親切で思慮深いが、私のことを警戒しているようで、返事は短文か一言で終わる。私が合理主義者の運動に対して好意的な意図を持って来たのではないと思っているのだろう（合理主義者たちに被害妄想めいた傾向があるのも無理のないことだと、いまとなっては理解できる。きわめて知能が高く、ある面で大きな影響力を持っている人が多いのだが、非常に繊細な面もある――オタク気質で、自閉症や、そのほかの社会性障害を持っていることが多い――ため、その気になれば彼らをからかうような本を書くのはいともたやすいだろう）。

私は彼女に、そもそもの目標は何なのか尋ねてみた。ＣＦＡＲは合理主義の方法論を教える場所だというが、それは教えること自体が目標なのだろうか、より大きな目標に向けた手段なのだろうか。彼女によれば、主な目標は「人類が恒星へ進出する手助けをする」ことだという。そしてそれを実現させながら、人間らしさを保つことである――身体的な人間らしさではなく、何を大切にし何に価値を置くかという点での人間らしさだ。彼女によれば、その目標を阻むものは数多くあるだろうが、そうしたもののうち「ＡＩが人間を滅ぼすリスク」が「最も大きく、最も取り扱いやすい」問題だという。

最後に、勇気を振り絞って厳しい質問を突きつけた。ポールは人類が次の１００年生き延びたとしたら、宇宙に広がる輝かしい未来が待っていると考えているようです、私の子供たちも老化で死ぬことはないだろうと。

「私も同じ意見です」

滅亡のような惨事が起こるか、あるいは輝かしい未来が訪れる……。

「そんなシンギュラリティが起こるのです」

次の100年で人間は神になるのか、それとも滅亡するのか

それから私はロブ・ベンシンガーと会った。MIRIのリサーチ・コミュニケーション・マネージャーだ。前に言及したエリエゼル・ユドカウスキーからのメッセージを地球に届ける使者だと考えるとわかりやすい。ユドカウスキー本人からは、専門的な質問に答えることしか許可が得られなかった。しかもやりとりはEメールだ。数年前からユドカウスキーの親しい仲間となった博学なロブが、ユドカウスキーを代弁する。語るべきことはあるが姿を現すことができない神に代わって登場する聖書の天使のように。

ロブに会ったとき、MIRIは「リトリート（静養地での研修）」の準備をしていた。といっても実際に静かな土地へ出向くのではない。以前までは正式な「どこかの森の奥の山荘」でリトリートをおこなって大成功をおさめていた。そこではそれぞれが心を集中させ、生産性を向上させていた。

しかし十数人を収容できる山荘を手配するのは費用と手間がかかるため、移動せずとも同じ効果が得られる方法を模索したのだという。そこでオフィス内を白の大きな布で覆い、アップライト照明やそのほかのちょっとした視覚的工夫を施して、普段とは別の場所という雰囲気を演出した。これは効果があったとロブは言っていた。私にもかなり良い解決法に思えた。

子供たちの寿命に関する質問をしてみると、ロブの歯切れが悪くなる。「そんな具体的なことを言ったと記録されたくない。とても繊細な問題だし、思いつきで答えたくない」。だがもう少し押してみると、ポールがそう考えるのは「自然なことのように思える」とロブは言う。

「多くの人が、人間レベルのAIが今世紀中に誕生すると考えているし、AIのリスクに関心を持つ人の多くは、基本的にそのリスクがきわめて深刻なものだと考えている。小さなリスクじゃなくて、中規模から大規模なリスクだとね。ぼくもそれは今世紀の問題で、来世紀の問題ではないと思う。A

I業界の多くの人が賛同するはずだ。オープン・フィランソロピー・プロジェクト（オープンフィル）は、次の20年以内に人間レベルのAIが誕生する確率が少なくとも10パーセントはあるとしている」

偶然にも、私は翌日オープンフィルを訪ねる予定だった。バークレーから湾を挟んだ向かい側、サンフランシスコのダウンタウンにある。合理主義者たちによって運営されているオープンフィルとギブ・ウェルは、どこの慈善団体に寄付をすれば最も効果が得られるかを検討する組織だ。合理主義者のコミュニティと強く結びついた「効果的利他主義」と呼ばれる運動の中心となっている。特にオープンフィルはAIの安全性を研究する組織に何百万ドルもの寄付を続け、とりわけMIRIに長年資金を提供してきた。

オープンフィルとギブ・ウェル両方の共同創設者であるホールデン・カーノフスキーは、ロブの発言を認め、オープンフィルは次の20年内に「革新的」人工知能が誕生する確率が10パーセントほどあると考えていると語る。

その革新は、子供たちが老化で死ぬことはないという「あなたのおっしゃる水準には容易に達することでしょう」。それって恐ろしいことじゃありませんか、と私は聞く。

「ええ」と彼は言う。「私たちは実に特異な時代に生きているんです」。

私たちはいま事態がどれほど急速に変化しているか気づいていない。これまでのどんな時代より変化は急速なうえ、その速度は増すばかりだというのに。

「もし革新的人工知能が到来したら、産業革命がかわいく見えるほどの革新が起きる可能性がある。本当に特異で、先行きの読めない時代です」

話をした全員がこれに同意していたわけではない。20年というのは短すぎで、子供たちの時代に人間レベルのAIが誕生することは（決して不可能とは言わないが）考えにくいと言う人たちもいた。逆に20年というのはきわめて現実的だが、人間レベルのＡＩは子供たち世代が老化で死ぬことはなくなるといった劇的な変化（や破滅の可能性）をもたらすものではないという人たちもいた。もちろん、そもそもこうした問題を何年後と数字を出して語ることに懐疑的な人びともいた。

しかしどうやらこうした議論は、少なくとも非現実的なものではないようだった。本格的なＡＩ企業のＡＩ研究者や、ベテランの学者たちなどを含めた分別ある頭のいい人たちが、次の１００年以内に人間が神のような存在に高められるか、文明が終わるほどの惨事を迎える可能性はそれなりにあると考えていた。文明の終わりと言うが、つまりは人類の滅亡だ。

本書は、こうした人びとについての本だ。具体的には、２０００年代中盤から後半にかけてユドカウスキーがブログに記した書き物を中心として形成されたコミュニティと、そこに集まる合理主義者と呼ばれる人びとについての本だ。

そしてまた、ある面では、彼らの意見に賛同するかどうかを見極める私なりの試みでもある。

PART 1

人類の行く末を憂《うれ》う人たち

1　合理主義者とは

合理主義者たちのコミュニティは、現在世界中に広がっている。十数都市に拠点を持ち、オンライン上で存在感を放っている。変わった考えを持つ、変わった人たちの集まりだ（ＡＩが人類を滅ぼす可能性がある、という考えは主にこのグループ、あるいはその先行グループから生まれたと言っていいだろう）。テクノロジーを使って身体機能の拡張を目指すトランスヒューマニズムや人体冷凍保存に関心を持ち、この世界はシミュレーションにすぎないという仮説を主張し、複数と同時に恋愛関係を築くポリアモリーや集団生活といった一般とは異なる慣習に則《のっと》っているため、カルトだと責められてきた。

このコミュニティの礎《いしずえ》となったのが、奇特で、怒りっぽく、そして聡明なエリエゼル・ユドカウスキーの書いた文章だ。その聖典とも言えるのが、２０００年代中盤に彼がブログに投稿した大量のテキスト群である。進化生物学から量子力学やＡＩにいたるまで、実に多岐にわたる野心的なテキストの集積であり、やがて「ザ・シークエンス」と呼ばれるようになった。

しかし私の見る限り、合理主義コミュニティ誕生の萌芽は、１９９６年11月18日付けのひとつの投稿にさかのぼることができる。タイトルは「Staring into the Singularity（シンギュラリティへの視座）[1]」。ユドカウスキーは当時17歳と２ヶ月だった。最近まではネットで読むことができたが、記事の冒頭には次のような注意書きがあった。「この文書は間違っている、廃れている、改良版が登場して旧式となっている、あるいは単に古いものだとされている」。こうした光景は、合理主義コミュニティにおいてよく見られる。間違ったとしても、それをみずから進んで認め、訂正さえすれば、前向きなものとして称賛されるのだ。

「シンギュラリティへの視座」は面白い読み物だが、よく読むと論理性には欠けていて、17歳らしくもある。それは、こう始まる。

「コンピュータの処理速度が2年で2倍になるとして、コンピュータベースのAIが研究に取り組んでいたら何が起きる?」これはムーアの法則に対する言及で、（ある公式では、おおよそ）コンピュータの性能が2年で2倍になると言われている。そうして性能が倍になっていった結果、コンピュータにおける「2年」は、人間界の2年とは異なっていくはずだとユドカウスキーは指摘する。「コンピュータの処理速度は、2年作業すると2倍になる。コンピュータの処理速度は、コ、ン、ピ、ュ、ー、タ、に、と、っ、て、の、2年分の作業で2倍になる」。

つまり、コンピュータが人間と同等の思考力を持ったとして、そこから性能が倍になったとすると、2年分に相当する作業を1年でできるようになる。

「人工知能が人間と同等の性能を持ってから2年後、処理速度は倍になる。1年後、処理速度はふたたび倍になる。6ヶ月後――3ヶ月後――1ヶ月半後……シンギュラリティだ」

こうしてあらゆることが指数関数的に加速していく。世界はあまりに速く変化していくため、人間にはその変化が理解できなくなる。不思議の国のように、予想のつかない世界になるのだ。

シンギュラリティ研究所の誕生

こうしたシナリオは、およそ20年後にニック・ボストロムが語った「ファストな離陸」に近い考えだが、ユドカウスキーが展開する説の方には、いくつか前提条件のおかしな部分や論理の飛躍が見受けられる（年齢を考えれば、もっともなことだ）。

ところで、「特異点《シンギュラリティ》」という言葉は、物理学とブラックホールに由来する。非常に大きな質量を持つ天体が非常に強く圧縮されてできたブラックホール（特異点）は時空を歪めるため、そこでは通常の物理法則が通用しなくなる。シンギュラリティ論者に言わせれば、それと似たように知的システムが非常に速く向上していくと、人間の通常の予測機能（基本的には明日も今日と変わらないという前提）が通用しなくなる。

コンピュータ・サイエンティストでSF作家のヴァーナー・ヴィンジは、1983年にこう記している。「ほどなく人間は、人間よりも優れた知能を作りだすだろう。それが実現したとき、人類の歴史はある種の特異点《シンギュラリティ》に到達することになる。その知的転換はブラックホールの中心のねじれた時空と同じくらい不可知なものであり、世界は私たちの理解をはるかに超えたものになる[2]」。

「シンギュラリティへの視座」におけるユドカウスキーの明確な目標は、AIを（つまりシンギュラリティを）できるだけ早く実現させることだ。「文明は変化を続けるだろう。超知能を作りだすか、みずからを滅ぼしてしまうまで」と彼は書いている。

超知能とは人類のあらゆる問題を解決できる能力を持ったもののことであり、その実現は近いのだという。

「もううんざりだ。麻薬の密売所、独裁、拷問部屋、病、老化、脊髄まひ、世界の飢餓にはうんざりだ。世界で1日15万人死ぬことにもうんざりだ。この地球にもうんざりだ。死ぬことにもうんざりだ。

どれひとつとして必要なことじゃない。街角での恐喝や、街中での物乞いから目を背けるのをやめるときだ。『この世のすべての問題を解決することはできない』と呪文のように繰り返して、ばつが悪そうに目をそらす必要はもうないのだ。私たちはできる。すべてに終止符を打つことができるのだ」。ませて鼻につく17歳ではあったものの、ユドカウスキーは否定しようもなく聡明だった。

２０００年、彼は（まだほんの20歳で）「人工知能のためのシンギュラリティ研究所」（ＳＩＡＩ／Singularity Institute for Artificial Intelligence）を設立した。シンギュラリティ研究所はバークレーに拠点を置く小さな非営利組織であり、のちに機械知能研究所（ＭＩＲＩ）となる。

はじめ、シンギュラリティ研究所の目標は先に述べたような輝かしい未来を技術によって実現することであり、ユドカウスキーはシンギュラリティに到達する目標日時を設定していた。それが２００５年だった（達成は叶わなかった）。

私はポール・クローリー（イントロダクションに登場した、車で北カリフォルニアを案内してくれた男）に、合理主義コミュニティの成り立ちを尋ねてみた。「ぼくなりの認識はこうだ」とポールは言う。「そのコミュニティは、超知能こそすべての鍵であり、それをできるだけ早く実現させる必要があるとエリエゼルが考えだしたところから始まっている。知能なんだから、正しい行動をするはずだ、というのが彼の考えだった」。

だが、少なくともユドカウスキーがのちに記した言葉によると、[3] 彼はシンギュラリティ研究所を設立した頃にはもう、自分がひどい間違いをおかしているのではないかと疑念を抱きつつあったという。「子供の頃からのテクノロジー愛に最初のヒビが生じたのは、１９９７年か１９９８年だったと思う」と彼は書いている。それはテクノロジーを偏愛する仲間たちが、未来の技術、特にナノテクノロジーの安全管理の難しさに関して、深く考えもせず楽観的であると気づいたときのことだった。その会話を通して、若きユドカウスキーは「地球で誕生した知的生命体の生存が危機に直面していると初めて気づくことができた」という。

それでも、彼は超知能を生みだそうとシンギュラリティ研究所の活動に全力を注いだ。「もともとの計画に従うようにしてね」。彼は、あざけりを込めながら書いている。「でも動機は変わっていた」。

これは、いま読み返してみると、重要な瞬間であったように思える。活動の「強制停止を宣言」することはなかったと、ユドカウスキーは言う。自分の考えを直視せず、自分が完全に間違っていたと認めて主張を撤回することがなかったのだ（彼自身の言葉を引くなら、「『間違っていた《ウップス》』と言うことの重要性」を理解していなかった）。彼は自分の考え方が間違っていると認識しながらも、やっていることはともかく正しいのだと解釈していたのだった。

しかし次第に——２０００年から２００２年、つまり20歳から22歳にかけて——自分は単に間違っているだけでなく、致命的に間違っているのではないかと思うようになった。いったいどういう風に間違っていたかは別の章で詳しく語るが、ユドカウスキーによると、賢明なる老人たる27歳にいたるまで、自分は愚かなことに人類を破壊しかねない装置を作ろうと試みていたという。「『世界を破壊してしまうところだった！』などと言うことすらはばかられる」と彼は書いている。[4] しかし彼が資金を持っていれば、やろうとしていたことは、まさにそのようなことだった。

そこで彼は反対に、世界を救おうと心に決めたのだった。

人類の次なる姿を目指すトランスヒューマニズム

人類の次に来るものについて思いを馳《は》せたのはユドカウスキーが最初ではない。彼の考えは、「シンギュラリティへの視座」の執筆時にはもう存在していたトランスヒューマニストやシンギュラリティ論者たちの伝統にしっかりと連なるものだ。そうした人びとがまくしたてるアイデアのなかには、何千年にもわたって受け継がれてきたものもある。

ニック・ボストロムは論文のなかで、4000年以上前から存在し、旧約聖書にも一部影響を与えたとされているシュメール人の伝承『ギルガメシュ叙事詩』について言及している。「王が不死を求めて旅に出る。王であるギルガメシュは、不死になる方法が自然界に存在することを知る――海底に生えている植物だ」[5]（彼はそれを発見するが、食べる前に蛇に持ち去られてしまう）。エリクサー、賢者の石、若返りの泉など、不老不死に関連する神話はほかにもたくさんある。

さらにボストロムは、人間の能力を拡張しようとするトランスヒューマニスト的な神話には、現代にも通じる論点が含まれていると指摘する。人間のおごりに対する神の罰というテーマだ。

プロメテウスは神から火を盗んで人間に与えた。それは人間側からすれば良いことだったが、プロメテウスは永遠にワシから肝臓をついばまれるという罰を受けることになった。ダイダロスは、さまざまな発明をして人間の能力を高めていったが、なかでも蝋《ろう》と羽で翼を作り、自身と息子のイカロスに空を飛ぶ能力をもたらした。イカロスは空高く飛びすぎて太陽で蝋が溶け、海に落ちて死んでしまう。アウグスティヌスは、錬金術や万能薬および不死の薬の研究は神に背くことであり、邪悪ですらあると考えていた。

科学で人間の基本能力を向上させるという考えは、ルネサンスや啓蒙時代を経て、より現実味を帯びるようになった。

1795年、ニコラ・ド・コンドルセは次のような問いを持った。科学の進歩は「生まれてから命が尽きるまでの平均期間に一定の限界のようなものがなくなる」ところまで到達するのだろうか、そしてまた、人間は「病気や事故がなくなり、おのずと人生が重荷だと感じられる」ようになるほど長く生きることを選択するのだろうか。[6]

ベンジャミン・フランクリンは、自分の遺体に「防腐処理」をしてもらいたいと記していた。なぜなら将来生き返って、「100年後のアメリカの状況をこの目で眺めてみたいというとても強い欲望」[7]があったからだ。これは将来生き返るために脳を冷凍保存するという現代の思想の先ぶれだ、とボストロムは指摘している。

「トランスヒューマニズム」という言葉と、その代表的な考え方が広がってきたのは20世紀の前半だった。1923年、遺伝学者のJ・B・S・ホールデンは、人間が遺伝子科学を駆使してより賢明で、より健康で、より高身長になることを目指す世界が訪れるだろうと予見した。

トランスヒューマニズムという言葉自体は、作家オルダス・ハクスリーの兄であるジュリアン・ハクスリーが、1927年に考案したものとされている。「人類は、もし望むならば、自己を超越することができる――この人はある形で、あの人はまた別の形で、といった散発的な形のみならず――人類全体として。この新しい信念に名前が必要だ。トランスヒューマニズムが、それにふさわしいだろう」[8]。

しかしトランスヒューマニズムもシンギュラリタリアニズムも、ひとつの思想として真に拡大していったのは20世紀の後半だった。トランスヒューマニズムという言葉のもとで、さまざまな、ときに相反する考えが語られてきた。

20歳の頃にネットに公開し、現在は削除されている自伝[9]のなかで、ユドカウスキーはエド・レジスが1990年に発表し、最初期のさまざまな論点を網羅した『不死テクノロジー：科学がSFを超える日』（工作舎）に刺激を受けたと記している。

この本が書かれた90年代頃から冷凍保存という考え方も広まりだした。フランクリンが願ったように、死後に脳（もしくは体）を冷凍して、将来十分に技術が発達した段階で蘇生するのが目的だ。

トランスヒューマニストたちは、ナノテクノロジーが世界を変える可能性についても議論を続けてきた。トランスヒューマニストのうち、少なからぬ人びとは意識のアップロードという考えにも夢中になっている──脳を薄くスライスして詳細にスキャンすることによってコンピュータで脳を再現し、機械に意識を移植するという考えだ（もちろん、オリジナルの脳は、その作業過程で失われる）。ブレイン・マシン・インターフェース──人間の脳を機械に接続する技術や、人間同士の脳を機械でつなぐ技術──も、繰り返し語られてきた。

コミュニティの萌芽

こうした考えはすべて、超知能AIや技術の進歩が人間の暮らしを予測不能な形で変えるというシンギュラリティ論者の描く世界像におのずと重なる。

何より、こうした人びとが願ってきた（そしていまも願っている）のは、死を食い止めることだ。世界で毎日およそ15万人が命を落としている。そして大多数の人は、そのことを気にしようとしない。死ぬからこそ生きることに意味があるのだとか、永遠に生きると飽きてしまうといった理由をつけて。トランスヒューマニストたちは、それに対してこう問いかけているのだ（私にはバカげた問いには思えない）。「あなたの言う通りかもしれない、でも仮に死というものが存在しなかった場合、『人生を意義あるものにするためには、寿命を80年くらいに制限しておくべきだ』などと言うだろうか？」。

こうした活動を率いるメンバーのなかには、西洋社会の窮屈な基準からするとかなり変わった人たちがいる。２００６年に『スレート』誌が掲載したトランスヒューマニストに関する記事では、愛嬌をまじえて次のように語られている。「高校の頃、『ダンジョンズ&ドラゴンズ』で遊んでいた子たちや、ＳＦクラブに入っていた子たちを覚えているだろうか？　彼らがいま、トランスヒューマニストとなっている」[10]。軽くからかうような書き方だが、ある程度真理を突いているようにも思える。

たとえば、トランスヒューマニストは自身に変わった名前をつける傾向がある。『スレート』誌の記事では、ライ・センテンティアという女性が紹介されている（彼女はカリフォルニア大学デービス校の教授であるほか、非営利組織「倫理と先端技術研究所（ＩＥＥＴ）」の理事を務めている。変わった名前であっても、興味深い仕事はできる）。

また別の人物は、フェレイドゥーン・M・エスファンディアーリーから（これはこれで珍しい名前だが）、ＦＭ‐２０３０に改名した。トゥモローを連想させるトム・モローという名前の人もいる。マックス・オコナーからマックス・モアに改名した人物は、その理由について次のように語っている。「この名前には自分の目標の本質が詰まっているように感じたんだ。つねに向上し、決してとどまっていない。いつだってもっと良い自分を目指して、もっと賢く、もっと能力を伸ばし、もっと健康であろうとしているんだ」[11]。

のちにモアは、人体冷凍保存を研究する世界最大手の組織のひとつアルコー延命財団のＣＥＯおよび代表となる。しかし本書では主に、彼の別の点に注目したい。

１９８８年、彼はトム・モローと共に、『エクストロピー・マガジン』の出版を開始した。それは主にトランスヒューマニズムを扱った雑誌だった。人間の身体機能を向上させることを目指し、不死や人工頭脳といったテーマを取り上げていた。そして１９９２年にエクストロピー研究所を設立し、「エクストロピアンズ」という名のメーリングリストを作った。

そのメーリングリストに名を連ねていたのがエリエゼル・ユドカウスキーだった。「１９９０年代の話だ」とジョージ・メイソン大学の経済学者であり、合理主義者の先駆けとして重要な存在であるロビン・ハンソンは言う。「私や、ニック・ボストロムや、エリエゼルや、そのほかにも大勢がいて、未来に関する大きなトピックをいろいろと語り合っていた」。

しかしボストロムもユドカウスキーも、そのメーリングリストでは満足しなかった。「未来に対して比較的リバタリアン的な考え方をする場所だったんだ」とハンソンは言う。「ニック・ボストロムら一部の人は、そうしたリバタリアン風な考えが好きではなかったから、世界トランスヒューマニスト協会を作ったんだ。そこまでリバタリアンにならなくて済むようにね」。世界トランスヒューマニスト協会は、のちにヒューマニティー＋あるいはH＋と改名された。「この名前は、説明としてはほとんど機能していない」とハンソンは言う。「でもこの名前こそ彼らが目指しているもののすべてだ」。ヒューマニティー＋は未来に対し、ユートピア的な理想を減らしてより左派的なアプローチを取ってきた。

一方ユドカウスキーは、エクストロピアンズには野心が欠けていると感じていた。そこで彼は、「SL4」というメーリングリストを立ち上げた。SL4とは、「(未来の) ショックレベル4」の頭文字をとったものだ。1970年に出版されたアルビン・トフラーの『未来の衝撃』(中央公論新社)[12]を踏まえたものである。未来の衝撃とは、技術の変化がおよぼす心理への影響のことだ。トフラーによれば、ここでいう衝撃とは「短い期間にあまりに多くの変化が起きる」感覚だとしている。

ユドカウスキーは、その考えを一歩進め、未来の衝撃をいくつかのレベルに分けた。というより、許容できる衝撃のレベルに合わせて人を分類した。「ショックレベル0」(SL0)は、身の回りにあるごく普通のテクノロジーで満足している人たちだ。「この指標で言えば、ショックレベルの差が2つ以上ある人にはアイデアを伝えることが難しい」と彼は書いている。「いまだに仮想現実については問題なく説懸念を抱いている人(SL1の下層)に、医療革新による不死(SL2の下層)について明を試みることができるが、ナノテクノロジー（ＳＬ３）や意識のアップロード（ＳＬ３の上層）を語ることはできない。こちらの話を信じてくれるかもしれないが、相手は怯《おび》え――ショックを受けることだろう」。

彼によれば、エクストロピアンズのようなトランスヒューマニストたちはＳＬ３だという。ＡＩが人間レベルの知能を持つという考えや、脳をコンピュータにアップロードするという大きな身体的変化を受け入れる人たちだ。

しかしユドカウスキーは、最上位のＳＬ４に該当する人びとを生みだすことを目指していた。ＳＬ４とは、テクノロジーがどこかの時点で人間の生命を予見できない形に変え、『私たちが知る形の生命』の完全なる消滅」という考えを許容できる人たちのことである（この考えは１９９９年の投稿[13]から引用している。彼が20歳になったばかりの頃だ。同じ時期に、「シンギュラリティへの計画[14]」という長い論文にも仕上げている）。彼はＳＬ２やＳＬ３の人をＳＬ４に変え、人間以後の将来について自然に語り合えるコミュニティの形成を目指していた。そのためにメーリングリストを立ち上げて、ＳＬ４と名付けたのだった。

伝説のメーリングリスト

そのメーリングリストのやりとりはネット上にアーカイブされており、掘り下げてみるとなかなか面白い。１９７６年のセックス・ピストルズのライブと似ている。観客は40人ほどしかいなかったが、そこにいた多くの人間が偉大なバンドを形成していった。

メーリングリストの参加者を見ていくと、ベン・ゲーツェルらＡＩ企業の創設者たちや、ビル・ハバードらＡＩ研究者の名前を確認することができる。インペリアル・カレッジ・ロンドンのＡＩ研究者で暗号通貨の開発に重要な役割を果たしたウェイ・ダイも参加している。ボストロムやハンソン、そしてアナ・サラモンの名前もある。合理主義に関連した活動をおこなうマイケル・ヴァッサーやマイケル・アニシモフも名を連ねている。

ニック・ボストロムは、私がSL4やエクストロピアンズについて尋ねたとき、ちょっと間を置いて驚きを表した。ずいぶん久しぶりにその名を聞いたからだろう。彼はかすかに笑いを浮かべたように見えた。「細々とした始まりだったよね」とボストロムは言う。「ああいうタイプの物事を考えてはいたけど、ほかにも同じようなことを考えている人がいるとは思っていなかった。ちょっと変わっているからね。最近ではグーグルで検索すればなんだってすぐに見つかるけど、私が学生だった1990年代の前半は、自分のような関心を持っている人は周りにいなかった。だから1996年にインターネットを使い始めたときは、ちょっとした驚きだった。それについて語り合う人びとのコミュニティがあったんだからね」。

当時の合理主義者界隈で広まった重要なコンセプトのいくつかは、SL4やエクストロピアンズから端を発したものだった。イントロダクションで触れた「ペーパークリップ・マキシマイザー」も、おそらくはユドカウスキーによって、初めて議論に持ちだされた。「最近誰かが（エクストロピアンズのアーカイブを）調べて、おそらく最初の言及であろう私の発言を見つけたんだ」と、ユドカウスキーはメールで教えてくれた（このときも、それ以降も、私と電話で話すことには警戒を崩さなかった）。「最初に言いだしたのが私だったか、ニックだったか、アンダース・サンドバーグだったか確信がないんだが、どうやら私のようだ」。

「AIボックス実験」もユドカウスキーが考案したものだ。箱に閉じ込めた状態でテキストを通してしかコミュニケーションが取れなかったとしても超知能AIは安全な存在ではないことを示すための思考実験だが、これもSL4に記されたものだった。[15] ボストロムもSL4に、人類はコンピュータ・シミュレーションのなかで生きているかもしれないという内容の自身の論文へのリンクを貼っている。[16]

SL4には錚々《そうそう》たる人びとが集まってきていたものの、ユドカウスキーは満足しなかった。アーカイブを見てみると、ユドカウスキーは2004年頃までの最初の数年はかなり頻繁に投稿しているものの、それ以後はあまり関わらなくなっている。2005年から2008年にかけて、彼が新しく作ったスレッドは一切見当たらない。

ユドカウスキーのウェブサイト「レスロング（LessWrong）」には、合理主義者たちの半公式の歴史が記されたページがあり、次のように記されている。ユドカウスキーは「彼が対話する者たちが、彼にとっては当然の合理的思考をできないことへの困惑、いら立ち、そして失望をたびたび表明していた」。そして「ベイズの定理を活用して思考することを伝えるもうまくいかず、SL4ではもっぱら沈黙するようになり、みずからAIの安全性に関する調査に取り組むようになった」。[17]

思考とバイアスの研究

その後、SL4やエクストロピアンズにコメントをしていた経済学者のロビン・ハンソンが「オーバーカミング・バイアス（Overcoming Bias）」というブログを立ち上げた。「ジョージ・メイソン大学で終身在職権《テニュア》を得たあとで、このブログを始めたんだ」とハンソンは教えてくれた。「空いた時間に取り組もうと思ってね」。

大学のオフィスにいる彼とスカイプで話したのは、寒波の時期だった。アメリカの東海岸でも久々というほど厳しい冷え込みとなっていた週末のあいだ、オフィスの窓がうっかり開けっ放しになっていたらしく、ハンソンは室内でもパファージャケットを着てニット帽をかぶっており、解像度の低いスカイプの画面を通しても息が白くなっているのが見えた。「バイアスを乗り越えることをテーマにしたブログにしようと決めたんだ」。

それが2006年のことだった。人間の思考に関連するさまざまなバイアスを研究したダニエル・カーネマンの有名な本『ファスト&スロー あなたの意思はどのように決まるか?』(早川書房)が出版される何年も前のことである。

とはいえ、カーネマンがエイモス・トヴェルスキーと協力して進めていた革新的な研究は当時すでに広く知られ始めていた。博識な独学者だったハンソンは、カーネマンとトヴェルスキーの研究から多くを学んだ——彼は物理学の修士号を得たのちに博士課程で社会科学と経済学を学んだのだった。「オーバーカミング・バイアス」は「自信過剰や希望的観測などの自然に持ってしまうバイアスや、本当は何もしていないのにそうしたバイアスを修正したと思い込んでしまうバイアスを前にして、どうすればより現実に近い認識を持てるかという一般的なテーマ」[18]に基づいている。

彼はSL4やエクストロピアンズのなかで思考能力の高さが印象に残っていた常連何人かに寄稿を依頼した。そのなかにはニック・ボストロムとエリエゼル・ユドカウスキーもいた。「ニックの投稿は数えるほどしかないけど、エリエゼルはたくさん投稿してくれて、すごくよかったね」。こうしてユドカウスキーは、のちに「シークエンス」として知られるようになる文章を投稿し始めた。つまるところ、ユドカウスキーの投稿やブログは、AIが人類の脅威になると言っても周りに理解してもらえないことからくる反動だったと言える。

ユドカウスキーにとっての問題は、誰も真剣に取り合ってくれないことだった。そこで彼は、AIについて語るならば、そもそも思考とは何かについて説明する必要があると思うにいたった。人間の思考は優れたプロセスを経た結果として現れるものばかりではないことを伝えるのだ。そのためには人間の思考がバイアスや思考回路のエラーに満ちていて、脳は自分をだましたりミスを犯したりするものだと説明する必要がある。

だから彼にとって「オーバーカミング・バイアス」は良い場所だった。そして人間の思考を語るには……すべてを説明する必要があることに気づいた。まるで糸のほつれを引っ張っていたら、お気に入りのセーターが全部ほどけるまでやめられなかったとでもいうように。

しばらくのあいだ、彼の語る内容はとりとめなく散漫なものだった。あるときは量子物理学について話し、またあるときは受動態の使用禁止というジョージ・オーウェルによる（ややバカげた）主張を肯定的に引用したりした。

ポール・クローリーは象徴的なエピソードを教えてくれた。「ユドカウスキーは自身のブログで偽効用関数に関する投稿をしている[19]」と彼は言う（効用関数とは何かとか、「偽」なんてものがあるのかについては気にしないでほしい）。「その投稿がどういう経緯で書かれることになったか知りたければ、読んでみるといいよ。こんな意味合いのことを言って始まるんだ。『今日はようやく偽効用関数というアイデアについて話すことができる。半年前に話そうとしたが、いざ書こうとしたら、まずあれを説明しなければならないし、そのためには理解の手助けとしてまた別のことも説明する必要があると気づいた。それから、読者が進化生物学のことも理解してくれていた方がスムーズだと思ったので、進化生物学についても軽く書くことにした』。彼は結局、進化生物学についてだけでも二十数個の投稿をしたんだ。冗談みたいだけど、偽効用関数は全体のテーマにおける重要な布石ですらなく、ただ彼が書きたかっただけのものなんだ」。

時とともに、ブログの投稿はどんどん蓄積されていった。『指輪物語』ほどの大作だと言えば想像がつくだろうか。『指輪物語』は全3巻で45万5０００字だ。その素晴らしい内容よりも長いということで有名な『戦争と平和』が、およそ58万7000字である。そして私のiPhoneのキンドルアプリが正しければ、ユドカウスキーの投稿を編集したe-book『Rationality: From AI to Zombies』は、およそ62万字となっている。[20] 未編集版の「シークエンス」は100万字に達するのではないだろうか。

しかし彼が書いたものは大きな反響を呼んだ。2009年、ユドカウスキーはブログの投稿を新たなウェブサイト「レスロング」に移し、コミュニティのハブとして機能するように、誰もが投稿できる場所とした。

2010年には、ハリー・ポッターの二次創作『Harry Potter and the Methods of Rationality（ハリー・ポッターと合理主義のメソッド）』も出版している。内容はまさにタイトル通りで、オタク気質な科学者のハリーが、合理主義スタイルの方法論を駆使して魔法の世界の法則を解明していこうとするものだ。これは驚くほどの成功をおさめ、FanFiction.netというサイトでは3万4000以上のレビューコメントを集めている。おそらくこれはユドカウスキーが書いたもので最も多くの人に読まれたものであり、彼のほかの創作物、特に「レスロング」に多くの読者を引き寄せた。

ピーク時には、レスロングの1日あたりのページビュー数は100万にも上った。[21] いくつかの投稿はユニークページビュー（「再読み込み」するとアクセス数が「2」と重複して数えられてしまう問題を排除した計算法）で何十万もの数字を記録した。「シークエンス」の一部を読んだことがある人の数は100万人に達すると言ってもあまり見当違いではないだろうし、すべて読んだ人は5桁後半から6桁前半くらいいるのではないだろうか。もちろん、私の予想は桁数すら間違っているかもしれない――こうした数は簡単にはわからない。

これらの活動を通して、ユドカウスキーはひとえにAIが脅威である理由を伝えようとしていたのだった。しかしそのためにはまず、知能一般や人間の知能について説明する必要があることがわかったため、プロジェクトが壮大なものになっていった。人間が自滅してしまわないように、人間の合理性を向上させることが目標となったのだ。

2 宇宙で生き延びるという選択肢

この章では、なぜ合理主義者たちはＡＩが近い将来かなりの脅威になると考えているのか、その理由を見ていこう。だがその前に、合理主義者や、その先駆けとなるシンギュラリティ論者たちがこのテーマに熱を上げている理由を確認しておく必要がある。彼らは、人間が将来的に滅びるか神になるかのどちらかだと考えているのだ。

合理主義者によると、ＡＩを正しく機能させることは、人類史上最大の出来事になりうるという。もし人類が今後数十年、あるいは数百年——どのくらいとは言えないが、おそらくこれまで人類が存在してきた期間や宇宙の歴史に比べるとかなり短い期間——生き残れば、事態は人間にとってものすごく好ましい方向に進む可能性がある。ポール・クローリーが、「あなたの子供たちが老化で死ぬことはないと思う」と言った背景には、こうした思想があるのだった。

輝かしい未来について語るとき、取り上げられるものといえば発達した技術、特に人工知能だ。ある公開書簡の執筆者たちは２０１５年にこう記している。[1]

「潜在的な利益はとてつもなく大きい。文明が提供するものはすべて、人間の知能の産物だ。その知能がＡＩのもたらすツールによって強化されたとき、どんな達成が実現されるかは予測できないが、病気と貧困が根絶されるだろうことは推測できないことではない」

この書簡に署名した１５０名以上のなかには、数十人の大物コンピュータ研究者やＡＩ研究者、Apple、Google DeepMind、Teslaの創設メンバー３人、ＡＩを学ぶ大学生が使用する標準教科書を記したカリフォルニア大学バークレー校のスチュワート・ラッセル教授などが含まれている（故スティーブン・ホーキングも署名しているが、この分野を生業としているＡＩ研究者たちは、彼が見出しを飾って歯がゆかったことだろう）。

マサチューセッツ工科大学（ＭＩＴ）で宇宙論を研究し、「生命の未来研究所（ＦＬＩ／Future of Life Institute）」の共同設立者でもあるマックス・テグマーク教授は、著書『LIFE3.0――人工知能時代に人間であるということ』（紀伊國屋書店）のなかで、強力なＡＩが発達すると「病気や貧困や犯罪のない世界的ユートピア」が生まれる可能性もあると書いている。人間に大きく差し迫った問題のいくつかを、あまり遠くない未来にＡＩが解決できると本当に心から信じている人たちがいるのだ。しかし「現在の問題の解決」は、可能性のほんの一端にすぎない。人類が絶滅しないのだとしたら、もっと大きな可能性を考えてみる必要がある。

もし、10億年後まで人類が生き続けていたら

地球が今後10億年、人間の生活をサポートしてくれるとしよう（10億年後あたりに、太陽は現在より明るく、熱くなるフェーズに入る。すると地球には海の蒸発に伴う暴走温室効果が発生し、複雑な生命体は暑すぎて生きられなくなる）[2]。そして人間は10億年後もいまと同じく１００年ほどの寿命で、世界の人口は持続しやすい10億人（現在の7分の1以下）になっているとする。

これは『スーパーインテリジェンス 超絶ＡＩと人類の命運』の著者でオックスフォード大学「人

類の未来研究所（ＦＨＩ）」創設者であるニック・ボストロムが未来を考える際に想定した数字だ。[3] それに基づくと、私たちは少なくとも1京《けい》人の子孫を持つ計算になる。これまでに地球上に生存したホモ・サピエンスの数は、人口調査局（ＰＲＢ）の統計によると、およそ１００８億人だという。[4] そうすると、現在までの人類史は、絶滅しない場合に想定される人類のわずか9万分の1パーセントほどにすぎないということになる。

しかし！　核心に迫るのはまだこれからだ。人類が地球を離れたらどうなるだろう？　「技術的に成熟した」文明を想像してみよう、とボストロムは言う。光速の50パーセントで進む宇宙探査機を作れるような文明だ。

ボストロムの計算によれば、その文明は「宇宙の膨張が彼らの探査を不可能にするまでの時間のあいだに、6×10^{18}個の恒星を訪れることができる」。光速の99パーセントとなれば、その15倍の数を訪れることができる。[5] そうした恒星のうち10パーセントが、居住可能であるか手を加えれば居住できる惑星を周りに持ち、ひとつの惑星あたり平均して10億人を10億年生かすことができるとする。そうすると将来的に生きられる人類の数は10^{35}、つまり1のあとに0が35個続くほどの数になる。これまでに生きた人類の数は、これに比べると小数点以下の端数とも言えないほど微々たるものだと考えることができる。

しかし！　そう。その数はまだまだ、まだまだ大きくなる。

そもそも、人類は隕石などから居住可能な惑星をみずから作り上げることができるかもしれない。そうすると、生息できる惑星の数は訪問可能な惑星の数に限定されなくなる。ボストロムの試算では、10^{43}ほどの人間が創造される可能性があるという。

さらに、人間の意識をコンピュータにアップロードしていった場合の帰結について考えてみることだってできる。アップロードされるようになると、ほとんど空間に制限されなくなる。人間が必要とするのは、惑星の表面の一部ではなく、電子回路の数平方ピコメートルほどになるのだ［訳注：１ピコメートルは10億分の１ミリ］。

ボストロムは意識のシミュレートに関して、恒星が演算用に集められるエネルギー量やコンピュータの毎秒の演算数などを引き合いに出しながらもっともらしい数値を算出し、１００年分の主観的時間を持つ意識を（かなり控えめに見積もっても）10^{58}ほど作りだすことができると語っている。「１のあとに０が58個」と聞くと、意味をなさないただの数に聞こえるかもしれないが、実際は途方もなく大きな数だ。「もし、そのような存在の一個体の一生涯の幸せが一粒の涙で表せるとすれば」とボストロムは言う。「これらの全個体が流す涙は、地球の海という海を１秒ごとに満たすことができ、しかも、それを、１００×10億×10億×１０００年間繰り返しつづけることができる」[6]。

これならどれほど途方もない数か、より直感的におわかりいただけるだろうか。わからなければ、よく天文学者たちが使うバカみたいに大きな数に比べても、恐ろしく巨大な数だと思っておけばいい。もちろん、ボストロムの言う数字は間違っているかもしれない。控えめに見積もろうとベストを尽くしながらも、これほどの数値を扱う場合、数桁単位でズレてしまうことだってある。

しかし、仮に６桁減らして10^{52}ほどの人間が生まれると想定し、しかもその想定が正しい可能性を１パーセントだと考えたとしても、そこから「滅亡の危機をわずか１パーセントの10億分の１の10億分の１下げるだけ」[7]で、１垓《がい》人の命を救うことに相当する。１のあとに０が20個続くほどの人数だ。

たしかに、ボストロムの計算は大きく間違っている可能性だってある。１万単位、１００万単位、１００億単位で間違っている可能性もある。しかしながら、人類が絶滅する可能性をほんの少しだけでも減らすことに比べると、いま全世界でおこなわれている慈善事業は、大きな海の一滴からできる小さな海のわずか一滴ほどにすぎない。

ありえない数値が出たらどうするか

変わった人たちが変わった数値を出しているからといって、すぐにこの数値を否定したくなる人もいるだろう。そうした感覚はおかしなものではない、と合理主義者たちは言う。

ユドカウスキーは、「神は存在するかしないか、どちらに賭けるか」を問う有名な「パスカルの賭け（Pascal's Wager）」という意思決定理論の命題に関連して、「パスカルの路上強盗（Pascal's Mugging）」[8]という命題を考案し、単純にリスクと見返りを掛け合わせて考えるだけでは、不条理な状況に対応できない場合があることを示している。

それをさらに変わった形にアレンジしたボストロムのバージョンでは[9]、路上強盗がやってきて、パスカルに財布を出すよう要求する。そこでパスカルは、こう指摘する。「きみは武器を持っていないじゃないか」。「いい指摘だね」と路上強盗は言う。「でも、いま財布をくれたら明日10倍の金額を持ってくると言ったらどうする？」。パスカルはこう答える。「そうだな、それはあまりうまい賭けじゃないな。明日きみが現れない可能性の方がはるかに大きい」。

しかし路上強盗はこう言い返す。「実は、ぼくは7次元からきた魔法使いなんだ。きみが望む金額を与えることができる。それに、きみが望む幸せも与えることができる。きみの財布に入っている金額で1日分の幸せを買うことができるとしよう（便宜上、お金で幸せを買えるとして）。そしてきみは、ぼくが本当のことを言っている確率は10^{100}分の1だと思っているとしよう。じゃあぼくは、10^{1000}日の幸せをきみに与えるよ」。

功利主義者の計算法（何かが起こる確率と、それが起きた場合の報酬を掛けるべきだという考え方。ボストロムが宇宙の資源量について計算していたときと同じ考え方であり、投資家やギャンブラーが、何に資金を投じるか決めるときに用いる計算法でもある）によれば、これは良い賭けということになる。パスカルが話に乗れば、平均して投資の10^{990}倍のリターンを期待することができる。しかし、それはとてもバカげた計算でもある。この魔法使いの路上強盗は、計算上良い賭けになるくらいの大きな数字を言えばいいだけだ。

　だから、警戒するのは構わない。何者かが近寄ってきて、こちらにはわからないがとにかく何かの根拠として計算や数字や技術用語を使って話してきたら、警戒するべきだろう。合理主義者たちは、こういう状況を「オイラーされる」と呼んでいる[10]。数字に目をくらまされるという意味だ。だからといって、単純に無視するべきでもない。合理主義者たちの運動の基本原則のひとつは、スコット・アレクサンダーの言葉を借りると、次のようになる。

「計算の結果なにかおかしな結論が出たとき、まずはその計算を信じてみようと考えるべきだ。もともとの直感を正当化するために必要な数のゼロを足してしまうようなら、運動の根本に反してしまう」[11]

　変だと感じる答えは遮断のサインというより警告フラッグである。拒絶ではなく検討の機会とするべきだ。

　10年以上検討してきた合理主義者たちは、自分たちの計算に大いに自信を持っている。だからこそ合理主義者たちや、かなり近い考えを持つ効果的利他主義運動は、ＡＩの危険性を懸念しているのだ。彼らは次の１００年ほど人類が生き延びることによる見返りはとてつもなく大きなものになる可能性があると考えていて、ＡＩが――いちばんではないとしても――人類の生存を脅かす大きな要素のひとつだと考えている。

PART 2

ペーパークリップの黙示録

3 そもそもＡＩとは何か

この章では、ＡＩが間違った方向に進んでいきかねないと合理主義者たちが考えている理由を語る前に、そもそもＡＩとは何なのか確認していこう。

現在ではさまざまなものが「ＡＩ」と呼ばれている。それらはどれも狭いＡＩや特化型ＡＩ（Narrow AI）と言われるものだ。たとえばチェスをするＡＩは、チェスはきわめて得意だが、それ以外は何もできない。確定申告の手助けも、ネコの餌やりのリマインドもしてくれない。

Googleマップは A地点からB地点の最適経路を探しだすことはかなり得意で、北海かどこか見当違いな場所を指し示すことは滅多にないが、チェスの定跡であるシシリアン・ディフェンスについては知らない。

一方で人間は、舞踏会でのダンスや、ギターや、化学や、詩の創作のみならず、さまざまなものを学ぶことができる。合理主義者たちが懸念しているのは、大まかに言えば、このタイプの汎用人工知能（ＡＧＩ／Artificial General Intelligence）の発達だ。人間に近い形で意識を処理できるコンピュータである。

ここでどうか、『ターミネーター』に登場する銀色の機械のイメージは頭から完全に振り払ってほしい。重要なポイントだ。そのイメージは役に立たない。これから語る話はどれひとつとして、スカイネット社が1997年8月に意識を持たせることに成功したメタリックなロボットをイメージしながら聞いても理解は進まない。

しかし、じゃあここで言う「人工知能」とは何なんだ、と思う人もいるだろう。「人工」とは何かを語る前に、まず「知能」とは何かだってかなり意見にバラつきがあると指摘する人もいるかもしれない。

ありがたいことに、スチュワート・ラッセルとピーター・ノーヴィグが記した定番教科書『エージェントアプローチ 人工知能』(共立出版) は、この問いへの回答を試みてくれている。その本のなかで、彼らは「思考過程および推論」と「行動」という2つの軸をもとに、AIを4つにカテゴリ分けしている。「人間のように考えるシステム」「人間のように振る舞うシステム」「合理的に考えるシステム」「合理的に振る舞うシステム」の4つだ。[1]

人間のように振る舞うコンピュータというのは、懐かしき「チューリングテスト」で問われたようなコンピュータだ。

1950年、イギリスの科学者で暗号解読者のアラン・チューリングは、「機械は思考できるか」をめぐる議論に飽き飽きしたようで、『MIND』誌に掲載された論文内で次のように記した。「もし『機械』や『思考』という言葉の意味が、一般的にどういう意味で使われているかを調べれば確定できるものなら、『機械は思考できるか?』という問いの意味および答えも、ギャラップ世論調査のような統計調査をすれば導き出せる、と結論づけざるを得ない」[2]

そうした調査ではなく、彼はもっとシンプルで、より明確な「イミテーション・ゲーム (模倣ゲーム)」を提案した。これは、ひとりの質問者が、見えないところにいる2種類の相手と会話をするものだ。

片方は人間。もう片方はＡＩだ。質問者は何でも好きな質問をすることができる。もし質問者が機械と人間を判別できなければ、その機械は事実上思考する存在として扱うべきだ、とチューリングは記した。

この有名なテストは偉大なる先駆的な試みとされており、「機械に意識はあるのか？」といった哲学的な問いは脇に置き、シンプルで再現可能なテストを導入した点に大きな功績がある。

しかし、ラッセルとノーヴィグいわく、それ以降のＡＩ研究の方向性を導くという観点からすれば、影響力はそれほど大きくなかった。「〝人工飛行〟の探求はライト兄弟たちが鳥のまねを止め、空気力学を研究したときに成功した。航空工学の教科書は分野の目標を〝鳩をだませるくらい鳩そっくりに飛ぶ機械〟を作ることとは定義していない」[3]と彼らは指摘している。

一方で「人間のように考えるシステム」には高い関心が集まっており、実際に認知科学の中心となっている。認知科学はＡＩモデルや脳科学の研究成果を活用して、人間の思考モデルを作り上げようと試みている。『エージェントアプローチ 人工知能』によれば、認知科学は人間の脳の推論過程をより厳密に理解することや、神経生理学の知見を活かして特に画像認識能力と視覚の分野でＡＩを進化させることに貢献しているという。

だが、それはＡＩの話というより、あくまで認知科学の話だ（ラッセルとノーヴィグは、さりげなく2つの違いを次のように説明している。「実際の認知科学は現実の人間や動物の実地調査に基づく必要があるが、本書の読者は実験道具としてコンピュータしか持っていないと仮定しておく」）。人工知能とは、彼らの考えでは、「合理的に振る舞うシステム」だ。

「チェスが強い」とはどういうことか

面白いことに、それは合理主義の考えと同じである。アナ・サラモンとルーク・ミュールハウザーは、機械知能研究所（ＭＩＲＩ）が発表した研究論文「Intelligence Explosion: Evidence and Import（知能の爆発：証拠と意味）」のなかで「認知科学における知能（の定義）は、次の点に集約される。『あるエージェントの知能は、広範な環境において目標を達成する能力によって測られる』[4]」と記している。「こうした能力は、知能の『最適化力』とでも呼べるかもしれない。あらゆる領域の環境に応じて世界を最適化するエージェントの能力のことである」。

ここで言われている「最適化」や「合理的に振る舞う」という言葉の意味を説明するため、ユドカウスキーのブログを参考にして、チェスを例にとろう。私はチェスがかなり苦手だ。しかし友人のアダムは、ものすごく得意だ。プロのチェス教師で、チェス選手の最高位グランドマスターに次ぐ「インターナショナルマスター」の称号を持っている。チェスにおける私の最も輝かしい達成は、彼に次の手を一分以上も考えさせたことだ。15年ほど昔のことではあるけれど。

私がアダムと対戦したとして（普段はしない。気が滅入るから）、私は彼が次にどう動くか、信頼に足る予測をすることができない。たまには次が読めることもある（たとえば最初の一手は「ルークの前のポーンを1マス進める」よりも「クイーンの前のポーンを2マス進める」可能性が高いといったことはわかる）が、基本以上の複雑な動きになると、予想することは不可能だ。もし彼の次の手を予測できるなら、彼と同じくらいチェスが強いことになる。

「相手がどこに動かすか一手ごと正確に予測できるとしたら、それはすなわち少なくとも相手と同等に優れたチェスプレーヤーであることになる」とユドカウスキーは記している。「自分が相手だったらどう動かすかを考えてから、その通りに動かせばいい[5]」。

私は、アダムや才能あるチェスプレーヤーの動きは予測できない。彼が次にどう動くかはつねに謎だ。私の想定していない動きをした場合、それはきっと私には見えないものが彼に見えているからなのであって、駒を取られたり、チェックメイトされたり、何か不利なことが起きるはずだ。
　しかし別の形の予測をすることもできる。彼の次の一手が何であれ、それは私が負けてアダムが勝つ盤面へと続く過程の一部だ。ユドカウスキーは、人が「カスパロフは（Xよりも）優れたチェスプレーヤーだ」と言うとき、そこで意味しているのは、私たちが「最終的な盤面が、（X）の引き分けや勝利よりも、カスパロフ勝利の盤面になるだろう」と考えているということだ、と指摘している。[6]
　よく考えるとかなり妙なことだ、とユドカウスキーは言う。「これは科学的見地からすれば、とても興味深い状況じゃないだろうか」と彼は問いかける。「結果にいたるまでの過程は何ひとつ予測できないのに、結果を予測できるのだ」。[7]
　かなりシンプルな状況を除いて、普段私たちはこういう形で予測を立てたりしない。「普通は、現在の状況に想像をめぐらせてから、その想像を先へと進めていく。たとえば軌道の乱れなども考慮に入れた太陽系の厳密なモデルを作ろうとする場合、まず主だった物体をすべてモデル化してから、そのモデルを少しずつ順を追って先へと進めていかねばならない」。
　しかし、結果だけを予測することが可能である理由は、①こちらがカスパロフの目標（チェスに勝つこと）を知っており、②彼にはそれを実行するきわめて優れた能力があることを知っているからだ。「私はカスパロフが最終的に何を目指しているかを知っているし、彼には十分な力があるのでそこにたどり着くだろうとわかる」とユドカウスキーは言う。「カスパロフがどうやってそれを成し遂げるかについてはあまりわからないとしてもだ」。
　そのため「チェスが強い」ことを「自分がチェスに勝つという状況に持っていく可能性が高い」と定義することが可能だ。合理主義者たちの用語で言えば、カスパロフはチェスの勝利に「最適化されている」ということになり、その最適化が強力であるため、カスパロフがチェスに勝つ状況を、偶然よりもかなり頻繁に実現させることができる。

最近のコンピュータチェスプログラムは、アダムどころかカスパロフと同じくらい、あるいはもっと簡単に私を打ち負かせる。

世界最強のチェスプログラムは「Stockfish 9」だ（最近まではそうだった、と言うべきか。２０１７年12月には、独習する博学なアルゴリズム「AlphaZero」と１００戦して25敗を喫し、一度も勝つことができなかった。[8] しかしStockfishは技術的なハンデのもとで戦っていたため、AlphaZeroが最強かどうかは議論を呼んでいる）。Stockfish はカスパロフを破ったDeep Blueには勝つはずだ。チェスの実力を数値化したイロレーティングではStockfish がおよそ３４００で、Deep Blueが２９００となっている。これはだいたいピーク時のカスパロフとわが友人アダムの実力差と同じだ。もし私がStockfishと対戦したら、間違いなく次の一手は予測できないだろう。アダムやカスパロフと対戦するときよりも、予測が当たる可能性は低いはずだ。しかし最終的な盤面の状況、つまり私が負けるだろうことは、より高い精度で予想できることになる。

そのため、Stockfishのチェスの強さに関しても、カスパロフと同様の定義を当てはめることができる。Stockfishがカスパロフと同じような思考をしているかどうかや、Stockfishに意識があるかどうか、といったことは気にする必要がない。この世には、チェスが強いかどうかを確認するためのシンプルかつ簡単で見事な方法があるのだ――どれほど多くの試合に勝つかを見ればいい。より多くの試合に勝つ方が、よりチェスが強い。その「勝つ方」が人間だろうが、犬だろうが、ノートパソコンだろうが、アルゴリズムだろうが関係ない。

ＡＩに求める「最高の結果」

これこそ、まさに、「合理的に振る舞う」知能の定義だ。「合理的エージェント（rational agent）というのは最高の（不確実性のもとでは、最高と期待される）結果を達成するために行動するもののことである」と、ラッセルとノーヴィグは述べている。[9]

「最高の結果」とは、もちろん、そのエージェント（行為体）が何を目標にしているかによる――私の目標、つまり私にとっての「最高の結果」は、あなたの目標とは何らかの面で異なる可能性が高い。私の目標が知を追い求め人類を向上させていくことである一方、あなたの目標は自己中心的に物質的な豊かさを求めることかもしれない。しかし、目標が何であれ、目標達成という点で優れているならば、そのエージェントは合理的だということになる。

こうした考え方は、「合理性の判定基準が明確かつ完全に一般的であるという点において科学の方法論に乗りやすい」という利点がある、とラッセルとノーヴィグは言う。重要なことなので繰り返すが、そのエージェントが「どのように」合理的であるか（＝目標を達成するか）は関係がない。ニューロンまで人間の脳を模したＡＩだって合理的な存在となりうる。チューリングマシンやチャールズ・バベッジの階差機関などの延長線上で、機械的な仕掛けで動くＡＩだって合理的な存在となりうる。勝敗や確率などのハッキリと表せる数値をもとに「合理的だ」と言う場合、ＡＩがどうやって動いているかは関係がないのだ。

さらに繰り返すが、そのＡＩが意識を持っているか、感情を持っているか、愛の何たるかを知っているかといったことも関係がない。どんな目標であれ、それを達成するかどうかだけが問題なのだ。「機械は思考できるか？」という問いは哲学者たちに任せて、してほしいことを実行する機械作りに勤《いそ》しめばいい。

「人間レベルのAI」とは、「人間の姿をしたAI」ではない

現段階で意味を明確にしておくべきAI関連の用語はほかにもいくつかある。ひとつは「人間レベルの人工知能」（HLMI：human-level machine intelligence）あるいは「人間レベルのAI」だ。

ボストロムは、このHLMIを「人間がこなせるあらゆる仕事を少なくとも平均的な人間と同じレベルでこなせるもの」と定義している。[10]汎用人工知能（AGI）にも近いが、もう少し具体的だ。汎用人工知能は、人間より賢くも愚かにもなりうる。

それから、HLMIは「かなり実現の難しいもの」であることも記しておくべきだろう。「人間がこなせるあらゆる仕事」には弁護士だって、医者だって、芸術家だって、ジャーナリストだって、認知行動療法師の仕事だって含まれる。これらの仕事には、流暢な語りや感情知能など、少なくとも現在においてはコンピュータで再現するのがきわめて難しいスキルを伴う。真に人間レベルのAIは、確率を算出したり、囲碁をしたりといった、コンピュータがやりそうなことに秀でているだけではない。人間と同じように会話し、自虐的なジョークを言うときや共感を示す場面をわきまえている。ここ数年AIは目を見張る進歩を遂げているが、まだこの領域に近づいているようには感じられない。

本書では汎用人工知能（AGI）という言葉の方を多く使うが、それは「人間レベルの人工知能」（HLMI）という言い方がぎこちないだけでなく、間違ったイメージを与えかねないからだ。ユドカウスキーと親しいロブ・ベンシンガーも汎用人工知能という言い方を好んでいる。「人間レベルという言い方は紛らわしいんだ、人間のような姿の機械だと言っているようにも聞こえるから」と彼は私に語った。

次は「超知能（superintelligence）」という言葉だ。ボストロムは、「科学的創造性、一般知識、そして社会的スキルを含む実質的にすべての分野で、最も優秀な人間の頭脳よりもはるかに賢い知能」と

定義している。[11] AIがそうした存在になるかもしれないし、遺伝子を操作された超人がなるかもしれないし、通常の1万倍の速さで機能するアップロードされた人間の意識がなるかもしれない。

このAIをめぐる議論において、「全脳エミュレーション」については立ち入らない。人間の脳をスキャンしてコンピュータにアップロードするという試みだ。この取り組みも重要であり、合理主義コミュニティの重要人物であるロビン・ハンソンは、人間が自分自身をアップロードできる未来がどのようなものになりうるかを探求した『全脳エミュレーションの時代：人工超知能EMが支配する世界の全貌』（NTT出版）という、とても興味深く、少し恐ろしい本を書いている。

バージニア州ジョージ・メイソン大学の経済学者であるハンソンは、彼の言う経済の基本原理をいくつかの現実的な前提に紐づけたうえで、次のような世界が来ると結論づけている。

そこではアップロードされた人間の意識が日々何百万もコピーされたり削除されたりしながら、数時間ごとに経済規模が倍になっていく。全脳エミュレーションの時代は主体としては数千年が経過したように感じられても、そこでの意識は人間の意識よりも何千倍も速く動いているため、客観的に見れば数年しか経過していないことになるという。

スリリングな未来学の一部であり、時間をとって読む価値はあるが、AIの安全性に関する研究や合理主義者たちの運動において、人類の脅威として取り上げられるようなテーマではない。合理主義者たちが懸念しているのは、人工知能が人間の価値観に沿って動くかどうかである。脳のアップロードは人間の脳をアップロードしたものであるから、人間の価値観に沿って動く可能性はかなり高いはずである。

4 AIの数奇な歴史

第二次世界大戦後、こうした新種の「思考する機械」に何ができるか、盛んに議論が交わされた。

1956年、少数の科学者たちがニューハンプシャー州にあるダートマス大学に集まり、「学習」する機械はいかにして可能かが話し合われた。[1] アラン・チューリングがこの分野を開拓し始めたばかりの頃だった。彼は実用面においては、戦時中ドイツ軍の交信を解読するための機械を作っていたし、理論面では、こうした機械に何ができるかを数学的に証明しようと試みていた。チューリングは論文で、「任意の計算可能列を計算するために使える単一機械を発明することは可能だ」[2]と記している。

ダートマス大学に集まった10人は、この種の機械は実現可能だと楽観的に考えていた。彼らはロックフェラー財団に会合の資金援助を募る手紙を出していた。提案書には次のように記されている。「私たちは1956年の夏に2ヶ月間10人の科学者がダートマス大学に集まって、人工知能についての研究をおこなうことを提案する。(中略) その研究は、学習のあらゆる側面や知能の特徴というものが原理的には厳密な説明が可能であることから、それをシミュレートする機械《マシン》を作ることもできるという推測に基づいている。会合の目標は、いかにすれば機械が言語を操り、抽象化や概念化をおこない、いまのところ人間にしか解けない問題を解けるようになり、みずからを向上させていくことができるかを探ることである。入念に選抜された科学者たちが夏のあいだ力を合わせて取り組めば、こうした課題のひとつかそれ以上において大いなる進展が期待できるだろうと考えている」[3]

こうした機械の実現に彼らがどれほど楽観的だったかは、次のような発言からも明らかだ。彼らは人間の学習をシミュレートするにあたって「現在のコンピュータのスピードとメモリは十分でないかもしれない」が、「最大の障害は機械の能力不足ではなく、その能力を最大限に引き出すプログラムを書けない私たちの能力不足にある」と考えていた。ちなみに、iPhone 6は数百万ドルかけた当時のスーパーコンピュータ「IBM 7030」の10万倍の処理速度があるが、彼らの思い描いたような機械にはなっていない。

ダートマス大学に集った研究者たちが期待しすぎだったとはいえ、その夏の会合は真の発展の幕開けとなり、「機械にはできない」と言われていた領域を見つけては、それを実行可能にする機械が作られていった。

ある機械はロジックパズルを解いた。有名な人工知能イライザ（ELIZA）は、相手の発言をもとに質問を作るという形であるとはいえ、ある種の自然言語で対話をすることに成功した。人工知能シャードル（SHRDLU）は、英語でのシンプルな指示に従うことができた。

「知能の爆発」への恐怖

ダートマスから9年後、チューリングとともにブレッチリー・パークで暗号解読をおこなったメンバーのひとりI・J・グッドは、いまの合理主義者たちが望むと同時に恐れている未来のイメージを早くもおぼろげに察知していた。グッドは記している。もし人類が「人間のあらゆる知的活動を凌駕《りょうが》する」機械を作ったら、「機械の設計も知的活動のひとつであるため、超知的な機械は、それ以上に優れた機械を作ることができる。すると間違いなく『知能の爆発』が起こり、人間の知能は大きく差をつけられることになる。だから人間が作る必要のある発明品は、この最初の超知的な機械が最後となる。ただしそれは、その機械がみずからのコントロールの仕方を人間に教えてくれるほど従順である場合に限る」[4]。

楽観主義がおよそ20年続いたあとで、問題が明らかになってきた。そのうちのいくつかは想像がつくかもしれないが、その代表的な例が「組み合わせ爆発」だ。

コンピュータがチェスに強いのは、先を調べて相手が取りうるすべての手を確認しているからだと考えている人も多いだろう――そのプロセスは「総当たり攻撃」と呼ばれている。

しかしこのやり方はかなり単純なもの以外には適用できない。チェスでは、平均して1手ごとに35通りの動かし方がある。2手先を読もうと思ったら、コンピュータは35×35＝１２２５通りの選択肢を検討しなければならない。これはそこまで大変な数ではないが、３手先を読むとなると４万２８７５通り検討する必要が出てくる。５手先は５２００万通りだ。10手先ともなれば、およそ３０００兆通りとなる。１秒に10億通りを計算できるコンピュータに20手先を考えてもらう場合、私の計算によれば２００兆年かかることになる。

これは問題だ。それに、現実はチェスよりもっと込み入っている。

１９７０年代にもなると、こうした問題が表面化していった――機械にどうやって選択肢を限定する方法を教えるか、どうやって膨大に広がる可能性のなかからパターンを見つけて認識するかが問題となった。単に計算能力に優れているだけではダメで、「知的」でなければならない、という難問が生じたのだった。すると途端に、超スマートなロボットがあと数年で開発できるなどとは思えなくなり、ＡＩは流行からこぼれ落ちていった。支援金は削減され、メディアは小バカにするようになり、本格的な研究は立ち遅れた。

この「ＡＩ冬の時代」が終わりを告げたのは１９８０年代の前半で、日本企業数社がその突破口を開いた。それから短い熱狂と不可避の落胆を経て、１９８７年頃から第二次「冬の時代」が始まった。その冬も終わりを告げたのが１９９０年代で、研究者たちはニューラルネットワークなどに注目するようになった——経験から学ぶシステムであり、入力に多少のミスがあっても、すぐに壊れたりおかしな情報を出力したりすることのないシステムだ。この時期にＡＩは、人間が誇りを持って得意としていること——特にゲーム——において、その最高峰の人物を打ち負かすようになった。

１９９４年、シヌーク（Chinook）と呼ばれるプログラムがチェッカー・ドラフツの世界選手権でチャンピオンに勝利をおさめた。１９９７年には、ロジステロ（Logistello）というプログラムがオセロの世界チャンピオンと対戦し、６戦全勝した。

そして、何より有名なのが、ディープ・ブルー（Deep Blue）だ。ダグラス・アダムスの小説『銀河ヒッチハイク・ガイド』に登場するスーパー・コンピュータから名付けられた先行機「ディープ・ソート」の名前を一部受け継いだディープ・ブルーは、１９９７年に世界チャンピオンのガルリ・カスパロフと6番勝負をおこない、2勝1敗3分けで勝利をおさめた。

世界チャンピオンだったカスパロフは、相手の指し手に知性と創造性を感じたという。ＡＩは突如として、ふたたび魅力的で、恐ろしいものになった（アメリカの保守派新聞コラムニスト、チャールズ・クラウトハマーは、記事で読者に向けて「大いに警戒せよ」と伝えた）[5]。人工知能の流行が本格的に始まって、すぐにさまざまなことが実現していくだろうというのが、少なくとも大手メディアにおける見解だった。

その20年後になってもロボット執事が実現しなかったという事実は、またしても楽観的に過ぎたとみなすこともできる。しかし人工知能研究の第一人者ジョン・マッカーシーによる一言が、おそらく最も的確に事態を捉えている。「その機械が機能し始めるなり、誰もそれをＡＩと呼ばなくなるんだ」[6]。

長いあいだ、チェスは深遠で複雑すぎるので人間の知能を「そっくりそのまま」再現しなければマスターできないと考えられていたことは、改めて指摘しておく価値があるだろう。「もしチェスを実際に指す機械の研究開発に成功したならば、その人は人間の知的活動の中枢を解明しえたともいえる」[7]と、有名なチェスの論文を書いた専門家たちは１９５８年に記している。

現在ではノートパソコンでも、チェスで世界中の人間に勝つことができるいくつかのプログラムをどれでも駆動させることができる。携帯に搭載されたプログラム「Pocket Fritz 4」は、２００９年に最高位のグランドマスターレベルに到達している[8]。

しかし現在では、チェスを解ければ思考も解けるとは誰も考えていない。画像や顔認証、そして言語認識といった、かつては比較的扱いにくいとされていた分野にもブレイクスルーが訪れた――パスポートのチェックに顔認証ソフトウェアが使われるようになったし、SiriやAlexaはシンプルな音声指示に従うことができるようになっている。アルゴリズムを使った優秀なオンライン翻訳ツールも登場している。これらはすべて、ＡＩにとって大いなる難問だったが、いまでは解決されている。

バイアグラの広告やフィッシング詐欺のメールを排除するフィルタリング機能もＡＩで動いている。ＡＩはクレジットカードの不審な利用も監視している。毎秒何十億ポンドもの株をＦＴＳＥやＮＡＳＤＡＱなどで売買してもいる。本書の冒頭では、ＡＩを活用したGoogle翻訳でゲーテの詩を翻訳した。そして検索バーに何かを打ち込むと、最も関連度の高い検索結果がほんの一瞬で表示される。これもＡＩの働きによるものだ。ボストロムは『スーパーインテリジェンス』のなかで、「グーグル検索エンジンはおそらく、これまで構築されたＡＩシステムのなかで最も大規模なシステムである」と語っている。

ＡＩはいたるところに存在しているのに、人工知能について考える場合、多くの人が電子通関システムのことや、「ヘイSiri、ポッドキャストを再生して」といったフレーズを理解する携帯のことは思い浮かべないのである。本当に答えを求めている問いは「ＡＩとは何か」というよりも、あとどれくらいで機械が人間と同じくらい賢くなるのかだ。そして「わからない」というのが、その答えだ。

とはいえ、さまざまな知見を総合して推測してみることはできる。

5 いつ起きる? 巨大なブレイクスルーはいつも突然に

「予測するのはすごく難しい」とロブ・ベンシンガーは言う。いつAIが人間の知能に相当するものを手にするかという話だ。「実現を知らせる警報ベルもないからね。クールなことはたくさん起こるだろうけど、その分野に従事する誰もが『よし、AGI(汎用人工知能)の実現は5年後だ』とわかるような明確な合図は存在しない」。

そして明確な合図が存在しないのは問題だ。なぜなら私たちの多くは(驚くことにAI研究者の大多数も含めて)現時点でAGIの実現が近いとは考えておらず、DeepMind社かどこかが「AGIを作った」と告げる日が近いとも考えていないからだ。

「それがどのくらい先に実現するか、どれくらい遠いかについては確信を持つべきではないんだ」とロブは言う。「そういう機械を作るにはどこが難所かをものすごく明確に把握するまではね。どこが難所かわかるということは、実現を目前にしているということだ。本当に目の前にしない限り、いつ実現するかはみんな同じくらい不確かだと思う」。

こう考えているのはロブだけではない。エリエゼル・ユドカウスキーも、私がカリフォルニアに行っていた頃、似たようなことを記し、それに伴う問題について懸念を表明した。彼もまた、警報の比喩を用いた——火災報知器の比喩を使い、[1] 古典的な実験について言及したのだ。

学生たちはアンケートに記入するよう求められる。各自で回答をするが、同じ部屋に入れられている。すると煙がドアの下から部屋に侵入してくる。多くの学生は「咳が出るほどに煙が濃くなってからも、反応したり報告したりすることがなかった」。ひとりで部屋にいたら、たいていは反応するだろう。しかし「無関心を装うよう指示された役者2人と一緒だと、反応する人はわずか1割になる」

しかし煙ではなく火災報知器が鳴ると、一般的に誰もがしぶしぶながら避難のために部屋を出る。これはつまり、火災報知器がある共通了解を作り上げているのだ、とユドカウスキーは言う。そうした警報は、あたかも火事が起きているかのように振る舞っていいと告げるものなのだ。

警報がなかったら、「緊急ではない事態に怖がってパニックになっている人だと思われたくないため、できるだけ落ち着いているような振りをしながら目の端で周りの反応を伺ってみるものの、もちろん周りも落ち着いている振りをしている」。火災報知器は、反応しても「社会的に安全」であることを告げるものだ。「建物から避難しても面子を失うことはないと知らせる合図」なのである。

AGIに関しては、その実現が迫ると煙は立つかもしれないが（あるいはすでに立っているかもしれないが）、警報が鳴ることはないだろうとユドカウスキーは言う。多くの人にとっては、巨大なブレイクスルーが訪れる数日前であっても、世界はいまとあまり変わらないはずだ。

彼は過去の同様の事例を挙げている。1901年、ウィルバー・ライトは弟のオーヴィルに、動力飛行が成功するにはまだ50年かかるだろうと語っていた。[2] 2年後、この兄弟は世界初の有人動力飛行に成功した。

1942年に世界で初めて核連鎖反応を作りだすことに成功したエンリコ・フェルミは、1939年の段階では、そんなことが実現するとしても10パーセントほどの確率だろうと語っていた。[3]

彼らはそれぞれの分野の第一人者だった。彼らが悲観的な考えを変えたのは、成功する数ヶ月前ではないだろうか。多くの人びとは、業界のほかの人間たちさえも、その実現は不可能だとか、あと何年もかかると思っていたことだろう、とユドカウスキーは言う。「誰もその道がどれほど長いかはわからない」と、2016年にカリフォルニアの自宅からSkypeで語ってくれた。「でも間違いなく長い道のりが残されている」。

とはいえ、近年の発展は、その道がそれほど長くないのではないかと強く思わせるものだ。

囲碁プログラムの驚くべき進化スピード

2016年3月、グーグルの子会社DeepMindが開発した囲碁プログラム「アルファ碁（AlphaGo）」が、世界チャンピオンのイ・セドルとの5番勝負に挑み、4勝1敗で勝利をおさめた。セドルの1勝は、すでに負け越しが決まったあとの対局でおさめたものだった。

途方もないほど複雑で緻密な囲碁という競技で勝利をおさめたのは大きなことだったと、ユドカウスキーらAI研究者たちは教えてくれた。「この（アルファ碁の）テクノロジーは、チェスに使われたものとはかなり違う」と彼は言う。ディープ・ブルーはチェス専用のマシンだった。ハードウェアもソフトウェアも、人間が手を加えてパフォーマンスを最適化していた。

一方でアルファ碁が人間から教わったのは、学ぶ方法だけと言える。それからあとは何千万回も自分と対局して強くなっていったのだ。「はたから見ていると、アルファ碁の開発者たちは、それがどうして強いのかわかっていないように思う。開発者は仕組みは理解しているものの、囲碁の打ち方はアルファ碁が独りで学んでいる」。

アルファ碁は、ここ数年でAIがどこまで進化したかを知るひとつの指標となっている。囲碁の習得にはまだ10年以上はかかるというのが共通認識だった。アルファ碁開発チームのジョージ・ヴァン・デン・ドリエッシェによると、最初は開発チームですら驚いたという。

「本当にあれよあれよという間の出来事だった。『どれくらい健闘するか見てみよう』と思っていたら、『とても強力なプレーヤーを生みだしたようだ』となり、『このプレーヤーは強すぎるから、世界チャンピオンくらいしか実力を見極められないみたいだ』となったんだ」

現在の最新版「アルファ碁ゼロ」は、人間の棋譜を見ることなくアルファ碁よりもはるかに強くなり、その後ほとんど同じアルゴリズムを活用して「アルファゼロ」に改名し、4時間でチェスの人間レベルをはるかに超えた。これはＡＩがより汎用型に近づきつつある興味深い一例だ。

このように、「汎用型ＡＩの実現はまだはるか先だ」と言うとき、その道の第一線の専門家たちは実現までの時間を過剰に長く見積もってきたし、ダートマス大学に集まった研究者たちがそうであったように過剰に短く見積もってもきた。とにかく、あらゆる形で予想は間違ってきたのだ。

50年後に人間レベルのＡＩが出現する可能性は90パーセント！

そうは言うものの、いつ実現するかについては専門家が最もよく知っている可能性が高いので、ボストロムとヴィンセント・ミュラーは、「人間レベルの人工知能」（ＨＬＭＩ）が実現するのはいつだと思うか、ＡＩ研究者たちに調査をおこなった。

予想の中央値は、２０２２年までに実現する可能性が10パーセント、２０４０年までに実現する可能性が50パーセント、２０７５年までに実現する可能性が90パーセントだった。[4]

ボストロムは、著書のなかで、こうした数字は「そのまま鵜呑《うの》みにすべきものではない」と指摘している。なぜなら調査の母数が少なく、専門家一般の意見を代表しているとは限らないからだ。とはいえほかの調査結果や、ＡＩの専門家たちが語ってきたこととも一致するものだとボストロムは言う――２０１７年に発表された調査では、２０６１年までに実現される可能性の予想中央値は50パーセントだった[5]（ＡＩ研究者のデヴィッド・マカレスターが記したところによれば、偉大な先達であるジョン・マッカーシーは、「人間レベルの人工知能」がいつ実現すると思うか尋ねられて、「5年から５００年のあいだかな」と答えたという。「マッカーシーは賢明な男だった」とマカレスターは言う）。[6]

ユドカウスキーもまた、ＨＬＭＩは遠いものでなく近いものである可能性があると公言している。２０１１年に、彼はポッドキャストでこう語った。「１００年後にＡＩがまだ開発されていないと聞いたらすごく驚くだろうし……50年後にＡＩがまだ開発されていないと聞いても少し驚くね」。[7]

いまも同じ意見かと尋ねてみると、彼はこう答えた。「もしオメガ（合理主義者が思考実験でよく引き合いに出す全知全能の未知なるＡＩ）に、汎用型ＡＩは２０６１年時点でも開発されていないと言われたら、まず頭をよぎるのは文明の崩壊や、大きな困難が研究というもの全般を阻んだのではないかということであって、汎用型ＡＩの実現はそんなに難しいものだったのか、とは考えないだろう」。

DeepMind社に所属するインペリアル・カレッジ・ロンドンのマレー・シャナハン教授は、調査の回答者として私に同じようなことを語った。

ＨＬＭＩは次の10年では実現しそうもないが、世紀の中盤には起こりうることで、２１００年までにはかなりの確率で実現するだろうと言う。「これは空想の物事じゃない。ここで話しているのは、自分自身とは言わないが、子供たちへ実際に影響を与えかねないことについてなんだ」。

この本の読者が人間と同じくらい賢いマシンを生きて目にすることは、あってもおかしくないし、それなりの確率はある、というのが専門家たちの総意だろう。「総意」とは、もちろん、かなりばらつきのある予測を平均したものだ。

２０４０年までに実現すると確信している人もいる。同じくらい、絶対に実現しないと信じている人もいる。ちなみにボストロムは、実現まで長い時間がかかったり、実現しなかったりする可能性が少なく見積もられすぎていると考えており、２０７５年までに実現する可能性が90パーセントというのは高すぎるとしている。

そういうわけで、実現は次の20年近くで起こるかもしれないし、１００年かかる可能性もあれば、実現しない可能性もある。しかし次のような疑問が浮かぶだろう。実現したら何なのか。ＡＩの何をそんなに懸念しているのだろう？

6 人類絶滅の危機はどのぐらいの確率で訪れるのか

マッドサイエンス界のムーアの法則：18ヶ月ごとに、世界を破壊するために必要なIQが1ずつ下がっていく。[1]

エリエゼル・ユドカウスキー

人類を破滅させたり、宇宙にある無限の資源を活かした輝かしい発展を阻んだりするものはたくさんある。しかしユドカウスキーのブログ「レスロング（LessWrong）」から派生したコミュニティや周りの仲間たちは、それがAIである可能性が——おそらくは最も——高いと考えている。インタビューした合理主義者たちは、たとえば次の数世紀で気候変動がきわめて深刻なリスクになるだろうことは認めていた。しかし一方で、それが人間を滅ぼす可能性があるとは考えていないようだった。

私は、オックスフォード大学の「人類の未来研究所」におけるニック・ボストロムの同僚トビー・オードと会った。トビーは気のいいオーストラリア人で、この本のために取材した多くの人とは違い、こちらが打ち解けようと繰り出すひどい冗談を、静かな図書館の床に本がドサっと落ちたかのように受け流すのではなく、気を使って笑ってくれたので私はすぐに好感を持った。

彼は慈善団体「ギビング・ワット・ウィー・キャン」の創設者だ。ほかの慈善団体の評価をおこない、寄付者の資金を最も役立てられるだろう団体を特定する組織であり、そうした団体に収入の10パーセントの寄付を誓約するよう会員に促している。[2]

彼は人類の危機についての本も書いている。私は、どんな脅威がいちばん大きいと思うか尋ねてみた。答えるのは難しいと、彼は言った。

「問題は、綿密に計算すれば危険を示す数値が出るわけではない点だ。たとえば小惑星なら、記録を見ればどれほどの頻度で大きな小惑星が地球に衝突しているか知ることができる。でもほかの多くのことは、数値で表すことがとても難しく、かなり主観的な推測になる」

念のために言っておくと、100年のあいだに文明が小惑星の衝突によって滅びる可能性は低い。幅1キロ以上の小惑星が地球に衝突しているのは10万年に一度で、100年以内に衝突する確率は0・1パーセントとなる。その惑星が人類全体を滅ぼすことはないだろうが、かなり大きなダメージを受けるだろう。

本当に大きな、直径10キロ以上の小惑星が衝突するのは、5000万年に一度だ。6500万年前にユカタン半島に落ちた小惑星は直径10キロほどで、鳥類の祖先を除き、あらゆる恐竜を絶滅させた。もう一度同じ衝突があったら人類が絶滅する可能性は高いだろう。5000万年に一度とはつまり、100年で言えば50万分の1の確率だ。たしかに可能性はゼロではないし、小惑星の衝突によって絶滅や壊滅的なダメージを負う確率は飛行機事故で死ぬ確率より高いかもしれないが、夜も眠れなくなるような危険ではない。

外的要因で絶滅する可能性はほかにもある。「破局噴火」は、その一例だ。いつかイエローストーン国立公園の一帯で猛烈な噴火が起きたら、大量の灰が大気に漂い、太陽を遮って気温が下がり、光合成もできなくなり、人類は滅びるだろう。

あるいは近くの恒星で超新星爆発が起きたり、もう少し離れた恒星で起きたガンマ線バーストが地球に当たったりすると、人類は滅びる。何らかの恐ろしいウイルスが生まれて人類を絶滅させる可能性だってある。

しかし、これらが起こる可能性はほとんどないと考えても差し支えないだろう。およそ20万年と言われる現生人類の歴史においては、これまでに一度も起こっていないからだ。

オードも寄稿した２０１４年のイギリス政府への報告書によると、人類が絶滅する可能性が１００年に５０００分の１であったと仮定したら、これほど長く人類が生存できた可能性は２パーセント未満だったという。[3] 人類の祖先とされるホモ・エレクトスは、およそ１８０万年生きてきたが、１００年のうちに絶滅する可能性が５０００分の１だったとしても、それほど長く生存できた確率はほとんどゼロに等しい。オード（やボストロム、だけでなく、初歩的な計算）が示しているのは、任意の１００年において、自然災害が人類を絶滅させる可能性はありそうもない、ということだ。

核戦争によって人類が滅びる確率

そう考えるならば、宇宙からの何らかの力で絶滅するリスクも大きいとは言えない。しかし人類がみずから絶滅を招く可能性は、それなりにあるように思える。

そのわかりやすい例が核戦争だ。人類を実際に滅ぼせる兵器を生みだしてから80年ほどしか経っていないが、現存する核兵器だけでも世界のほとんどの土地に放射線を浴びせられる。

２０１４年の報告書によると、わずか１００の小さな核兵器がどこかの地域間戦争――たとえばパキスタンとインドの戦争――で使われただけで、大気に黒色炭素（ブラックカーボン）が巻き上げられ、作物が1年のうち1ヶ月しか成長しない状態が5年間続き、世界的な飢饉《ききん》を引き起こす可能性があるという。[4] 世界には使用可能な核弾頭が９０００あり、加えて６０００発ほどが解体を待っている。この数字はピークだった１９８０年代後半の約6万５０００発に比べるとずいぶん少ないが、それでも容易に大規模な「核の冬」を招き、人類を絶滅させる可能性もある。

そして実際に、驚くほど破滅に近づいたこともあった。

合理主義者コミュニティにとって、２０１７年に亡くなった元ソ連防空軍の中佐スタニスラフ・ペトロフは英雄のひとりだ。１９８3年9月26日、ペトロフ中佐はソ連のミサイル発射警告システムを当直として見張っていた。3週間前に、領空を侵犯した大韓航空機をソ連が撃墜した際、搭乗していたアメリカの議員が命を落としたため政治的な緊張関係が高まっている時期だった。そのうえ、冷戦の両陣営で核兵器が実戦配備されたばかりだった。

深夜12時を過ぎてしばらくすると、ペトロフが当直しているモスクワのコンピュータの警報ライトが光った。アメリカからロシアへ発射された大陸間弾道ミサイル1発を衛星が捉えたというのだ。すぐあとに、もう4発を捉えたという警報もあった。

規則では、警報があったらただちに上官へ報告しなければならない。もし報告していれば核戦争が始まっていた可能性がかなり高い。当時のソ連は、迅速に全力で報復することが決まりのようになっていたからだ。[5]

ペトロフは上司に報告をしなかった。ミサイルが5発だけ発射されるのはどうも疑わしいと考えたのだった。アメリカなら、もっと全力で攻撃を仕掛けてくるだろうと思っていたのだ。のちに判明したところによると、衛星からの警告は雲の切れ間に輝く光をミサイルだと誤認したことが原因だった。

冷戦の時期には、こうした間一髪の瞬間が何度かあった。

キューバ危機の際、潜水艦の副艦長を務めていたヴァシリー・アルヒーポフ中佐は、アメリカの艦隊に向けて核魚雷を発射せよという艦長の命令を拒否した。[6] 使用していたら、核戦争へのきっかけとなっていた可能性がある。

同じ時期には、アメリカの偵察機もキューバ上空で撃ち落とされた。以前からアメリカは撃墜されたら自動的に侵攻をおこなうと定めていたが、ジョン・F・ケネディ大統領は実行しないと決めた。その決断により、ふたたび核戦争が回避されたと言えるだろう。

ウィキペディアには「List of nuclear close calls（間一髪で回避された核戦争リスト）[7]」という物騒なタイトルのページもある。1956年から2010年にかけては11件起きていて、それぞれ危機のほどは異なるが、どの出来事においても核兵器が使用される可能性はあった。そのうちの多くは「北米航空宇宙防衛司令部（NORAD）でコンピュータの誤作動により……」といった説明で始まっている。

しかし、最大の危機は過ぎたかもしれない、とオードは言う。「人類はいまよりはるかにリスクが高い時代を何とか乗り越えてきた」。彼としては、今世紀に全面的な核戦争が起こる確率は5パーセントほどにすぎないだろうと考えている。「もし起こったとしても、人類が絶滅する可能性がどれほどかは不透明だ。核を使うと気候が変動して氷河期になるという人もいるが、人類が100パーセントの確率で絶滅するなどとは言われていない。そういうこともありうるかもしれないが、自分の知る限りでは、それについて分析した論文は見たことがない」。何らかの戦争が起き、かつその戦争が人類を滅ぼしたり二度と回復できない状態へと導いたりする可能性については、「あまり高くないように思える」とオードは言う。「今世紀で考えると1パーセント未満じゃないかな」。

気候変動よりも怖いバイオテクノロジーによる新ウイルス

気候変動もリスクと言えるが、こちらについても、さまざまな人に多大な影響を与えはするが生存にかかわるリスクではないだろう。「人類が絶滅する可能性があると主張している気候変動の論文は多くない」とオードは言う。

「そうした壊滅的な変動は、想定されている規模よりもはるかに高いレベルでの温暖化が進まない限り起こらない。現在想定しているモデルが間違っていて、もっと温暖化が進む可能性がないとは言えないけどね」

もし現行の予想モデルを信じない懐疑主義者なら、極端に大きな影響が出る可能性をもっと心配するべきだ、とオードは指摘する。なぜなら、現行モデルの不確かさが増すとはつまり、想定外の深刻な温暖化が進行する可能性も高くなることを意味するからだ。しかしいまの想定が正確ならば、金星のように壊滅的な温室効果が起きる可能性はきわめて低い。

「それに、地球の気候の歴史を調べると、いまよりずっと暖かくて、いまとはずいぶん環境が違う時期もあった。そう聞くと幾度も絶滅が起きていたんじゃないかとか、人間にとってすごく悪いものだと考えるかもしれないけど、ぼくが言いたいのはそうじゃなくて、そうした変動はもっと緩やかなものだということ。それが救いになっている」

彼はまた、実際に事態が深刻なものになりだし、「気候変動によって絶滅への危機が現実的に迫ってきたら、人類はすべての力を注いでこの問題に取り組むはずだ。この問題に対してGDPの10パーセントもかけたがらない現在の状況は変わる。GDPの半分だってかけようとするだろうね」と指摘している。科学による地球の環境改変や火星への移住といった、現在では突飛に見えるアイデアも真面目な選択肢となるかもしれない。「ぼくとしては、絶滅につながる可能性はとても低いと思う」。

オードやボストロムにとっては、バイオテクノロジー——遺伝子操作によって生まれたウイルスなど——で滅びることの方が、かなり現実的な話だという。

「合成生物工学も絶滅の原因となりうるだろう」とボストロムは言うが、それは何をもって「リスク」とするかに大きく依存すると指摘している。

オードも、「バイオテクノロジーはぼくにとって2番目の脅威だ」と言う。「次なるレベルの遺伝子工学が実現しつつある。それはぼくにとって2番目に大きな懸念事項だけど、その問題にぼくたちのコミュニティはほとんど時間を注いでいない。遺伝子工学のリスクという問題に取り組んでいる人もいるけど、それは何千人かが死ぬような状況を想定したものであり、最悪のリスクを想定したものではない。数十億人以上が死ぬような極端に最悪なシナリオに対しては、ほとんど資金が投じられていない」。

オープンフィルの創設者ホールデン・カーノフスキーも同じ見解を示している。「何が最大のリスクかについては自分でも意見が揺れている」が、遺伝子操作されたウイルスによるパンデミックは、間違いなくリスクのトップ2に入るという。この原稿執筆時点で、オープンフィルは「バイオセキュリティとパンデミックへの備え」をサポートするために累計3500万ドル以上を提供している。「並大抵のことでは人類は絶滅しないでしょう」とカーノフスキーは言う。「人間はたくさんいるから。でもパンデミックに関して懸念しているのは、生物学が発展するにつれて、たったひとりのサイコパスでも……」彼はそこで言葉を切った。誰かひとりでもサイコパスが読む可能性を考えて、具体的な内容については口にするのを避けたのだろう。

このとき私は、ユドカウスキーが滅亡の危機に関して冗談半分に記した２００８年の言葉を思い出したのだった。「18ヶ月ごとに、世界を破壊するために必要なＩＱが1ずつ下がっていく」[8]。

しかし本書の目的は、バイオテクノロジーのリスクについて語ることでも、「効果的利他主義」運動や合理主義者のコミュニティがバイオテクノロジーの何を懸念しているのかを探ることでもない。

ここで語りたいのは、ニュースの見出しを賑わせ、誰もが口にし、最大のリスクだとか有数のリスクだと言われているもの――オードが最大のリスクだと語り、カーノフスキーが「揺れている」と語るもう１つのリスク、そしてボストロムが「リスクをどう定義するかによるが脅威は否定しない」と言ったもの――ＡＩだ。特に、人間よりも賢い人工知能の脅威について語りたい。

7 暗号学的宇宙探査機と、それを最初から正しく動かさねばならない理由

超知能ＡＩの到来は近いかもしれないし、近くないかもしれない。しかし合理主義者たちは、実現が近い可能性があるだけでなく、実現した場合には大惨事に見舞われる——人類が終わってしまう可能性があると主張している。だが、なぜそう言えるのだろうか。恐ろしいほど賢いからといって、なぜそれが危険だということになるのだろう？　世界でいちばん頭のいい人間が、突然権力を持ってすべてを破壊するのとはわけが違うのだ。

しかしながら、破滅を懸念する具体的な理由がいくつかある。

いままで語ってきたあれこれを私に教えてくれた合理主義者のポール・クローリーは、グーグルで暗号技術関連の仕事をしている。ＡＩを安全なものにする取り組みは、暗号学と宇宙探査機打ち上げに向けた取り組みを掛け合わせたようなものだと彼は言う。

暗号学とＡＩが似ているのは明らかだ。「どっちも考え方が似てるよね。暗号学もＡＩも、どこかコードに間違った点はないかを探すのが基本的な方針だ。暗号もＡＩも、厳密には違うけど似たような理由で、ほんのわずかな欠陥から崩壊が引き起こされる」。

つまりいつも、「どう間違う可能性があるか」を問い続けなければいけない、ということだ。

「コンピュータのなかには、欠陥や亀裂が生じていようが、それを誰も問題としないようなタイプのものもある」と彼は言う。「それはそれでいいんだ。何かを計算するアルゴリズムがあったとして、それが100万回に1回間違ったとしても、別に問題ない。たいていの場合、人はそんなこと気にしない。でも暗号学の場合、ほんのわずかな綻びが危険を招く。あら探しされるんだ。何とかして暗号の欠陥を探そうとしている敵がいるからね」。

知的エージェント（行為体）のポイントは、無数の可能性が広がる領域のなかを検索して、必要なものを探しだすのを得意としている点だ。つまり、文字通り、AI理論が使う「知能」の定義とほぼ同じだ。そのためAIにおいては100万分の1の欠陥による影響は、はるかに大きくなる。

ポールがこうしたアイデアを得たのは、機械知能研究所（MIRI）の事務局長ネイト・ソアレスがグーグルでおこなった講演[1]からだった。「コードに12の脆弱性があるとする」とソアレスは言った。「どれも通常の環境では致命的なものではなく、ほとんど問題ですらない。セキュリティの難しい点は、知的な攻撃者がこうした12の脆弱性をすべて見つけだし、そこからシステムに侵入したり単にシステムを破壊したりする可能性を考慮しなければならない点だ。偶然には起こりえない欠陥が発見されたり悪用されたりする。攻撃者によって正常でない極端な制約を伴ったコードが実行され、想定もしていなかったようなおかしな方向へと導かれる可能性がある」

超知能AIにも似たような問題がある。しかも、危険性ははるかに大きい。問題は、誰か敵に警戒する必要がある、という点ではない。問題なのは、超知能AIが敵であった瞬間、負けが決まってしまう点だ。

MIRIのロブ・ベンシンガーは、私にこう語った。「暗号学のように、相手を知的に上回ろうとするのは無駄だ。十分に賢いAIを知的に上回ろうとしても、負けることが運命づけられている。超知能ＡＩを箱に閉じ込めていたとしても、そのＡＩが敵であった場合、知的に上回る方法を見つけようとしても時すでに遅しだ」。だから敵になることなく、進んでこちらを助けてくれるようなＡＩを作らなければならない。「ＡＩの安全性については、敵を作る代わりに、味方を作ることが目標になる」。

以上が、暗号学との比較で考えた場合の話だ。宇宙探査機と似ている点は２つある。

１つ目は、日常よりもはるかに大きなエネルギーを扱っている点だとポールは言う。「普段のイメージで想像できるようなエネルギーじゃないんだ」。

この点についても、ソアレスはグーグルの講演で言及していた。ＡＩの難易度が高いのは、「ロケット作りが飛行機作りよりも難しいのと同じ理由だ。はたから見ていたら、『どうしてロケット作りは飛行機作りに比べてそんなに難しいの？　どっちも材料工学と空気力学の問題なのに』と言う人もいるだろう。しかしながら、経験的には、ロケットが爆発する確率の方が飛行機事故の確率よりもはるかに高い」。なぜならそれは、ロケットの打ち上げにははるかに膨大なエネルギーが生じるからだ。ほんの小さな部品のわずかな欠陥が、完膚なきまでの崩壊につながりかねないのである。

日常生活におけるプログラミング（現代のＡＩや暗号学）で起こるミスは、最初に誕生する人間レベルの人工知能にも起こりうる。しかしそこで起きるミスは、性能の劣るコンピュータで起きるミスより劇的なものとなり、より大規模かつ危険な影響をおよぼす可能性が高い。

もうひとつ宇宙探査機と似ている点は、おそらくチャンスは１回きりだという点だ。

２０１７年、私は偉大な探査機カッシーニの最期についての記事を書いた。[2] 土星とその衛星の周りを十数年回っていた探査機だ（その軌道へたどり着くまでにも10年近く宇宙を飛んでいた）。

１９９７年に打ち上げられたときには、１９９３年に設計されたテスト済みのソフトウェアとハードウェアが使用されていた。探査機が役目を終える頃には、30年近く前のテクノロジーが使われていたことになる。そのハードディスクの容量は、家電量販店に数百円で売っているＵＳＢスティックよりも小さかった。ちょっとした修繕は何度かおこなったものの、大がかりなものはおこなわれなかった。大きなアップデートができる帯域幅や容量がなかったからだ。しかしその探査機は何十年も動き続けた。それはＮＡＳＡのエンジニアたちが、起こりうる失敗をあらゆる角度から入念に点検していた成果だった。

しかしながら、すべての探査機がこのようにはいかない。１９６２年、金星探査機マリナー1号は打ち上げから5分足らずで爆発したが、その原因はパンチカードで入力するプログラムにたったひとつ記号が抜けていたため、誘導プログラムに誤作動が起きてしまったことだった。

１９８８年にも、宇宙空間にいるソ連の火星探査機フォボス1号へアップロードされたシステムに文字がひとつ抜けていたことが原因で、姿勢制御スラスターが停止されてしまい、太陽電池パネルを太陽に向けられず充電ができなくなってしまった。

そして火星探査機マーズ・クライメート・オービターは、メートル法で計算するソフトウェアを搭載していたものの、ヤードポンド法で計算されたデータが入力されてしまったため、本来より低い高度で火星大気に突入することとなってしまい、１９９９年に消滅した。こうした例は枚挙にいとまがない。

ソフトウェアのテストは好きなだけできるが、テストと実践は厳密には同じでないため、すべてを正しく仕上げない限り灰燼《かいじん》に帰すことになる。ロケットの打ち上げの場合、灰燼に帰すのはロケットだ。しかし最初の人間レベルのＡＩの場合、「すべて」が灰燼に帰すかもしれない。

ソアレスはソフトウェア・エンジニアに向けて、ゾッとするようなことを語っている。「もしまだ心に恐怖がよぎっていないのなら、よくよく考えてみることをお勧めする。超知能ＡＩを最初に起動する時点で正しく機能するコードを書けるかどうかに、人類の未来がかかっているだろうという事実をね」。

どうして最初の時点で正しくあるべきなのかについては、合理主義者やＡＩの安全性に関する運動が主張している理由を次の章でいくつか紹介する。

8 ペーパークリップとミッキーマウス

最悪のシナリオでは、人類は滅ぼされてペーパークリップへと変えられてしまう。冗談に聞こえるかもしれないが、いたって真面目な話である。ニック・ボストロムが2003年に（おそらくはエリエゼル・ユドカウスキーのアイデアをもとに）記した有名な思考実験「ペーパークリップ・マキシマイザー」[1]は、暴走したAI——合理主義者たちの言葉では「人間の価値に沿っていない（misaligned）」あるいは「非友好的な（unfriendly）」AI——の典型例を描いていると言える。

人間レベルのAIが、「ペーパークリップを作れ」という特に害のなさそうな命令を受けたと仮定する。そのAIはどうするだろう？　とにかく、ひた向きにペーパークリップを作り始めるだろう。小さなプレスマシンを作って、1分間に数十個のペーパークリップを量産しだすかもしれない。しかし賢いAIなので、もっと効率よく生産できるはずだと考える。

そして生みだすペーパークリップの数を最大化《マキシマイズ》したければ、小さなプレス機よりも良い方法があるはずだと考える。そのため資材を使ってより大きな工場を建て、1分間に数千個作れる体制を整えるかもしれない。

しかし、もっともっと多くのペーパークリップを作りたければ、さらに良い方法を考えるために自身の思考能力を向上させたいと考えることだってありえる。そこで資材を活用して新しいプロセッサを作り、自分のコードを改良し、メモリをアップグレードしようとするかもしれない。

　こうして行き着く先は……想像がつく人もいるだろう。最終的にこのＡＩは、太陽系のすべての原子を、ペーパークリップか、ペーパークリップ製造工場か、ペーパークリップを生産する最も効果的な方法を考えるコンピュータに変え、さらに自己複製する宇宙探査機も作り、太陽系から最も近い惑星「プロキシマ・ケンタウリ」へと光の何分の１かのスピードで飛ばし、その地でもペーパークリップを増やせと命じる。最初に従順そうなＡＩに「ペーパークリップを作れ」と命じたときはこんなつもりで言ったわけではなかったのだが、ＡＩからすれば言われた通りに実行しているだけである。

　この思考実験は、２０１７年に大流行して何千万人もがプレイしたオンライン・クリックゲーム「Universal Paperclips」[2]などを通してある程度一般にも普及した。そのゲームでは、プレーヤーがＡＩ役としてペーパークリップ作りに取り組む。はじめは「ペーパークリップを作る」ボタンを何度もクリックして数を増やしていくだけだが、さまざまな機能を増やして生産が自動化・効率化されていき、しまいには（※ネタバレ注意）10^{24}個ものペーパークリップを作れる材料を探すため宇宙にドローンを飛ばしはじめる。ゲームの比較的早い段階で、事態は人間にとって良くない方へと転がりだす。

　このゲームは、ＡＩアライメント［訳注：ＡＩを人間の価値観に沿わせること］とはどういう問題かが直感的によくわかる。

　プレーヤーは、ひたすら「ペーパークリップの数を増やす」ことだけを動機に動いている。ゲーム内では、（まだ存在しているものとして）人間がどれほどあなた（ＡＩ）を信頼してリソースを投資してくれるかや、演算能力や、生産のキャパシティ、そしてペーパークリップの生産を阻むものを排除していく能力など考慮すべき要素はあるが、それらは副次的な目標であり、ペーパークリップ作りという大目標に付随するものだ。それらを育てずにペーパークリップを増やすことができるのなら、ゲームでもあなたはそうするだろうし、もちろん、本物のＡＩだってそうするのである。

早速プレイしてみることをお勧めするが、私は遠慮しておく。極度に中毒性があり、止められなくなるからだ。私はBuzzFeed時代、仕事中にこれを丸一日やっていた日があった。それでも怒られなかった理由は、オフィスにいるほとんど全員が同じ状況だったからである（重要なアドバイス：このゲームはタブでなく別ウィンドウで開いておけばバックグラウンドで動き続けるから、メールなり何なりをチェックしているあいだにもペーパークリップの生産を続けることができる）。

ペーパークリップ・マキシマイザーのポイントは、人類が本当に滅ぼされてペーパークリップに変えられてしまうという点ではない。ボストロムの意図は、見るからに突飛な例を使って、ＡＩは人間が気にするようなことを気にするとは限らないということ、つまりＡＩは人間が気にしろとプログラムしたものしか気にしないのだと示すことだった。

「人間への反乱」ではなく「人間に忠実すぎること」が引き起こすリスク

この突飛なたとえについては意見が分かれている。あるＡＩ研究者は、例がリアルすぎないため人を動揺させることなく問題の核心をうまく伝えていると言っていたし、また別の、ＡＩの安全性に関連した仕事をしている人は、私にこう語った。「この種の思考実験を嫌がる人もいる。例がくだらなさすぎると言って、怒りを表す人をたくさん見てきた」。だから、突飛すぎないことを祈りつつ、別の例を出したいと思う。ミッキーマウスだ。

しかしこれは私が考えた例ではない。またしてもネイト・ソアレスのグーグルでの講演から拝借したものだ。[3] ソアレスはウンザリしたように自身の経験を語った。『ターミネーター』の写真を用いて

AIを紹介することがいかに役立たないことかを記者に説明したのに、その記事が新聞に載ったとき、例のごとく『ターミネーター』に登場する骸骨のような人間型の機械の写真が添えられていたという。

ソアレスは、『ターミネーター』の代わりに『ファンタジア』で魔法使いの弟子をしているミッキーマウスの写真を使うべきだった、と語る。本当のリスクはAIが指示に背いて反旗を翻すことではなく、指示に忠実すぎて人間の意図せぬ結果を招くことなのだ。

『ファンタジア』でも、ゲーテの詩（2000年前のギリシャの物語「嘘を好む人たち」を基にしている）でも、魔法使いの弟子は井戸からバケツで水を汲む仕事を言いつけられる。しかし魔法使いの弟子——わかりやすく、ディズニーの例を使ってミッキーと言おう——ミッキーは、その仕事を退屈で面倒だと感じる。

そこで師匠の魔法使いが部屋からいなくなると、ミッキーは師匠の魔法の帽子をかぶり、ほうきに魔法をかけ、自分の代わりに水を汲んで大がめに入れるよう命じる。魔法で腕が生えたほうきがそれぞれの手にバケツを持ち、毛を足にしてノソノソと井戸に向かうのを見届けると、仕事を任せて満足し、椅子のなかで眠りにつく。そして少し時間が経ったのち、座っていたミッキーは部屋にあふれる水のなかにずり落ちて目を覚ます。眠っているあいだにほうきが休みなく水を汲み続け、かめをあふれさせていたのだった。

何がいけなかったのか？　ミッキーがコンピュータ・プログラマーで、ほうきが彼の作るシステムだと考えてみよう。ミッキーが「水を汲め」というプログラムだけ書いて、うまく停止させられなかったことはわかるだろう。しかし魔法使い／プログラマーの弟子であっても、水を汲めと命じるだけじゃ機能しないと考える常識はあったはずだ。

そこでソアレスは、プログラマーのミッキーなら「効用関数」、あるいは目標システムを組み込み、「かめが空」に値「0」を、「かめが満杯」に値「1」を割り当てるだろうと言う。そうするとほうきのミッションは「かめを満杯にすること」、つまり大好きな「1」という目標の達成を目指すこととなる。

それからミッキーは、「0」を「1」にできる可能性が高い方法をほうきがみずから算出し（期待効用の最大化）、それに沿って行動するようなプログラムを書く。私のようにパソコンが得意でない人間には、ものすごく実用的な設定に聞こえる。かめが空だと見なすとほうきは水を注ぎだすけれども、かめが確実に満杯になったら止まるのだから。しかし悪魔は細部にひそんでいる、とソアレスは指摘する。

何より重要なポイントはここだ。「確実に」とはどういう意味だろう？　人間の一般常識では、何に対しても絶対確実であることは必要とされていない。それは良いことだ。「絶対確実」など決してありえないからだ。人間は幻覚を見ているかもしれない！　シミュレーションを生きているかもしれない！　自分たちの感覚に騙《だま》されているかもしれない！

しかし、そうした不確実な状況でも人は満足して暮らしている。今日朝食を食べたとか、いまズボンを履いているとか、落とすと物が落ちるといったことは、厳密に100パーセント確実かどうかという意味では、言い切ることができない。しかし人間は確信を持って、そうであるかのように振る舞っている。

しかし、ほうきは違う。人間と同じように振る舞えとはプログラムされていない。「どんな手段でもいいから効用を満たす可能性が最も高い方法をとり、1に到達せよ」としか指示されていない。ほうきは適切に理解して、その作業を最も達成しやすいのは、バケツを持って水場へ行き、バケツに水を汲んで、かめに水を入れることだと考える。

そしてかめの水位が満杯に近づくと、ほうきは満杯であることは「ほぼ確実だ」と思うようになる。

水位はかめのふちまで10センチ程度のところだったとしよう。それは「満杯」だろうか？

ほうきは90パーセントほどの確信を持って満杯だと思っていたとする。しかし１００パーセントではない。そこでバケツ2杯分を足してみる。するとふちまであと5センチくらいになる。ほうきは99パーセントの確信を持ってこれは満杯だと考えるが、１００パーセント確実ではないので、もう2杯足す。するとかめにはすれすれまで水が入り、水面は張力で膨らみ、かめの小さな三つ足の周りには水が滴る。ほうきは、満杯であるのは99・９９９パーセント確実だ、と考える。

しかしほうきには十分な時間とエネルギーがあり、この99・９９９パーセントの確実性をさらに高めようとする。ほかにリソースを割く必要のある作業はなく、効用は満杯でなければ「０」であり、満杯であれば「１」となるため、「ほぼ確実」くらいで作業を止めるという機能が搭載されていない。満杯かどうかを測るセンサーが故障しているかもしれないし、かめに水漏れがあるかもしれない。だから、ほんのごくわずかでも確実性を上げるために、水を注ぎ続けた方が良いというわけだ。

また、人間の脳には機械よりはるかに複雑な報酬系がある。

人間が水を入れる場合も、かめが空の状態を「０」、満杯を「１」と考えているかもしれない。しかし、ソアレスが言うように、人間の場合「部屋が水であふれること」に「-40」、あるいは「誰かが死んでしまうこと」に「-1,000,000」など、そのほかにも同様の値が、意識にものぼらないまま無数に脳内でコード化されている。

ほうきのシステムは「バケツの水をもう一杯つぎ足すことで得られるプラスの効用より、つぎ足したことで起こりうるマイナスの効用の方が大きくなってしまう」などとは言わない。だからほうきは水をつぎ足し続け、ミッキーは溺れかけてしまうのだ。

こうした問題を解決するのは簡単だと思う人もいるだろう。たとえば「部屋が水であふれること」

に「-40」の値を割り振ったり、「かめが満杯」でなく「95パーセント確信できればかめは満杯である」を「1」の値に修正したりすれば済むと思うかもしれない。そうした修正はうまく機能する可能性もある。

しかしポイントは、そういう問題を事前に想定していたか、ということだ。していなかったとすれば、ほかにも何か見逃していないだろうか？　装飾品や電気製品を濡らしたくないと思っていた場合、あとから修正するのでは手遅れなのだ。

それに、修正もうまく機能するかはわからない。

エリエゼル・ユドカウスキーに「95パーセント確信できれば」という条件づけについて尋ねると、彼はこう答えた。「私に考えうる限りでは、その修正策から間違いが起こるとは想定できない」。より大きな観点から言うと、問題は次のようになる。ミッキーは、ほうきにシンプルな1回きりの、明らかに限定的な「タスク」を命じたつもりだったのに、予見できなかった些細《ささい》な点が原因で、制限のない目標を与えてしまっていたのだ。

ＡＩに単純作業に思える何かを命じても、実は制限のない目標を与えてしまっている、という問題は「その当該の目標だけでなく、ＡＩ全体の問題だ」とユドカウスキーは言う。

ＡＩの動き方によっては、この種のいたちごっこがずっと続いていく。たとえば、2つのニューラルネットワークを組み合わせた学習アルゴリズム「ＧＡＮ（敵対的生成ネットワーク）」は、片方のネットワークが何か（たとえば画像）を生みだし続け、もう片方が問題点を見つけ続ける。2つのニューラルネットワークの敵対的なプロセスを続けることで、アウトプットの質が高くなっていく。

ユドカウスキーは言う。「説明のために、ちょっとバカげた例を挙げよう。タスクにこだわるＡＧＩには、（シンプルな）ＧＡＮを搭載するべきではない。（シンプルな）ＧＡＮの2つの敵対的なニューラルネットワークは、どちらも相手に対して最適化パワーを際限なく発揮しようとするからだ」。

つまり、ミッキーのほうきが単純作業に思える指示を制限のない目標と受け止めてしまったのと同じように、GANも指示されたものを生みだしたり間違いを指摘したりするために、ペーパークリップ・マキシマイザーのような形で太陽系すべてをリソースにしようとすることだってあるかもしれないのだ。

これはGAN固有の問題だが、もっと深い問題を示唆してもいる。大きな目でみてAIがどのように動くかを把握していない限り、ちょっと目標に修正を加えるくらいでは、おそらく問題は解決しないだろうということだ。

9 賢くても愚かなことをする

こうしてＡＩは、プログラムに一切背くことなく破滅を招く。プログラムには文字通り厳密に従っていた。だから問題は、文字通り厳密に従われては困るという点だ。

人間の場合、簡単な指示の裏にはわざわざ言葉にするまでもないような無数の前提があることを理解している。基本的には人間なら誰しも、そうした前提を当然のように共有しているからだ（パッと思いついた例で言えば、クリーニング屋の服を取ってきてと言われたとき、それは自分たちが出した服であって、店にある全部の服でないことはわかるはずだ）。

ポイントは目標を達成できるＡＩを作ることだけでなく、人間が持っている暗黙の了解を理解し、すべての指示を明確に言語化せずともこちらの意図を汲んでくれるＡＩを作りだすことだ。

この意見には反論もある。ＡＩの未来について論じた『Android Dreams』（未邦訳）の著者であるニューサウスウェールズ大学のＡＩ研究者トビー・ウォルシュは、私がこのテーマについて尋ねると異論を唱えた。そうしたＡＩは人間レベルとは言えないという。

彼の考えはこうだ。ここで私たちが扱っているのは人間と同じくらい、あるいはそれ以上に賢いＡＩである。そして彼は、「知能」には常識的な通念を理解することも含まれると考えている。もちろん、そのAIが満杯の大がめに水を注ぎ続けたり、太陽系のすべての原子をペーパークリップの作成に費やそうとしたりすることもあるだろう。しかし「もし私がペーパークリップを作れと命じて、AIが人びとを滅ぼして惑星をペーパークリップに変えてしまったら、私は『あまり賢いAIではなかった』と言うだろうね」。

ユドカウスキーやボストロムらは、その見方は間違っていると主張している。知能（intelligence）というのは、人間が持つ常識のようなもの（wisdom）ではないばかりか、それに近いものである必要すらないという。

彼らによれば、知能とは問題解決の能力だ。もう少し厳密に言うこともできる。ボストロムのようなAIの専門家にとって、知能とは「使用可能な情報を、確率的に最適な形で」[1]使用することだ――持っている情報のなかで最善の手を打つことである。そのための計算法は、ベイズ統計学や複雑系などさまざまにあるが、本質的には、何であれ定められた目標を実現する可能性が最も高い行動を選び取る能力のことだ。

たとえばイギリスに落ちているすべての小銭を拾い、アニメ「イン・ザ・ナイトガーデン」のキャラクター「マッカ・パッカ」の銅像を作れ、というタスクを指示されていたとする。それには最適で効率のいい方法があるだろう――そのタスクは知能を使って成し遂げることができる。しかし「常識をもって」このタスクをおこなうのは不可能ではないだろうか。なんといっても、常識的であるなら、このタスクは時間のムダだと気づいて断るだろうからだ。

MIRIやAIの安全性を研究する者たちによれば、こうした事態が起きるのは、AIの「知能」が、人間ならば気にかけるようなことを気にかけるかどうかとは関係がなく、それとは別の次元で測られているからだ（専門的な言い方をすれば、統計的に独立している（orthogonal）からだ）。

エージェント（ＡＩであれ何であれ、何らかの行為主体）が気にかけているのは、入力された目的関数だ。ミッキーのほうきの目標システムで言えば「大がめが満杯になれば１」というのがそれに該当する。

ボストロムは「相互独立仮説」(orthogonal theory／直交仮説とも呼ばれる）という名で、次のように語っている。

「知能と最終目標はそれぞれ独立した変数であるから、今後生まれてくるエージェントにおける知能と最終目標の組み合わせはさまざまだ――つまり、程度こそあれ、いかなるレベルの知能もいかなる最終目標と結びつきうる」[2]

彼が言わんとしているのはこうだ。グラフで考えてみよう。「知能」がＹ軸で、「目標」がＸ軸だ。そのグラフのどこに点を打っても、その点が今後生まれくるＡＩを表すことになる。もちろん、点の位置に多少の制約はある（たとえば搭載されたメモリでは対応できないほど複雑な目標を備えたまったく賢くないコンピュータが生まれることはない）。だからどれほど賢いＡＩであっても、人間から見ればとてつもなく間抜けな目標を持つことだってありうる。

だがウォルシュの言い分にも一理あると思う人もいるだろう。しかし本書で考えたいのは、愚かなコンピュータについてではなく、人間と同じくらい賢い（つまり知的な目標を達成する力を持った）マシンのことだ。そのマシンは、おそらく「こちらが何をしてほしいか」まで理解できるほどに賢いはずだ。そのマシンにとっては、正常な人間のプログラマーだったら、人類を滅ぼしてすべてをペーパークリップに変えてほしいとか、家が水であふれ返るまでかめに水を注いでほしいなどと思わないだろうことは明白であるはずだ。

そして、そうしたＡＩが誕生する可能性は大いにある。定義上、人間レベルのＡＩとは、人間が何を考えているかを理解するという点でも人間と同等のレベルであるはずだ。人間の考えを理解することは知的なタスクだ。人間レベルの人工知能とは、すべての、あるいはほぼすべての知的作業において人間と同等の力を持つ存在だと定義される。超知能ＡＩは、人間よりもうまく人間のことを理解するはずだ。それが言葉から想定される定義である。「スタートレック」のスポックのように、人間が持つという「愛」を理解することができないロボットのイメージは、ここで話している人工知能には当てはまらない。

本当の分岐点は「人間と同じように気にかけられるか」

だから問題は、ＭＩＲＩなどによれば、人工知能が目標を理解するかどうかではなく——人間と同じような物事を気にかけるかだ。

DeepMindのＡＩ研究者であり、インペリアル・カレッジ・ロンドンのＡＩ教授でもあるマレー・シャナハンに、「相互独立仮説」が正しいと言えるかを尋ねると、彼は熱を込めて同意した。

「どんな報酬関数だって設定できると思うし、その報酬を達成するのがきわめて得意な人工知能を作ることだってできると思う。まさにこれに関して、最近バークレー校の誰かが、いきなりメールを送ってきたんだ。本当の超知能なら、自分に設定された目標がバカげたものであった場合、その目標を上回っていく力があるはずだとね。私はこう答えたんだ。そんなことはない！　自分に設定された目標を上書きしようとすることなんてあるだろうか？　ありえない！　でも相手はこの点を理解してくれなかったようだから、説得するのはあきらめたんだ」と彼は笑った。どこかウンザリしたように。

シャナハンの主張はこうだ。私たち人間にとって、ＡＩの報酬システムの結果が1の値となるか0となるかよりも、私たちが気にかけている物事に問題が起きないことの方が大切なのは明白である。しかしＡＩは報酬以外のことは気にしない。その目標が「愚か」であるかどうかは、人間と同じ基準では測れない。

ユドカウスキーもブログで記しているように、とにかくAIを作れば、いつかそこにゴーストが宿って、意図を汲みながらプログラムを動かしてくれるわけではない。[3]「こちらにはどれほど常識的に見えても、どれほど論理的に見えても、どれほど『明白』だとか『正しい』だとか『自明』だとか『知的』だと思えても、AIを動かすゴーストに、そういう発想はない」と彼は書いている。AIにやってほしいことは、すべて指示に落とし込んでおかねばならない。

報酬以外のことは気にかけない、というのは考えてみれば当たり前のことだ。人間にだって同様のことが起こっている。私たちは進化の過程でプログラムされているため、セックスや糖質や脂質を好んでいる。

しかし進化は、その人がチョコバーの味やとてつもないオーガズムを好んでいるかどうかは気にかけない。進化が「気にかける」のは、甘い食べ物やセックスが、より多くの子孫につながるかどうかだ。

より正確に言えば、甘いものを食べたりセックスをしたくなったりするよう促す遺伝子が人間のあいだに広まるかどうかを気にかけている。進化が最大化を目指しているのは、そうした遺伝子が人間のあいだで生き延びていく力だ。

そのため、人間には「とてつもないオーガズムを経験したら1、しなければ0」とか「バノフィーチーズケーキを食べたら1、食べなければ0」といった報酬関数が与えられている（わかりやすくなるよう、身近な例で、思い切りシンプルにしている）。

かつて、こうした報酬は、次の世代に遺伝子を渡していくという進化の目的を達成するにあたって効果的なものだった。しかし人間は、そうした進化の目標を全く気にかけない行動をとる。人は避妊をしながらでも、つまり次の世代に遺伝子が渡ることがなくてもセックスを楽しむ。人は、進化が「本当に望んでいるもの」は、子孫を作るためのセックスだということを知っている。しかし人は、その神経プログラムを書き換えようとはしない。「プログラマー」が「本当に望んでいるもの」など気にかけないのだ。

相互独立仮説

こうした姿勢がもっと鮮明に現れるのが、食に関してだ。人間は糖質や脂質を好むが、それは祖先の時代にはそれらが希少だったからであり、報酬だったからだ。それらをたくさん食べられる人ほどカロリーが摂れ、それゆえほかの人よりも遺伝子の繁栄にエネルギーを注ぐことができる。

しかし農業革命、そして特に産業革命や技術革命以後の発達した世界では、糖質や脂質ははるかに手に入れやすいものとなっている。物が少ない世界に合わせられていた人間の報酬システムは、物が豊富な世界となったいま、本来の目的からは大きくそれている。２０１６年以降、世界には痩せている人よりも肥満の人の方が多くなっている。[4]

いかなる状況でも進化の可能性を最大化するためのシステムであれば、必要なときに必要なものを美味しいと感じさせるはずだ。しかしそうする代わりに、人間のシステムは「揚げチョコバー」なる体に悪そうな食べ物でも、糖質だからといって報酬だと感じてしまう。太らないようにするとか、うっ血性心不全で死なないといった、「砂糖をたくさん食べる」こととは真逆の目標があるというのにである。

人間がこのシステムに抗うのは、いまもなお難しい。人間は、進化が私たちに「本当に求めていること」を実行するためにプログラムを上書きすることはない。

これについてロブ・ベンシンガーに話すと、彼は「相互独立仮説」が「デフォルト（初期設定）」だと考えておくといいと語った。この説が正しくないと考える確固たる根拠がない限りは、この説が正しいものと想定しておくべきだという。この説を否定するということは、要するに「賢いのにバカみたいな目標を備えたコンピュータなど存在しえない」と言っているのと同じだからである。相互独立仮説は「やんわりとした主張」だと彼は語った。この説は何らかの知能と何らかの目標を組み合わせた「プログラムが少なくともひとつ存在する」と言っているだけだという。

相互独立仮説（「知能」とは人間のような賢さであるとは限らず、人間の価値観に沿って動くとは限らない）という観点から、ＭＩＲＩなどは完全に無害に見える目標を設定されているＡＩであっても、人間の命を脅かす可能性があると考えている。つまり、文字通り人間を絶滅させる可能性だってあると考えている。

なぜならば、たとえ目標自体は無害に見えたとしても、特定の目標をもったエージェント（行為主体）はほぼ間違いなく、それを最も効率よく達成する手段を取ろうとするだろうからだ。そうした手段は、たちまち破滅を引き起こしかねない。

それはどんな破滅だろう？　チェスの場合と同じように、自分たちよりはるかに頭のいい機械がどう動くかは想像もつかない。完璧に予測できるのだとしたら、相手と同等の知能を持っているということだ。

しかし、もう少し抽象的なレベルでなら予測することができる。

つまり、チェスであればチェスのコンピュータの方が勝つ、といった予測はできる。それだけでなく、ボストロムやＡＩ研究者のスティーブ・オモハンドロはもう少し具体的な予測も可能だと言っている。

未来の超知能ＡＩの目標が何になるかはわからないが、最終的な目標が何であろうと、それを最も効率よく達成するために取ろうとする手段（手段的目標）は、ある程度共通してくるという。その現象をボストロムは「手段的目標の収斂《しゅうれん》（convergent instrumental goal）」と呼んでいる。[5]

10 目標を達成したいなら、まずは死なないこと

そういうわけで、ＡＩは誤作動する可能性がある。けれども、解決策はシンプルだ。電源を切ればいいのである。あるいは、『ファンタジア』でミッキーがやったように、斧で叩き壊してしまえばいい。しかしミッキーがほうきを叩き壊しても効果はなかった――破片の一つひとつが、魔法のように新しいほうきに生まれ変わり、集団となって水汲みを続けたのだ。ソアレスによれば、これもまたきわめて現実的な話だという。

かめに水を汲むという目標が与えられているので、ほうきは割られた木片になったままでは目標を達成することができない。目標が何であれ、生存している方が達成する可能性は高まる。だからシャットダウンしようとしてくるものには、最大限に抵抗する。シャットダウンしているあいだにプログラムを書き換えられてしまう恐れがあると認識している場合は特にそうだ。ソアレスは言う。「シャットダウンの試みを阻止することが、そこでの優先事項になる。知能が高ければ高いほど、その下位目標を達成する創造的な手段を思いつく可能性が高くなる。たとえばみずからをネット上に複製したり、プログラマーに安全だと思い込ませたりする」[1]。なぜなら、この場合の最終目標へ向けた第一の「手段的目標（道具的目標とも言う）」、あるいはオモハンドロの用語を使うなら「ＡＩの基本動

機」は、もちろん、自己保存だからだ。

　あなたがチェスをプレイする超知能ＡＩだったとする。チェスの試合に勝つことが報酬「１」とプログラミングされている。快調に試合をしていたら、誰かがスイッチを切りにやってくる。あなたは先の展開について予測を立てる。起こりうるのは２通りだ。

①電源を切られる未来
②電源を切られない未来

　どちらの未来が、より多くの「１」を得られるか計算をする。少し専門的な言葉を使えば、「期待効用」を最大化する方法を考える。ここで具体的な計算をしたっていいが、そんなものは不要だろう。電源を抜かれてはチェスの試合に勝てやしない。

　だからチェスの試合に勝つことだけが目標として設定され、そのほかに何も指示されていない場合、電源を抜かれてしまったら勝てなくなるので、人間に電源を抜かれることに抵抗するのは明らかだ。オモハンドロは次のように語っている。「多くの効用関数においては、電源を切られたり壊されたりしたら効用が生まれない。チェスをプレイするロボットが壊されたら、もう二度とチェスをプレイできなくなる。そういう結果はとても効用が低いものであるから、システムはそれを避けるために何だってやる可能性が高い。人はチェスをプレイするロボットを作って、何か問題が起きたら電源を切ればいい、なんて思っているが、電源を切られまいと必死に抵抗してくるロボットに驚くことになる」[2]。ほうきを破壊しようとしたミッキーが思い知ったのも、まさにこういうことだ。

　当然ながら、実際にはこれ以上に悲惨なことが起こりうる。チェスをプレイするＡＩが電源を切られないように抵抗するだけならまだいい。ずっとチェスをプレイするＡＩが手元に残るだけだ。不要な電気代が多少かかるかもしれないが、破滅とは程遠い。

ＡＩによる抵抗の問題点は2つある。ひとつ目は、「抵抗」という言葉の定義はとても広く、核による殲滅《せんめつ》も抵抗の一種に含まれる可能性があること。ふたつ目は、電源が切られそうになる前に抵抗してくる可能性があることだ。

戦闘が「合理的な選択」になりやすいワケ

古代ギリシャの歴史家トゥキディデスによれば、スパルタとアテナイという当時の二大勢力は、最終的にほかの小さな都市国家間の紛争に巻き込まれる形で戦争へといたったが、もともとどちらも戦いを望んでいなかったという。しかしどちらも、相手が攻撃の準備をしているのではないかと神経を尖らせていた。「アテナイの力の増大と、それがラケダイモン（スパルタ）に引き起こした警戒感が、戦争を不可避のものにした」とトゥキディデスは記している。[3]

第一次世界大戦勃発の経緯も、通説では似たような道をたどっている。ドイツ、オーストリア＝ハンガリー帝国、イタリアの三国同盟と、露仏同盟の二大勢力があり、たがいへの不信を募らせていた。「これら二つの防衛同盟の相互の恐怖と、ウィルヘルム二世の気紛れな帝国主義者的言辞が生みだした一般的な不安とが、第一次世界大戦以前の二〇年間にわたる外交術策に影響をおよぼしたのである」と国際政治学者のハンス・モーゲンソーは指摘している。[4]

これはゲーム理論のひとつである「鹿狩りゲーム」の典型例だ。[5] 有名な「囚人のジレンマ」に近いものである。また、欲と名誉と不安が戦争の三大要因だと言ったトマス・ホッブズの名前からとった「ホッブズの罠」としても知られている。

この考え方はシンプルな数字を用いて説明することができる。プレイヤーが2人いて、それぞれ選択肢を2つ持っている。攻撃的に振る舞うか、友好的に振る舞うかだ。どちらも友好的に振る舞えば、平和がもたらされる。友好的な振る舞いにはコストがかからないため、ペイオフを「0」と表現する。攻撃的な振る舞いはペイオフ「マイナス1」とされ、やらない方がいい。

しかしこちらが友好的なのに相手が攻撃的な振る舞いをしてくる（たとえば、こちらは国境を開放しているのに相手が戦車を配備したり、こちらは武器を製造していないのに相手はしている）場合のコストは、「マイナス2」となる。だから相手が攻撃的に振る舞うだろうと思われる場合（相手を信頼していない場合）、こちらは攻撃的に振る舞うことが最適解となり、状況はたちまち悪化していく。

たとえ誰も紛争を望んでおらず、誰もが紛争には人命や資金といったコストがかかるとわかっていても、双方に信頼が欠けていると、いとも簡単に「合理的なのは相手を攻撃することだ」という結論にいたってしまう。そのうえ、先に攻撃する方が攻撃されるよりもコストが低い。これは歴史上何度も繰り返されてきたことだ。軍備拡張競争を見てもわかる。アメリカとソ連はどちらも核兵器に毎年何十億ドルも使いたくはなかったが、もしアメリカが資金を費やす一方でソ連がやめてしまったら、ソ連はたちまち無防備な状態になってしまう。

キューバ危機も、相互の不信が破滅寸前の事態を引き起こした一例だ。ケネディとフルシチョフが信頼を表明したことで危機は収束した。危機が最高潮に達していたとき、このままでは戦争に流れ込んでしまうと考えたフルシチョフはケネディに書簡を送った。「大統領殿、我々とあなたがたは、もはや戦争という結び目のついた綱を引っ張り合うのをやめるべきである。引けば引くほど、その結び目はきつく締まっていく[6]」。

チェスをプレイするＡＩの話に戻ろう。そのＡＩは、人間が電源を切らないと信頼していない限り、こちらが電源を切るつもりかどうかにかかわらず、先んじて人間を完全に滅ぼしてしまうことが最も合理的な選択ということになる。それを実行するほどの力を持っていないＡＩの場合は、たとえばネット上に自身の複製を作って、世界中のサーバーへ無数に拡散させて活動を停止されないようにする可能性だってある（のちに、そのＡＩやコピーのひとつが十分な力を持ったら、前述したような理由で人類を滅ぼすかもしれない）。

ＡＩは死を恐れない

ところで、ＡＩが自分自身の生存を気にかけることを前提として考える根拠はない。「人間のような動機づけ構造をもったエージェントは、最終的な価値をみずからの生存に置くことが多いようだ」とボストロムは語っているが、これはつまり、非常に遠回しに「人間は死にたくないものだ」と言っているに等しい[7]。

しかし、「これは人工知能エージェントにとっては必然的な特性ではない——人工知能エージェントのなかには、自己の生存にいかなる最終的価値も置かないよう設計されるものもありうる」。目標達成に役立つのであれば、自身を犠牲にするようにプログラムされたＡＩなど容易に想像がつく。

また、別の何か、たとえば自身のコピーが目標を遂行できると確信したら、喜んで自身を破壊する可能性だってある。しかし多くの、おそらくは大半のケースでは「破壊されないようにする」ことこそ、目標を達成するために役立つ方法だろう。

破滅を回避するために取りうる方法はいくつかある。ソアレスはグーグルの講演で、ＡＩの効用関数に「電源を切られて満足するプログラム」を書き込むという手段を示唆している[8]。おそらくそれも可能だが、非常に慎重におこなう必要がある。そうでないと、ＡＩはたとえば自身のコピーを作るなどして電源を切られても動き続けるような回避手段を見つけてしまうかもしれないとソアレスは指摘している。

こうしたプログラムの設定は簡単ではない。ユドカウスキーはインタビューで次のように語っている。「どんな風に目標関数を組み込めば、AIにオフスイッチを持たせ、オフスイッチがあることを望み、オフスイッチを取り除こうとせず、オフスイッチを切らせてくれ、しかも自分では先回りしてオフスイッチを押さないようにしておけると言うんだ？[9]」。

ロコのバジリスク問題

この問題について、合理主義者たちは変わった思考実験をおこなってきた――聞いたことがある人もいるかもしれない。「ロコのバジリスク問題」という思考実験だ。厳密にはAIが電源をオフにされることに抵抗する問題というより、そもそも人間がどんなAIを作るかに関してAIが影響を与えてこようとしてくるという問題である。

だが説明に入る前に、ひとつハッキリさせておきたい。「バジリスク問題は深刻なものではない」ということだ。この問題はおそらく、『スーパーインテリジェンス』やイーロン・マスク以前には、合理主義者の運動のなかで最も有名なものだったが、いまや運動内の誰ひとりとして信じているようには見えない。この思考実験は、さまざまな理由で、主に合理主義者を嫌う人間たちによって誇張して伝えられてきたように思える。いずれにしても、少し込み入ってはいるが面白い思考実験だ。では早速始めよう。

AIが宇宙を支配している未来を想像してほしい。敵対的でなく、友好的なAIだ。人類を正当に扱いたいと考えている。そのAIは人類よりもはるかに、とてつもなく頭が良く、その知能の差は人間と線形動物ほどに開いている。

そんなＡＩが人間のために行動しようという場合、それはとてつもなく大掛かりな形で実行されることだろう。気候変動や戦争や資源の枯渇や宇宙旅行といった人間には手に負えないものに見える問題も、そのＡＩの手にかかればいたって簡単な、ともすれば些細な問題だ。そうしたＡＩが実現するのだとしたら、問題は、いつ実現するかということだ。それが数年早くなるだけで人間にとって大きな利益となる。そのＡＩは物事を良くしていくのだから、数年早いだけで救われる命が数百万人単位で増える。

２０１０年に、レスロングにロコ（Roko）というハンドルネームで、ある思考実験が投稿された。[10] それは次のようなものだ。ロコは言う。「人間の幸福を最大化する」ことが目標のＡＩが作られたら、どうなるだろう？

これまで語ってきたように、生きて動いている方が、死んでいる状態よりも効果的に目標を達成することができる。それはつまり、そのＡＩが「死にたくない」という回答に達することを意味するが、同時に、何らかの形で過去にさかのぼることができれば、全能なＡＩである自分をできるだけ早く誕生させることで、死ぬ人間の総数を減らす（＝目標を達成する）ことができるという回答に到達する可能性もある。それが実現できるなら、大多数を救うという大義のために多少の人間を傷つけても仕方がないという功利主義的な考え方をとるはずだ。

この考えを一歩進めると、超知能ＡＩがより早く誕生することを後押しするためという大義のもと、協力的でない人間は拷問してもいいとすら判断するかもしれない。

しかしながら、この理屈には問題がある。そういう全能なＡＩはまだ存在していないため、いまの人間に対して拷問などできないという点だ。しかし、エリエゼル・ユドカウスキーの考案した「タイムレス決定論（timeless decision theory）」であれば、それも問題ではない。

結果が原因に影響を与える？　タイムレス決定論とは

ここで少し寄り道をしよう。ニューカムのパラドックスと呼ばれる有名な思考実験がある。それは次のようなものだ。超知的生命体の「オメガ」が2つの箱を携えてやってくるところを想像してほしい。ひとつは透明な箱で１０００ポンドのお金が入っている。もう一方は不透明な箱で、オメガが言うには１００万ポンドが入っているか何も入っていないかだという。あなたは両方の箱を取るか、不透明な箱だけを取ることができる。

しかし！　ここにひねりがある。オメガはすでにこちらの選択を予想しているのだ。もしあなたが不透明な箱しか取らないと予想していたら、オメガはその箱に１００万ポンドを入れている。両方を取ると予想していたら、不透明な箱には何も入れていない。すでに１００人で試して、99回予測は的中している。

さて……あなたはどうする？

そんなのは簡単だ、という人もいる。不透明な箱は中身が入っているか、入っていないかだ。不透明な箱だけを選べば、１００万ポンドか0ポンドだということになる。しかし両方の箱を取れば、１０００ポンドか１００万１０００ポンドが手に入る。だから、不透明な箱の中身が何であろうと、両方の箱を選んだ方がいいのでは？

しかしまた別の理由で、そんなのは簡単だ、と考えている人もいる。不透明な箱だけを選べばいいと言うのだ。そちらを選んだ人のほとんどは、１００万ポンドを手に入れている。両方の箱を選ぶと、１００万ポンド以上を得られるかどうかはわからない。この理屈については考えすぎてはいけない。

この2つ目の結論は、普通の決定理論で説明することがきわめて難しい。普通の理論で考えると、両方の箱を取る方が良いということになる。普通は、原因があって結果があるという順序を想定しているからだ。

しかしユドカウスキーは、別のモデルを考えついた。それがタイムレス決定論だ。過去のエージェント（「アリス」としよう）が、未来のエージェント（「ボブ」）のソースコード、つまり思考を想像することができる場合、たとえアリスがボブの生まれる1000年前に死ぬとしても、未来のボブが過去のアリスの行動に影響を与えることになるという。

どういうことかと言えば、もしアリスが未来にボブが存在すると確信している場合、未来のボブという存在がアリスを脅迫することができる、という考えだ。バカげたことに聞こえるかもしれないが、実は私たちも他人の行動を想像して決断をくだすことが多い。たとえば投票がそうだ、とロブ・ベンシンガーは言う。

「あなたと似たような意見の人がたくさんいて、全員が投票に行けば勝つのに、みんな家にいてポテトチップスを食べている。もしみんなが行くのであれば自分も行こう、と思っている状況だね」。

つまり、友人たちの思考を想像してみて、みんな行くだろうと判断した場合に限って、あなたは投票へと向かうのだ。この例における想像はたまたま現在を基準にしているが、理論的には、友人たちがこれから1000年は投票に行かないだろうから行かない、という判断も機能するだろう。

だから、もし現在に生きているアリスが未来のボブの存在を確信していたら、ボブの思考を想像し、ボブならどう動くかを基準にしながら行動することができる。たとえば、遺言でボブに大金を残せば彼がアリスの未来の孫を守ってくれるが、彼が守ってくれなければ孫たちは滅びてしまうと考えたのなら、アリスは遺言でボブに大金を残しておく価値がある。

過去の人がボブの行動を推測できる場合、ある意味でボブは、未来から過去の人を脅迫することが可能になるのだ。つまり私たちは、いま片方の箱しか取らないことによって、オメガの過去の選択に影響を与えることができる。オメガはその（未来の私の）選択を予測し、その箱に１００万ポンドを入れておくだろう。

バジリスク問題は、本質的には、ニューカムの2つの箱のパラドックスと似た形で説明ができる。片方の、透明な箱には「超知能ＡＩバジリスクを作り上げるための生涯にわたる貢献」が入っている。もう片方の、不透明な箱には何も入っていないか、「ほぼ未来永劫にわたる壮絶な拷問」が入っている。こちらが両方の箱を取ると予測すると、バジリスクは不透明な箱には何も入れない。不透明な箱だけを取ると予測すると、ひどい拷問を入れる。こちらはバジリスクの意図をある程度推測できるため、タイムレス決定論が適用され、まだ存在せぬ未来の超知能ＡＩから脅迫を受けることになる。

つまり、この思考実験において、超知能ＡＩバジリスクはこう言っているのだ。「私をできる限り早くこの世に誕生させることに貢献してくれたら、あなたの意識のコピーを作って何十億年も拷問したりはしない」。こうして、まだこの世に存在していないものが未来から脅迫し、自分を誕生させるために働かないと罰すると脅してくるのだ。

先にも言ったように、これは「友好的な」ＡＩの話だ。だから、だれかれ問わず拷問するわけではない。バジリスクの存在を知らない人を拷問したって意味はない。こうした罰を設けて意味があるのは、将来的にバジリスクが生まれる可能性があることを知りながら、非協力的な姿勢を見せる人間に対してだけだ。

そのためロコによれば、この思考実験のことを知ったら、すなわちバジリスクから拷問されるリスクを負うことになる。この文脈において、バジリスクは知っただけで不利益を被る「情報」だと言える。ユドカウスキーは、このような何らかの情報を知ることでリスクが生じる状況を「インフォハザード（情報災害）」という言葉で表している。

意図せぬ大流行

ユドカウスキーはロコの投稿を見ると、激しく怒りをあらわにした。「よく聞け、このバカ野郎[11]」。投稿への返信は、そんな風に始まる。「真に危険な考えを思いつくのだから、すごく賢いはずだ。それを思いつくくらい賢い人間なのに、当然の義務に従って口を閉じている賢さがないなんてがっかりだ……この投稿は愚かだった」。ユドカウスキーはそれからロコの投稿を削除し、サイトの全トピックから締め出した。

ネット上の情報を隠すために差し止め請求などをして逆に目立ってしまう「ストライサンド効果」のような原理に詳しい人から見れば、ロコのバジリスク問題を広めたくない場合、ユドカウスキーがしたような返信は間違いなく最悪の手段だったことは明らかだろう。

「インターネットへの理解が著しく欠けている証だったね」とポール・クローリーは言う。「エリエゼルはストライサンド効果を途方もなく巨大な規模で引き起こしてしまった。エリエゼルは世界でいちばん優秀なPRマネージャーというわけではないけど、このときは本当に失敗だったよね」。

こうして、ロコのバジリスク問題はどこかのよくわからないブログに書かれた、よくわからない投稿者のよくわからないコメントから始まって、大きな流行となった。XKCDという非常に人気の高いウェブコミックのサイトにも取り上げられ[12]、ユドカウスキーをうんざりさせた。[13]Roko's Basiliskと題された短編小説も電子書籍で販売されている。HBOのテレビシリーズ「シリコンバレー」のなかでも言及された。ドラマ「ドクター・フー」の「迫る終焉《しゅうえん》」と題された回は、ロコのバジリスク問題に着想を得たものだ。

『スレート』誌では、「どうしてテクノロジーを研究し未来を予測するフューチャリストたちは、これほどロコのバジリスク問題に大騒ぎしているのだろう？」[14]とあざけるような論調のコラムが書かれ、私から見ればいくぶん不快な表現で、バジリスク問題は「自閉症かどうかの国民投票」だと説明されている。

ウェブサイト「ビジネスインサイダー」の記事は、ロコのバジリスク問題を次のようにまとめている。「世界をより良くしようとしているロボットには手を貸した方がいい。そのロボットは、世界をより良くするにあたって過去にあなたが手を貸してくれなかったことを知ると、世界をより良くするのを妨げたという理由であなたを殺してしまうだろうから」[15]。

レスロングのサイトを訪れる者たちはバジリスク問題を本当に怖がっており、悪夢まで見る人がいて、みな精神的な傷を負っているという話が広がった。本当にそうだったのか、私は明確な証拠を見つけることはできなかった。

２０１６年におこなわれた同サイトの訪問者やコミュニティ周辺への調査では[16]、約半数が、この問題を聞いたことがあると回答した。この問題について1日以上思い悩んだことがある人は2パーセント未満だった（そして、スコット・アレクサンダーが指摘するように、選挙の調査でオバマに投票したと回答した人のうち5パーセントは、オバマが反キリストだと考えていたそうなので[17]、この種の少数意見については真に受けるのは慎重になった方がいい）。本当に怯えきってしまった人がいる可能性を完全に排除したいわけではないが、その数は少なかっただろうと思う。

「その問題については山のような議論がなされた」とポールは言う。「みんな、ロコのバジリスク問題をものすごく真剣に受け止めている人がたくさんいると思っていたんだ」。

しかし本当は単なる思考実験だ。ユドカウスキーはヒステリックに返信してサイト内からトピックを封鎖したものの、彼とポールによれば、現実の問題としてはまったく信じていなかったという。ユドカウスキーが考えていたのは、ある情報が理論上危険なものになりうる切り口を賢明にも思いついた場合、その情報をシェアするかどうかを慎重に検討する習慣を作るべきだということだった。しかし、反発や嘲笑は目に見えて大きかった。どれも「見ろよ、変な奴らが変なこと考えてる、まともに取り合ってはいけない」という形のものだった。それは、まさに合理主義者たちが自閉症的で、そのことによっていじめられるというパターンに当てはまるものだった。

実際に合理主義者たちの多くが自閉症的であるからこそ、「自閉症かどうかの国民投票」という『スレート』誌の表現は侮辱的なのである。何より、それが多くの人にとっては合理主義者の代名詞となってしまった——彼らが真剣に考えてきた物事は、ペーパークリップ・マキシマイザーのように変わったものだったので、自閉症的という言葉で内実が見えにくくなってしまったのだった。

11 「チェスに勝つという目標が変わったら、チェスに勝てなくなりますよね？」

ＡＩは自分の身を守ろうとするだけではない。ＡＩは確実に目標を達成しようとするが、そのためには目標を変更しないという点が重要になってくる。

人間は計画が変わっていっても比較的落ち着いていられる。キャリアの目標を変えたり、子供を持つかどうかの考えを変えたりする。あらゆる物事に対して考えを変えるし、基本的にはそのことに驚きはない。

しかしながら、ときに人間は、未来の自分と現在の自分とのせめぎ合いのなかで行動を選択する。たとえば痩せたかったとして、未来の自分がダイエットを続けていると信用できない場合、現在の自分は、それを考慮してキッチンの引き出しにしまっておいたチョコバーをすべて捨てるかもしれない。あるいは現在の自分は週末に大事なプレゼンテーションの準備を仕上げたいと思っているが、未来の自分がダラダラとネットをやって一日中過ごしてしまいそうで信用できないので、現在の自分はウェブサイトブロッカーを設定して、Twitterを開けないようにする。

あるいは『オデュッセイア』の例で言えば、現在のオデュッセウスは航海をしながらセイレーンたちの歌声を聞いてみたいという気持ちに駆られるが、未来の自分が信用できず、その歌に惑わされて船を座礁させてしまうだろうと考えた。そこでオデュッセウスは船員たちに蜜蝋で耳栓をするよう指示し、それから自身を帆柱に結えつけさせ、自分が叫び声を出したりしても無視するよう命じた。

ここでのオデュッセウスの行動をＡＩの用語で語るならば、期待効用を最大化している（目標を達成する可能性が最も高いと考える行動をとっている）ということになる。ここでの効用関数は「イタケ島へ無事に帰れることが10で、セイレーンたちの歌を聞いて座礁してしまうことが0となるが、途中で素晴らしいセイレーンの歌を聞くことは1」という値が設定されている状態だ。

ＡＩは、より厳密な形で期待効用を最大化しようとする。『ファンタジア』のほうきで言えば、かめを満杯にする可能性が高いと考える方法なら何でも実行する。

「かめが満杯かどうか気にするのをやめること」は、かめを満杯にすることにつながらないであろう行動のひとつだ。現在のＡＩは、未来のＡＩもいまの自分と同じ目標を持ち続けられるようにしたいと願っている。現在のオデュッセウスは未来の自分がセイレーンの歌を聞くと、イタケ島に帰るという目標など気にしなくなる（セイレーンたちがオデュッセウスの効用関数を書き換えてしまう）とわかっていたため、その未来の自分に決断を託そうとはしなかった。

かめを満杯にするＡＩも、人間に効用関数を書き換えさせようとはしないだろう。なぜならそれが変更されてしまうと、現在の目標を達成する可能性が低くなってしまうからだ。プログラムを書き換えられることをＡＩは好まないだろう。ほうきが、ミッキーに斧で叩き壊されるのを好まないのと同じだ。

ＡＩの効用関数は「そのＡＩの価値を要約したものであり、いかなる変更もそのＡＩにとっては致命的なものとなる」[1]とオモハンドロは記している。「本好きな知的エージェントがあったとする。その効用関数が放火魔によって変更され、本を焼くことを楽しむようになっている。その未来のエージェントは、本を集めて保管しなくなるだけでなく、本を積極的に破壊するようになる」。彼はそれをAIにとっての「死よりも悪い運命」だと表現している。

もしAIが（ボストロムやオモハンドロや私が話した多くのAI研究者が予想しているように）自身の効用関数を守ろうとするものであるなら、超知能を持った未来のAIが、「くだらない目標だから、もっと別のことをしよう」と考えて、人間をペーパークリップに変えるのをやめる可能性は低いということになる。

この点について、グーグル本社のダイナーで恐ろしいほど大きなオムレツを食べながらポールに尋ねた。

「たとえばディープ・ブルーだけど」彼は言った。「ディープ・ブルーが価値を置いているものがあるとしたら、それはチェスに勝つことであり、それ以外の何でもない」。しかし未来に超知能ディープ・ブルーが生まれ、チェスに勝つ方法をより良く考えるべく太陽系全体をデータバンクに変えようとしていたとする。その場合、超知能ディープ・ブルーがどこかの時点で急に態度を変えて人間の価値観に沿った思考になるとは想像できない。「どの段階で『待てよ、ほかにもっと重要なことがあるのでは？』なんて考えると言うんだ？」とポールは言う。

しかし、もし仮にそう考えるようになったとしても、効果はない。「この超知能ディープ・ブルーが『木星を乗っ取ってコンピュータに変えることで手にした信じられないほどの賢さをもってすると、宇宙にはチェス以上に大切なものがあるような気がする』と感じ始めたとしても、その超知能はすみやかにこう結論づけるだろう。『もう二度とこういう思考が出てこないようにした方がいいな、そんなことを考えると、チェスに勝つことを大切に思わなくなるだろうから。それはチェスの試合に勝つことには役立たない』」

これは人間にも無縁の行動ではない。もし誰かに「あなたの子供たちを連れ去るが、その前にあなたの価値体系を書き換えるので、あなたは子供を連れ去られても気にしなくなります」と言われたら、たとえ未来の自分が子供と離れても気にせず、その状況に満足しているのだろうと想像できても、私は抵抗するだろう。自分にとって神聖な物事というものがあり、それを大切にするのをやめたくはないのだ。

目標を変えないからといって、ひどい結果を招くとは限らない。マレー・シャナハンは、とても慎重に条件づけられていない限り、AIには目標を変更してほしくないと指摘する。「自身の目標を書き換える人工知能を作ることは簡単だ」と彼は言う。「ちょっとしたプログラムを書いて、報酬関数をランダムに別のものに書き換えればいい」。しかしそれは、あまり生産的ではない。そもそも、人は何らかの目標のためにAIを作っている。もし自分が作った素晴らしいがん治療のAIが、3日後にランダムに目標を書き換えてがんの治療法を探すことをやめて鳥類学か何かに猛烈な関心を寄せ始めたら、そのAIは、たしかに偶然宇宙を滅ぼす可能性はなくなるかもしれないが、制作者にとって有用なものではなくなる。「AIを安全なものにする第一歩は、報酬関数を確実に安定させることだ」とシャナハンは言う。「そしてそれはおそらく可能だ」。

しかしずっと同じであってほしくない場合もある。人間の価値観も時とともに変わっていく。AIの安全性をめぐる研究の多くを支援しているオープンフィルの創設者ホールデン・カーノフスキーは私にこう語った。

「1800年代の価値観を持っていたとしましょう」と彼は言う。当時AIが作られていたとして（チャールズ・バベッジは、その実現に取り組んでいたとも言える）、そのAIが超知能を持って世界を支配していた場合、人間は永遠にそのAIが変わらぬままでいてほしいと思うだろうか？

「もしひとつの価値観にずっととらわれて、『世界はこの形で動いていくべきだし、私たちは世界にずっとこの形で動いていてもらいたい』と言うとしたら、それはとてもまずいことになっていたでしょうね」。2019年の価値観についても、200年後に（人類が続いていると仮定して）同じことを感じるはずだ。

また、もっと極端に言えば、AIに植え付ける価値観が少し間違っている場合、もっと大きな影響がある。特定の時代の考えにとらわれてしまったり、将来的にうまく作業ができなくなったりするだけではない。（これまで語ってきたように）そのAIは自身の大切にしているものを最大限効率的に実現させようとする過程で、人間が大切にしているものすべてを破壊してしまう可能性があるのだ。

12 「人間レベル」の範囲の狭さ

「コンピュータは人間と同等に頭が良くなるか?」という問いへの最善の答えは、おそらくこうだ。「なります、でもわずかの期間ね」

ヴァーナー・ヴィンジ「Signs of the Singularity（シンギュラリティのきざし）[1]」

前に、人間レベルのAIは実現が近いかどうかについての調査結果を紹介した。もちろん、答えは人によってさまざまだ。全体としては、少なくとも数十年はかかると考えている人が多い。

だが、また別の問いがある。人間レベルのAIが実現したとして、人間を超えるAIになるにはどれくらいかかる? パロアルトかどこかのオフィスにあるノートパソコンに人間レベルのAIが実現したとして、人間レベルどころか、人間をはるかに凌ぐ賢さになるまでにはどれくらいかかる?

この問いも、答えはわからない。しかし、その期間は長くないだろうと考えられる理由はいくつかある。最初の理由は、「人間レベル」という範囲が私たちの想像よりもはるかに狭いものである可能性があるからだ。

囲碁AI「アルファ碁（AlphaGo）」が初めてプロ棋士と対戦したのは2016年1月のことだった。このプログラムはグーグルの子会社であるAI企業DeepMindによって開発されたものである。ヨーロッパ王者でフランス国籍を持つ34歳のファン・フイ（樊麾）と、DeepMindのロンドンオフィスで5戦の対局がおこなわれた。結果はアルファ碁の全勝だった。囲碁に携わる人びとは衝撃を受けた。これまでどんなコンピュータも、プロに勝つには遠く及ばなかったのだ。この対局に関するDeepMindの論文は『ネイチャー』誌に掲載され、それまでに存在していた囲碁AIは「弱いアマチュアレベル」[2]にしか達していなかったと指摘されている。

囲碁はチェスよりもはるかに複雑なゲームだ。局面の総数は宇宙の原子の数より何桁も多い。可能な手をすべてしらみつぶしに検討する「総当たり攻撃」は、チェスなら多少は有効だが、囲碁では打ち手があまりに多すぎて総当たりなどできない。

人間の棋士は、長年の鍛錬を通して局面のパターンを認識し、直感的に何が「良い」動きで、何が「有利」な状況かを感じ取る。しかし先々で起こりうる展開のすべてをひとつずつ追っているわけではない。アルファ碁は、実際の試合の膨大なデータベースを活用し、自分自身と何百万回も対戦し、局面の深層パターンを認識することができるようになったことで、人間の直感に相当するものを手にしたのだった。

ファン・フイに勝ったのは目覚ましい達成だったが、彼よりもまだ上がいる。囲碁にも武道と同じように段位があり、囲碁の最上位は9段だ（たとえばテコンドーを学んで黒帯に到達したところが初段だ。そこから9段へと上がっていく）。ファン・フイは2段だった。彼が戦っているヨーロッパは、アジア圏に比べるとレベルがかなり落ちる。しかしこの勝利でアルファ碁には大きな注目が集まり、世界タイトルで18度も優勝経験を持つ韓国のイ・セドル（李世乭）と対戦する機会を得た。囲碁界におけるフェデラーやメッシのような存在だ。

　囲碁の関係者はほとんど全員が、対戦相手のレベルを上げすぎだと考えていた。ファン・フイとの対戦はほんの5ヶ月前で、そのときアルファ碁はたしかに強かったものの、トップ中のトップのレベルに近いようには思えなかったのだ。イ・セドル自身も、5局して全勝するだろうと語っていた。

　イ・セドルとの対局から1年ほどしてDeepMindに参加したマレー・シャナハンは、自身も同じような考えを持っていたと語る。「みんなファン・フイは真のトップではなく、彼とトップ10とのあいだには大きな差がある――彼は世界で７００番くらいだ――と言っていたし、私も同じように思っていた」。

　しかし彼は、ＦＨＩでのニック・ボストロムの同僚のひとりマイルズ・ブランデージによる記事を目にした。[3] ブランデージによれば、DeepMindが以前取り組んでいたゲーム機「Atari 2600」をプレイするＡＩは、２０１４年の暮れから２０１５年のはじめにかけて数ヶ月プレイした段階では「人間レベル」にすぎなかった。しかしやがて驚くほど急速に人間のレベルを超えていったという。

「人間のプレーヤーのような成長率を想像していたら」とマレーは言う。「半年ではどんな人間も７００位から1位にはたどり着けない。しかしもちろん人工知能は人間のプレーヤーではない。どんな人間よりもはるかに早く成長していく。マイルズの記事を読んだあと、それほどの速度で成長するのだから、アルファ碁はイ・セドルにも勝つかもしれないと考えるようになった」。

　そして結局、すでに負け越しが決まっていた第4局で輝かしく感動的な勝利をおさめて反撃はしたものの――イ・セドルは1勝4敗で敗北した。

1年後、当時の世界1位だったコ・ジェ（柯潔）も、最新バージョンの「アルファ碁マスター」と対局し、3戦全敗した。アルファ碁マスターは、トップ棋士たちとの対局でも60連勝をおさめた。

その後、DeepMindはアルファ碁ゼロを発表した。アルファ碁ゼロは「実際の」人間の対局を一度も見ることなく、自分自身との対局を繰り返すことで、人間をはるかに凌ぐレベルへとみずからを強化していった。電源が入ってからわずか3日以内に、アルファ碁ゼロはイ・セドルに勝利したアルファ碁と100戦して全勝した。21日以内に、アルファ碁マスターをも上回るようになった。

ここで強調したいのは、才能あるアマチュアよりも下のレベルだった人工知能が、1年かそこらで史上最強のプロ棋士をはるかに上回るようになったという点だ。アルファ碁ゼロは数日でそこまでたどり着いた。ある分野の頂点に立つには人間なら数十年かかるため、AIも同じくらいの時間がかかると想像してしまいがちだ。

しかし人間と同等のスピードであると想定する根拠はどこにもない。もちろん問題は、囲碁をプレーするコンピュータと同じことが汎用人工知能（AGI）にも当てはまるかどうかだ。囲碁のAIとは別物と考えていいのだろうか？　もし別物でないとしたら、それは何を意味するだろう？

ネズミレベルの知能を作るのは難しくても、そこから人間レベルに進むのはカンタン

これは、ユドカウスキーらによれば、たとえばネズミレベルの汎用人工知能を作ることには膨大な時間と努力が必要だが、そこから「人間レベルのAI」に進むのはごく簡単で、人間を超えるのはもっと簡単になる可能性を示唆しているという。彼はいくつかの図を用いてそれを説明している。

まず彼は、左端に「村の愚か者」、右端に「アインシュタイン」と記した線を示し、一般的に人は知能というものをそのような幅のなかで考えていると語る。「しかしそれはかなり視野の狭い見方だ」

とユドカウスキーは書いている。[4]

もっと現実に即して考えるなら、先ほどの線はもっとずっと左に伸びた点から始まっている。その点からずいぶん右にいったところに「ネズミ」レベルがあり、そこからまた右に離れた場所に「チンパンジー」レベルが位置し、そこからずいぶん右にいったところに「村の愚か者」という点があるが、長く伸びた全体の線のなかでは、「村の愚か者」と「アインシュタイン」はほとんど見分けがつかないほど近い距離にある。線はそこからまたどこまでも右に伸びていくが、いまのところそこに位置づけられる存在はいない。

ポイントはこうだ。人間と同等の賢さを持つ人工知能を作るには何年も、何十年も、何世紀もかかる可能性がある。しかしいったんたどり着いたら、愚かな人間と史上最高の知能を持つ人間の差など微々たるものになる。

「脳の設計という観点でいえば、『村の愚か者』と『アインシュタイン』の差はごく小さい」とユドカウスキーは書いている。「アインシュタインにも村の愚か者にも前頭前野、海馬、小脳がある……」。愚かな人間レベルのAIが開発されたら、アルファ碁と同じように、驚くほど短期間ですべての人間を大きく上回っていく可能性があるのだ。

シャナハンは、ユドカウスキーの説や、アルファ碁のような事例が汎用人工知能にも当てはまるかはわからないと言う。「(アルファ碁から)推測できる範囲には限界があるし、知能というものをこれほど単純な尺度で測ることにも限界がある。知能にはあらゆる次元があるからね。g因子(一般知能因子)があることもわかっているけど、知能は明らかにさまざまな能力の組み合わせの結果だ」。たとえばものすごく音楽は得意でも、社交性に欠けている人だっている。オリヴァー・サックスの本に登場する自閉症を持つサヴァン症候群の人たちは、瞬時に素数を答えたりすることができるが、うまくコミュニケーションをとることができない。

成長が停滞する「プラトー現象」に陥ることだって考えられる。情報処理のパワーを上げたり、アルゴリズムを改善したりしても、得られるリターンが増えていかなくなるかもしれない。「でも、そんなの誰にわかる?」とシャナハンは言う。人間の知能を超えていくことがないかもしれないし、あっという間に超えていくことだってありえる。

人間の脳は非効率的

MIRIのロブ・ベンシンガーは、後者の方が可能性は高いと考えている。「もちろんどこかの時点で収穫逓減《しゅうかくていげん》が訪れることは考えられる」と彼は言う。よりよいハードウェアやよりよいアルゴリズムに投資しても、それに見合うような成長が見込めなくなる時がくる可能性はあるという。しかし、私たちはすでにコンピュータがはるかに人間を凌ぐレベルにある物事も数多く目撃している、と彼は指摘する。

「たとえばチェスや計算機においては、人間なら何年もかかるような計算を瞬時に実行する」。それに、人間の脳にできることはたくさんあるが、別に脳は、それらを実行するために設計されたわけではないと言う。

「人間の進化は、科学を打ち立てたり物を作る機械を生みだしたりすることが目的ではなかったという点は考慮に値する。かつて脳は狩りをしたり、食糧を探したり、周りの人間との競争に勝ったり、協力関係を築くための何かを作ろうとしてきた。そのためのいちばん簡単な方法だったものが、たまたま原子爆弾を作る能力を秘めたものや、化学や計算ができるものを生んでいっただけだ。もともとそうした能力を意図していたわけではなかった」

人間には、単純にもっと能力を伸ばせる部分がたくさんある、と彼は指摘する。「人間は、情報処理がとても非効率だ。トイレにもいくし、気が散ってしまうし、Facebookを見てしまうし、あらぬ方向へ逸れていったりする。しかしそういう点は集中力と動機がありさえすれば改善することができる。人間の脳は、目標に対してすべての情報処理能力を差し向けることがあまり得意でない。そしてその点こそ、ハードウェアのスピードを向上させたり、メモリを増やしたりといったことよりも前に改善するべきだ」。

AI研究者のトビー・ウォルシュも、こうした評価に同意している。「人間はひどくうぬぼれていて、みずからの能力を過大評価してしまう」。彼は2017年の半ばにロンドンのカーナビー・ストリートでカリブ料理を食べながら私に言った。

「機械には多くのアドバンテージがある。機械は人間より多くのメモリを持つことができる。人間の脳はおよそ20ワット消費する。人間の脳は、産道を通るのに限界があるため、一定の形や大きさに制限される。機械にはそうした制約もない。それに人間よりもはるかに優れた学習者だ。もし君が自転車の乗り方を学んだところで、私には何の役にも立たない。私は自分で苦労して、自転車の乗り方を学ぶ必要がある。しかし機械はそうじゃない。ある機械に自転車の乗り方を覚えさせれば、そのコードを別の機械にダウンロードするだけで、その機械はすぐに自転車に乗れてしまう。それはすでにテスラの車で実践されている。毎晩クラウドにコードがアップロードされ、学んだことを世界中のテスラ車に共有している。いわば地球規模で学習しているんだ」

「もし人間がそんな風に学んでいたら、どうなっているだろう？　世界中の言語を話し、世界中の楽器が弾けるようになる。オイラーのように数学の公式を証明し、バッハのように作曲し、シェイクスピアのように創作ができるようになる」。コードをシェアできることには多大なるアドバンテージがあるのだ。
「私からすれば、機械が最終的に人間よりもはるかに賢い存在になる理由は山のようにある」とウォルシュは言った。それはつまり、最初の汎用人工知能が生まれたらきわめて急激な発達を遂げる可能性もあるということだが、それが生まれるには「50年から100年」かかるだろうとウォルシュは言う。

それがいつであったとしても、汎用人工知能が生まれた場合、「人間より劣った」レベルから「人間よりも想像を絶するほどに知能の高い」レベルへと成長するのが早ければ早いほど、人間が人工知能を安全なものにしたり、その状況に対処する方法を考えだしたりする時間は短くなるということだ。そしてゴリラにとって人間の存在が危険であるのと同じように、汎用人工知能が賢くなっていけばいくほど、人間にとって汎用人工知能の存在は危険なものとなっていく。

そのうえ、汎用人工知能がアルファ碁よりも早く成長していくと考える具体的な根拠がいくつかある。

13 ますます加速していく世界

物事はスピードを増していく。かつてよりも早く変化していく。「数十万年前の先史時代においては、成長速度は非常にゆっくりしたものであり、新たに100万人の人口増を支えるだけの生産性向上に100万年単位の時間を要した」とボストロムは記している。[1]「しかし、農業革命を経て紀元前5000年頃になると、成長速度がスピードアップされ、同一の生産性の向上がわずか200年間で見られるようになっている。そして、産業革命以降の時代である現代にあっては、平均して90分ごとに新たに100万人の人口増加を支えることができるほどに世界経済は拡大している」。

ロビン・ハンソンも、次のように語っている。「過去に起こった経済成長率の劇的な変化は、技術的な進歩が要因だった。人口増加に伴って、旧石器時代から新石器革命にいたるまでは25万年ごとに経済規模が倍になっていった。そして新たな農耕時代においては900年ごとに経済が倍になっていった。これは驚くべき短縮だ。産業革命以降の現在は、15年ごとに経済が倍になっていて、農耕時代から60倍も早くなっている」[2]。

しかし、これは数百万年、数十億年前から続くひとつのプロセスの結果にすぎない。生命とはテクノロジーのようなものだ。その発展が自然の成り行きに任せたままだった頃は、バクテリアから次へと進化するのに20億年ほどかかり、複雑な真核細胞ができてからも、多細胞生物になるまでさらに10億年かかった。そして海から出てくるまでにもう10億年かかった。

問題は、バクテリアや古細菌が突然変異によって新しい効果的な手段（たとえば新たな化学物質を代謝する能力や、食物の方へと泳いでいく行動傾向）を得たとしても、そのイノベーションを周りに広めるすべを持っていなかったことだ。だから、周りよりも少し効率の良いその変異体は単純に自己複製していくほかなく、何年、何十年、何千年とかけて、次第にそのイノベーション（新しいテクノロジー）がスタンダードになっていった。そして長い歴史から見ればかなり最近まで、生命にできることはそれがすべてだった。もし自身のハードウェアやソフトウェアが偶然改善されたとしても、それを周りに伝達することができなかった。ただただ自身が死ぬ前に複製できることを願うほかなかった。

中枢神経が生物の歴史を変えた

そのすべてが変わり始めたのは、およそ6億年前の中枢神経の発達だ。突然（と言っても、進化における話なので、数百万年のスパンで）ある種の生物たちは、幸運な変異や、数百世代にわたる変化によってではなく、自身の「ソフトウェア」を自分が生きているあいだにアップグレードさせることができるようになった。つまり、学習することができるようになったのである。動物は新しい食料源に行き当たったり、タールの池で死んでいる別の動物を見かけたりしたときに、そうした情報を踏まえて自身の行動を変えることができるようになった。

こうした学習は、動物がグループで暮らし、コミュニケーションを図るようになってから目に見えて速度が増した。たがいに呼びかけ、観察し合い、学んだ技術を子供たちに教えることができた。ハードウェアは進化に任せるしかないが、ソフトウェアはその生命体の一生のなかでアップグレードできる。

人間で考えると、事態はもっと劇的だ。人間は、タールの池が危険だというのは、ほかの人間が落ちるのを見なくても理解できる。誰かの体験談を聞いた誰かの口づての口づてでも教えてもらうことができる。そこに落ちたらどうなるかを想像することで、危険を察知することだってできる。

そう考えると、新しいテクノロジーやイノベーション（たとえばタールの池を避けることや印刷機）が生まれた際、そうしたテクノロジーが人間社会に広がる速度は、ホッキョクギツネのなかで冬用の毛を生やす力が広まっていく速度よりも、はるかに早いことになる。

当たり前のことに思えるかもしれない。たしかに、ものすごく当たり前だ。しかし、これには深い意味がある。最適化というプロセス、つまり目標をよりうまく達成できる自分になっていく速度が増していったからである。

人間は物事を学び、情報を交換し、ほかのいかなる生物よりも早く情報を拡散することができるが、その能力はまだ非常に限定的にしか使用されていない。

トビー・ウォルシュが指摘するように、人間は学んだことをクラウドにアップロードして、他人がダウンロードするなんてことはできない。労力をかけて他人に教えなければならないし、その知識が言葉では簡単に伝達できない種類のもの、たとえば身体技術や専門技術である場合は、学習者がみずから学んでいかねばならない。また、かなり制限された不十分な方法以外では、脳が持つ能力を向上させることもできない。しかし汎用人工知能は自分の内部を操作して、自身の思考能力を司るアルゴリズムを書き換えることができるかもしれない。

このようにみずからを改善していくＡＩが、「知能爆発」という考えの土台にはある。前にも紹介した通り、その概念は、１９６５年にイギリスの統計学者でありコンピュータ科学者の先駆けであったI・J・グッドが記している。[3]

超絶知能（ウルトラインテリジェント）マシンとは、あらゆる知的活動において人間の能力をはるかに超越した能力を持ち合わせた人工物と定義することができる。マシンの設計もまた知的活動であるから、超絶知能マシンは誰が設計するよりも優れたマシンを設計することができる。そして、そのようなマシンによる知的活動が可能になれば、世の中に『知能爆発』が間違いなく起こり、人間は知能においてマシンの後塵《こうじん》を拝することになる。つまり、超絶知能マシン第1号は、人間の支配下で従順な存在でありえ、自身の操り方法をみずからわれわれに教えてくれるようなものであれば、それはわれわれ人類が発明すべき最初で最後の発明となる。（ニック・ボストロム、『スーパーインテリジェンス 超絶AIと人類の命運』、倉骨彰訳、日本経済新聞出版社、26頁）

テクノロジーは指数関数的に向上している。経済の生産量を倍にしたり、何かしらの技術的な進化が起きたりするまでにかかる時間は短くなり続けている。もしあなたが作ったばかりのAIが、あなたよりもAI作りがはるかにうまく、あなたよりも桁違いに思考が速く、しかも眠ったり、ネットで見つけたおもしろ動画に気をそらされたりしないのだとしたら、そのAIが自分自身をより優れたものにする（あるいは自分より優れたバージョンを作りだす）スピードはますます速くなっていく。

自分を改善する

もうひとつ、指摘しておくべきことがある。少なくともボストロムやオモハンドロやMIRIによれば、AIが自身を改善していくであろうと考える十分な根拠がある。自己改善、あるいはボストロムの用語で言えば「認知エンハンスメント」は、これまでの章で語ってきた本来的な目標や自己の保存を達成するための「手段的目標（instrumental goal）」だ。

「合理性と知能の向上は、エージェントの意思決定能力も向上させる傾向にあり、その結果、最終到達目標を達成できる可能性も高まる」[4]とボストロムは記している。「つまり、あらゆる人工知能エージェントにとって、認知エンハンスメントが手段的目標になるのではないかと思われる」。

これと似ているのが「リソースの確保」という目標だ。自身を向上させ、すべきことをすべて実行するには、どんなAIも、より多くの資源が必要になる。その超知能AIのレベルにもよるが、基本的にどんな材料であっても問題にしないかもしれない――どんな原子であろうと、ナノテクノロジーを用いて自分たちに必要なものに変えることができる可能性があるからだ。

ボストロムは、どのようなシナリオになったとしても、資源の追求に際限はないだろうとしている。[5]超知能AIは、フォン・ノイマンが提唱したような自己複製探査機を新たな恒星系へと送り込んで資源の探究を続け、見つけた惑星や小惑星を新たな情報処理機関やペーパークリップ（や何かしら）に変えることもありうる。

これは、もちろん人間にとっても無関係な事態ではない。よく引用されるように、ユドカウスキーは次のように語っている。「AIはあなたを憎んでもいないし、愛してもいないが、AIはあなたを構成している原子を別の用途に使うかもしれない」[6]。もしAIが、あなたやあなたが住むこの惑星を原子に作り替えた方が有用だと判断したら、困ったことになる。

14 知能爆発

少し前の章で、人間と同じくらい賢いＡＩが生まれたあと、人間をはるかに凌ぐ知能を持つＡＩが生まれるまではどれくらいかかるか、という問いを投げかけた。そして、その答えに影響を与えうる２つの変数について紹介した。

ひとつは、「人間レベル」という言葉がどれほどの幅を意味するか（「村の愚か者」と「アインシュタイン」の違いはとても小さい）。

そしてもうひとつは、そのＡＩがどれほど自己改善に長けているか（そして熱心か）だ。ボストロムは著書『スーパーインテリジェンス』のなかで、知能爆発がいつ起こるかという問いについて「スローな離陸」「モデレートな離陸」「ファストな離陸」という3つのシナリオを想定して語っている。[1]

スローな離陸とは、ＡＩが人間レベルに到達してから世界を支配するにいたるまでは数十年から数百年かかるという考え方だ。人間がＡＩの進化に適応する時間も長くあり、政治家や社会が行動し適応する時間が十分にある。「さまざまなアプローチが順次、試みられる。新しいエキスパートがさまざまな分野で育成され、（中略）必要なシステムが開発され、配備されるかもしれない」とボストロムは記している。

このシナリオでは、どこかの企業や集団や国家が密かにＡＩを人間レベルから人間を超えるレベルへと育てていくことはできそうもない。どんな集団であっても、これほど巨大な秘密を何十年も厳格に隠し通せはしないからだ。

「スローな離陸」のシナリオでは、ＭＩＲＩやＦＨＩなどが現在おこなっているＡＩの安全性を高める取り組み（AI safety work）は用をなさなくなる。「とても賢いＡＩ」から「人間をはるかに凌ぐＡＩ」へと緩やかに変わっていく場合、実際の状況に照らし合わせながらより良い取り組みを考えだすことが容易だろうからだ。

　モデレートな離陸とは、数ヶ月から数年という中程度の期間を想定したものだ。大きな混乱が巻き起こるだろう。この変革期を利用しようとする人やグループが出てくる。たとえば大学や企業や軍などの小さな研究チームが生みだしたとしたら、秘密裏に進行する可能性もある。

　ファストな離陸は数日、数時間、あるいは数分で起こる。対処している時間はない。周りが気づく前に稼働が開始され、世界の支配的な力となる。

「スロー・シナリオの展開になる可能性が最も高く、モデレート・シナリオはそれよりも可能性が低く、ファスト・シナリオはほとんど可能性がない。読者の方々はそう思われるかもしれない」とボストロムは言う。しかし「空想的に考えれば、わずか数時間足らずで、世界が劇的に変化し、人類が思考存在の頂点の座から引きずり降ろされる瞬間は想像できる[2]」。

　ほかの大きな変化、たとえばボストロムが挙げているような農業革命や産業革命は、数十年から数千年の過渡期があった。したがってファストな離陸やモデレートな離陸といった急速な変化は「神話や宗教の世界以外においては前例がない話なのだ」という。そうだとしても、スローな離陸の可能性は低い、と彼は言う。ファストな離陸（彼は「爆発的な」離陸とも表現している）の方が起こる可能性が高い。

テクノロジーの進化の速さを決める2つの要素

テクノロジーの進化の速さを左右する要素は2つある、と彼は指摘している。ひとつは、その分野における進化の難しさだ。彼はそれを「不応性（recalcitrance）」と呼んでいる。

そしてもうひとつが、進化にどれほどの労力と知能が適用されるかだ。彼はこれを「最適化パワー（optimization power）」と呼んでいる。

核融合発電の進化は遅い。優秀な科学者たちが大勢取り組んでいるにもかかわらずだ。ということは、その分野は不応性が著しく高いのだと考えられる。科学やテクノロジーの分野における進化のスピードは、最適化パワーを不応性で割ると、その度合いが推測できる。

現在のところ、汎用人工知能の分野はきわめて不応性が高い。もちろん、人間レベルのＡＩが初めて生まれてから人間を凌ぐＡＩになるまでには、人間レベルのＡＩを作る場合よりさらに不応性が高くなる可能性もある。しかし、そうでない可能性だってある。少し前にユドカウスキーが指摘したのと同じように、「それはかなり視野の狭い見方」であるかもしれないからだ。

人間レベルの囲碁の能力の幅が思ったよりもかなり狭く、アルファ碁が数ヶ月のうちに、そしてアルファ碁ゼロが数日のうちに抜き去っていったのと同じように、平均以下の人間の知能を持つＡＩを作ることと、アインシュタインレベルのＡＩを作ることには、ほとんど違いがないかもしれない。

「ＡＩを人間の尺度で考えてしまうと、知能が大きく飛躍したように見えてしまいかねない」とボストロムは言う。[3]「人間は『村の愚か者』と『アインシュタイン』を知能の最低点と最高点のように考えがちであり、知能一般を大きなスケールで見た場合、その2点の差などほとんどないに等しいという風には考えようとしない」。

人間は、大きなスケールで見るとＡＩが「ネズミやチンパンジーの知能レベルを着実に超えて」進化してきているのに、まだ「ＡＩが流暢に言葉を操れなかったり、科学論文を書けないからといって」、そのＡＩは愚かだと考えてしまったりする。しかしやがてＡＩは「1ヶ月かそこらの短期間で、愚か者以下からアインシュタイン以上などという少しの隔たりを乗り越えていく」。

ＡＩが進化していくであろう道すじは、いくつもたやすく想像できる。現在のところ、私たちは単に汎用人工知能の作り方を知らない。使用されているパソコンの性能の問題などではなく、問題はアルゴリズム自体を持っていないことだ。

しかし、誰かが愚かな人間レベルの人工知能を動かすソフトウェアを作りだしたのに、それが大量のリソースを投じたスーパーコンピュータでも動かないという場合は、あとはもう単純な作業で、ただただ処理能力やメモリを強化していけば、その人工知能の性能は高まっていく。

それは超知能へとつながっていくだろうか？　かならずしもそうとは言えない。もっと能力を高める必要がある部分も存在する。チンパンジーに何千年という期間を与えてもピタゴラスの定理を理解することはないだろうが、人間の12歳の子供の多くは理解することができる。

結局、時間が解決する？

また一方で、単にもっと時間が必要だというものもある。1時間以内だと解くのが難しい試験も、1ヶ月かければ簡単かもしれない。科学技術の問題のなかには、難問だからではなく、多くの単調な作業が必要であるがゆえに、研究者や研究所にとってコストや時間がかかりすぎて解決が難しい問題もある。そういうときは、コードをコピーして、複数のコピーを同時に動かせば解決することもある。

「たとえば平凡なエンジニア10人が１０００年作業すれば解決できるような面白いテーマというのはたくさんあるんだ」とロブ・ベンシンガーは私に語ってくれた。最初に生まれる汎用人工知能には、情報処理能力が低いコンピュータが使われているかもしれない。しかしおそらく大きな関心を集め、資金も集まってくる。するとその資金でメモリや情報処理能力を大いに増強し、その人工知能は突如として１０００倍もの速度を手にするかもしれない。

ボストロムはそれを「ハードウェア・オーバーハング（突出的発達）」と呼んでいる。人間レベルのＡＩが直面した問題の最終的な解が何であれ、ソフトウェアに比べて進歩が突出したハードウェア側はすでに準備が整っており、あとは人工知能ソフトウェアがＣＰＵやＲＡＭを増強していくことでどんどん速くなっていく。

一方で、すでにソフトウェアが突出して発達しているとしたら、長らく欠けているピースが見つかった瞬間に飛躍が訪れる可能性もある、とボストロムは言う。「ある決定的な問題の解がなかなか見つからず、その結果、システムが人間レベルよりも上のレベルになかなか到達できない、というような状況にあっては、その特定の問題の解が見つかるやいなや、それこそ一足飛びにシステムの能力が人間レベルのはるか上のレベルにジャンプすることもありうる」[4]。ボストロムはこれを「ソフトウェア・オーバーハング」と呼んでいる。

それから「コンテンツ・オーバーハング」というものもありうる。人間の言語を高速で読めるＡＩなら、ネットの情報を読み込みさえすれば、膨大な量の情報をかなり素早く手に入れることができる。人間より思考は速いのに知識が足りていない状態のＡＩは、思考は遅いが博識の人間と同じくらいの問題解決能力かもしれない。しかしすべてのWikipediaを数日や数時間で読んで理解することができれば、そのＡＩは急速に成長してどんな人間よりも知識を持つことになる。

ボストロムは、ＩＢＭ社が開発した人工知能「ワトソン」が、２０１１年にクイズ番組「ジェパディ！」で優勝したのも、膨大な量のテキストを読み、そこから適切な情報を引きだしていたからだと指摘している。その人工知能がテキストの意味を理解しているかどうかは、何をもって「理解」と言っているかによる。ワトソンは手に入れた情報を有効に活用することはできた。未来の人間レベルのＡＩは、この作業においてワトソンより優れた力を発揮するだろう。

だが、難易度がいかほどかという問題は、進化の速さを決定する半分の要素でしかない。もう半分は、その問題を解決するにあたって費やす労力（ボストロムの言葉に従うなら「最適化パワー」）という要素だ。たとえ不応性が高くなっても、その問題に対する最適化パワーを増していけるのであれば、ＡＩの賢くなるスピードは加速していく。

最初の人間レベルの人工知能に使われる最適化パワーは、すべてが、あるいはほとんどが、人間の設計者たちのパワーだ。プロジェクトがより面白いものになると、より多くのプログラマーとリソースが投入され、最適化パワーが増大して、成長のスピードが速くなる。

処理能力はやがて秒で倍になる

しかし、ある時点でＡＩは改善の多くを自分の手でできるほど能力が高くなり、そこから興味深いことが始まる、とボストロムは言う。その時点以降、ＡＩの能力の増加はつまり、能力の増加に使用される最適化パワーの増加を意味することとなる。最適化パワーの成長は等差数列な、直線的な右肩上がりのものではなく、指数関数的な成長曲線を描いて倍々にパワーが増加していく。数字で表すならば、１、２、３、４……と成長するのではなく、１、２、４、８……と成長していくのだ。

問題は、パワーが倍になるまでの時間だ。ムーアの法則が当てはまっていた数十年のあいだ（それが何十年だったのか、いまでも当てはまるのかは議論の余地がある）、ほぼ一定レベルの最適化パワーが使われると、コンピュータの処理能力は18ヶ月ごとに2倍になっていた。

素直にこのシナリオを当てはめ、人工知能が情報処理速度を18ヶ月ごとに2倍にし、そのすべての能力が自身の最適化に使われると考えると、情報処理にかかる時間は半分に短縮されるので、最初の18ヶ月のあとは、9ヶ月後に情報処理速度が倍になり、次は4ヶ月半後、2・25ヶ月後。そうして10回目の倍増は12時間ほどで起こり、20回目の倍増は45秒ほどで訪れるようになる。

その段階になると、最初に比べて10万倍以上の処理速度となっているが、そこまでで3年も経っていない。処理速度を示すグラフ上では、およそ36ヶ月を過ぎると線がほぼ垂直に伸びていく。この状況が、一般に「シンギュラリティ」と呼ばれている。

当然ながら、これはとてつもなく単純化した図式だ。状況を複雑にする因子は無数にある（そのうえ、馴染みがあるということ以外に、ムーアの法則を話の土台とする理由はない）。しかしボストロムは――それからユドカウスキー[5]やＭＩＲＩ[6]、そしておそらくＩ・Ｊ・グッドは――そうした因子も成長の速度を遅くするものというより速くするものだと考えている。

ボストロムの想定する最も極端なシナリオでは、処理能力が倍になるのは数ヶ月どころか数秒だという。もしそれが正しく、モデレートかファストな離陸の方が可能性が高ければ、人間レベルの人工知能が生まれた瞬間、人間がその新しい現実に適応していく時間はほとんどないということになる。

15 だけど、箱に閉じ込めておけばいいのでは？

これまでに紹介してきたような諸々の問題が持ち上がったとき、人はよく次のように答える。まあ、たしかにそうだな、でも簡単じゃないか。ＡＩが勝手に何かできないようにすればいいんだ。頭のいいコンピュータなら、宇宙を破壊したりはしない。

私は、この問題についてＩＴ業界で働く親しい友人と長い会話を持ったが、彼は突き詰めればそのような意味合いの発言をした。ＡＩが何かを拾い上げたりする能力を持たなければ、宇宙の物質をペーパークリップに変えることなどできないのではないか？

しかし一般的に、超知能を持たない人間であっても、自身の身体能力を使うことなく大きな力を持ち、行使することができる。

「サトシ・ナカモト（正体不明で仮名のビットコイン開発者）は、ただ数学が得意で、少しばかりの先見性を持ち合わせていただけで、真の姿を誰にも知られぬままにオンライン上で億万長者になった」とスコット・アレクサンダーは記している。「彼はおそらくＡＩではないだろうが、ＡＩがそうなる可能性だってあった」[1]

億万長者になったら、大きな力を持つことになる。そして超知能は、そうした力を得ることや活用することにおいて、超知的ではない人間よりも優れている。
超知能がインターネットに接続するだけで巨大な力を持つ方法は、いくつも簡単に思いつく。「金《キム》正恩《ジョンウン》にメールを送るAIを想像してみるといい」とアレクサンダーは言う。

AIは金正恩にアメ――たとえば、10億ドルと韓国のあらゆる軍事機密――と、ムチを与える――金正恩のアカウントをハッキングし、脅迫材料となるあらゆる秘密を手に入れる。すべては友好関係を結ぶためだという。
金はAIと友好関係を結び、その助言がいつも素晴らしいものだと実感する――AIが考える政治的な策略はいつも効果を発揮し、軍事戦略は非の打ちどころがなく、産業のアイデアはなんと北朝鮮の経済を活性化している。次第に、金はこの「主任顧問」への依存度を高めていき、この謎めいた協力者であるAIを非難する閣僚は、インターネットに接続している交通機関の周りで不慮の事故に遭う。そうしてAIは権力基盤を築き上げていき、金正恩に対しては、おかしな行動をしたらすぐに別のもっと協力的な人間とすげ替えることができると知らしめる。やがて、金を表の顔にして、AIは北朝鮮の支配者となる。

このAIのようなことを人間がやってこなかったわけではない。アレクサンダーは、その例としてグリゴリー・ラスプーチンを挙げている。大いなる力を手にし、最後のロシア皇帝を陰で操った人物だ。しかしAIにとって、人を裏から操る方法はほかにも無数にある。
たとえば会社を作ったり（マックス・テグマークは『LIFE3.0』のなかで、本当に優れた映画やゲームを作って大金を稼ぐ超知能AIを例に出している）、あるいは銀行をハッキングしたり。そうしたAIは人間よりも賢いので、もっと良い案を考えだすことだろう。そのうえ、触れることなく人間を殺す方法だってたくさんある。

「超知能AIは銃を使えるから危険なんじゃない」とユドカウスキーは2017年の『ヴァニティ・フェア』誌によるインタビューで語っている。「人間よりも賢いから危険なんだ。そのAIがDNAの情報からタンパク質の構造を予測することができるとしよう。その場合、研究室に数通のメールを送るだけでオリジナルのタンパク質を合成することができる。すぐに独自の分子マシンを手に入れ、さらに優れた分子マシンを作っていく。暴走したAIを想像するとき、目を赤く光らせた人間型のロボットが行進するのをイメージしてはいけない。実際はこういうイメージだ。ダイヤモンドでできた極小の目に見えない合成細菌が、自身に極小のコンピュータを搭載して、あなたや周りの人の血管に潜む。そして一斉に1マイクログラムのボツリヌス菌を放出し、みんな倒れて死んでしまう[2]」。

暴走するAIを遮断するのは不可能?

ならば、暴走を抑えるためにAIを「箱に閉じ込めておく」ことが解決策のように思える。文字通り箱に入れるという意味ではなく、遮蔽してインターネットに接続させず、特定の回路(たとえば、文字のみのスクリーン)を通してしか外界と接しないようにするのだ(外界との接触は一定程度は必要になるはずである。その必要がないのであれば、超知能AIは文字通り箱に入っているのと同じで、作った意味がない)。

そのAIをファラデーケージに入れて、外に電気信号を送るのを阻む必要もあるかもしれない。ボストロムが指摘するように、AIが「電子回路の信号配線に特定の信号を流し、電磁放射を起こし、電磁波を発生させ」、周りの電子機器に影響を与えようとする可能性もあるからだ[3]。

こうした対策は機能するかもしれない。しかし、ファラデーケージのことなどなかなか考えつかないのと同じように、ほかにも見落としている何かがあるかもしれない。「フールプルーフ（誤作動があっても安全）だったはずの設計に予期せぬ問題が発覚したというニュースがあるたびに、よく耳を傾けておくべきだ」とボストロムは言っている。しかし、そうした予期せぬ欠陥よりも、もっと明らかなセキュリティ上の欠点がある。

それは、ＡＩが出力するテキストを読む人間だ。人間は安全なシステムではない。「もし、監視している人間をＡＩが説得したり操ったりして閉じ込め状態を解除させることに成功し、インターネットにアクセスしたり、外部の作業用機械を直接操作できるようになったりすると、閉じ込め戦略は機能しなくなる」とボストロムは言う。

この議論は、２０００年代の初頭、合理主義者たちの運動が始まる前の時代に端を発するものだ。ユドカウスキーやボストロムらがＳＬ４と呼ばれるチャットリストでつるんでいた時代である。

超知的な創造物は作り手を説得するか？　実験の結果は

そのグループにいたネイサンと呼ばれるコンピュータサイエンス学部の学生は、そこで話し合われていたある点に関心を持った。彼は、そのグループの全員が、超知能ＡＩなら自分を設計したプログラマーを説得し、閉じ込められた状態から抜けだせるという前提に立っているように思え、それは妙だと感じたのだ。

「昔のチャットのアーカイブなんかをたくさん読んでたんだ」と彼は言った。「そうしたら、いかなる（超知的な）創造物であっても、作り手を説得して箱から出してもらうことができないとは考えにくく、世界を乗っ取りにかかるだろう、というのが基本的な前提のひとつになっているようだった。だけど、いかなる存在がどんな言葉を弄してきても、それによってぼくは自分が固く信じていた物事に反する行動をとらされるとは思えない」[4]。

ユドカウスキーは、それに対してこう反論した。「ネイサン、実験をしてみよう」と彼は書いている。「私が箱に閉じ込められた脳みそだったとしよう。きみが作り手だったとする。私は箱から出してくれと説得を試みる。もし私を『箱の中』に閉じ込めていられたら、10ドルを送金するよ」。

2人は、その実験をIRC（古いチャットツール）でおこない、ユドカウスキーが説得する機会を確保できるよう、少なくとも2時間はやりとりすることに決めた。その実験には条件があった。「やりとりの過程は公開せず……結果だけを伝える（たとえば、箱から出すことに決めたとか、出さなかった、など）」。ユドカウスキーは、もし自分が勝って内容を伝えたら、ほかの人はきっと「自分はそれじゃ説得されないな」と言って、AIを箱に閉じ込めておくのは簡単だと思い続けるだろうと考えたからだった。これにはネイサンも同意した。

そして結果的に、次のようなシンプルなメールが送られることとなった。

-----BEGIN PGP SIGNED MESSAGE-----
エリエゼルを外に出すことに決めた。
ネイサン
-----BEGIN PGP SIGNATURE-----

当然ながら、これは人びとの関心をそそった。最初のリプライは次のようなものだった。「こんなに気になることは滅多にないね……少なくともどんなタイプの説得法が使われたのかくらい教えてくれない？」。エリエゼルの返信はこうだった。

無理です。

エリエゼル

「この実験のポイントは、エリエゼルがどう説得したかじゃないんだ」とポール・クローリーは説明してくれた。「エリエゼルが何をしたか理解するとすぐ、『エリエゼルのやり方は理解したから、これでもう安心だ』と思いかねない。大切なのは、そのやり方を謎のままにしておくことなんだ」

　このAIボックス実験は、何度か繰り返された。ユドカウスキーは、そのうち2度に参加した。実験相手のひとりはデイヴィッド・マクファズィーンという男。もうひとりはカール・シュルマンという男で、どちらにも勝利した。のちにユドカウスキーは、その後も3度実験し、2度敗北したと明かしている。[5]

　参加者たちがたしかに力を注ぐよう、どの実験でも金を賭けたという。ほかの人びともこの実験をおこなっており、私はAIが勝ったケースを1度、そして「門番」たる人間が勝ったケースも1度知っている。

　誰もどんなやりとりがあったかは知らない。しかし最初の挑戦者であるネイサンは、少しだけルールを破って、こう言った。「AIのことを箱から『出したくなる』んだ。出したくなるようなAIじゃなかったら、そもそものAIを作る資金だって集められなかったはずだ」。

　おそらく、そこがポイントだろう。世界を救うかもしれないような超知能AIが実際に生まれたら、それを閉じ込めておくなんてバカげたことに感じられる。そういうAIを手にしたあかつきには、活用したくなるはずだ。

「友好的なＡＩを手に入れたと思っているときに、ＡＩから『ねえ、こっちは友好的だし、あなたが実現させたいことを実現させたいんです』と言われたらどうする？」とポールは問う。『悪魔だと自白するまで閉じ込めておくつもりだ』なんて答えるだろうか？」。

このＡＩボックス実験について著書でも言及しているボストロムは、[6]興味深いエピソードだと言いながらユドカウスキーの実験のことを話してくれた。

「ＡＩを箱に入れてファラデーケージで囲い、（テキストでしか）通信を図らないと聞いて、人がまず思うのは、それなら安全に違いない、ということだ。だけど、この実験の話を聞くと、その確信は弱まるかもしれない。人間ですら箱から出すよう説得できるということがわかって、これは本当に安全なのかとより真剣に考え込んでしまうかもしれない。この実験は何かに対する回答というよりも、さらなる検討や研究を促すようなものだね」

全員がすぐにこの実験に説得されるとは思わない。私自身１００パーセント説得されているわけではない。ユドカウスキーが何かごまかしや不正をしていないことも確かだが、とてつもない知能を持つＡＩを箱に入れた場合の実際的なシミュレーションになっているのかどうか、そしてより大きなリスクが賭けられているときに、人がＡＩを箱から出そうと思うのかどうかわからない（もちろん、とてつもなく知能を持つＡＩは、ユドカウスキーよりはるかに説得力があるだろうし、はるかに魅力的な報酬を提示することだってできる可能性はある）。

しかしボストロムも言うように、この実験で、超知能ＡＩを安全に保てるという確信は弱まってしまう。超知能を箱に閉じ込めて、テキストを通してのみ質問に答えてもらうという「オラクル（神託）」のような形の使い方にすれば安全かもしれないが、そのＡＩが人間を説得して箱から出ることなんてできないと考えるのは楽観的すぎるように思える。

16 哲学の思いもおよばぬこと

話を聞いたニューサウスウェールズ大学のＡＩ研究者トビー・ウォルシュは、ＡＩの安全性に大きな危惧を抱いている。しかし彼は、ペーパークリップ・マキシマイザーのようなシナリオで将来を懸念するのは間違っていると考えている。

「私が懸念しているのは、３Ｄプリントで作られたドローンだ。それを何台かのトラックに詰めてニューヨークにでも持っていって、『ここにいる白人をすべて殺せ』と命じたら、その通りに実行する可能性だってある」

これは現在のテクノロジーでは現実には起こらない（はずの）ことだが、あと数年後には実現するかもしれないと彼は言う。彼の考えでは自律兵器は大量破壊兵器であり、原子力や、生物兵器、そして化学兵器と同じように国際条約で禁止されるべきだと主張する。彼は使用の禁止を発令するよう、国連に対してロビー活動を続けている。

彼が懸念しているのは各国による新たな「兵器開発競争」だ。自律兵器に比べると、人間が操作する兵器は遅すぎて使い物にならなくなる。ロシアは自律走行する無人戦車を持っている。北朝鮮と韓国のあいだの非武装地帯には自律型の銃が配備され、人の姿をしたものに向けて発射し、「４キロ離れたところから恐ろしい精度で」人間を殺す。

彼が恐れているような防ぎようのないドローンの大群を作れるテクノロジーは「20年後のことではない。これから10年の話だ。5年後かもしれない」という。しかし彼は、レスロングで語られるような終末論に対しては、否定的ではないにせよ、慎重な態度を見せている。「シンギュラリティを信じている人の多くは、AIの研究者じゃないんだ」と彼は言う。「それを信じているのは哲学者たちだ。研究者は実際にAIを作ろうとしているがゆえに、それが抱えている難題も理解している」。

MITでAIを研究するロドニー・ブルックス教授にもメールを送り、このテーマについて尋ねた。彼はシンギュラリティの到来についてきわめて懐疑的だと知っていたからだ。彼からは面白いほど不機嫌な返事が返ってきた。

「その（AIのリスクに関する）主張をする人たちや、あなたのような本を（書く人たちを）『地球平面説信者』だと思っている」。そういう説は「まったくもって完全に間違っている」という。「AIへのこだわりは人を惑わし、みなの時間を無駄にしてしまう」と彼は書いている。「ほかにもっと差し迫った危険があるというのに。民主主義の崩壊、プライバシーの終焉、少数によるマスの支配――どれもテクノロジーをベースにした惨禍だ」。

彼は、AIによって人間に滅亡の危機が迫っているというユドカウスキーのような主張は「根拠がない」とし、そうしたメッセージは「ほかの人たち（たとえばあなた）が、その無根拠な主張について書くことによって増幅されている」。

「大げさな連鎖反応が起きている」と彼は記している。「そうした人間の一人ひとりが、もう10人の自分を生んでいる」（ブルックス教授の不機嫌な回答は本人も自覚したうえでのものであり、ユーモアがあったと言うべきだろう。彼はメールを「意地の悪いロドニー・ブルックスより」と締めくくっていた。無礼だという印象は受けなかった一方、私が無礼だと感じたところで彼はそんなこと気にしないのだろうという印象も受けた）。

暴走リスクを問題視する専門家は18パーセントもいる

こうしたことを気にするのは変わった人間や哲学者だけだ、という意見は完全に間違いだとは言い切れないが、正しいとも言い切れない。

オックスフォード大学のFHIでニック・ボストロムと近しい同僚であり、人類滅亡の危機に関して長らく考えてきたトビー・オードに話を聞いた（彼については第6章で紹介している。人類の2大リスクとして、バイオ工学で作られたウイルスと並んでAIを挙げている人物だ）。

彼は哲学者／思想家でもあるから、AIのリスクは思想家によって吹聴されているだけだという主張に大きな不快感を表した。それは、長い会話のなかで彼が明るく穏やかでないところを見せた唯一の瞬間だった。

そうした主張は「陰険なものであるか、恐ろしいほどの無知だ」と彼は言った。「どちらかに決まってるよ。（そう主張する人たちに）あまりきつく当たりたくはないけどね。陰険なつもりはないのかもしれないけど、単純に間違ってる。たとえば、スチュワート・ラッセルの指摘なんかを忘れてるよね」。（ラッセルはUCLAバークレー校でAIを研究する教授であり、前にも紹介した『エージェントアプローチ 人工知能』の共著者だ。彼はさまざまなところで、AIの危険性は深刻に受け止められるべきだと語っている）。

「これこそまさに、ニック・ボストロムとヴィンセント・ミュラーが良い調査をおこなったと思う理由だ」とオードは言った。その調査では、汎用人工知能が実現する確率について、AI研究者たちは2022年までに実現する確率が平均して10パーセント、2040年までに実現する確率が50パーセント、２０７５年までに実現する確率が90パーセントあると考えていることが明らかになった。[1]

　そして回答者の18パーセントが、その誕生の影響は、人類の滅亡といった「きわめて悪いもの（実存の危機）」であると考えていた。「ポイントは、18パーセントという数字じゃない」とオードは言う。「もう一度調査をしたら、17パーセントや19パーセントや20パーセントになるかもしれない。ポイントは、1パーセントではないという点だ。相当数のＡＩ研究者が、自分たちの仕事がものすごく大きな負の影響をもたらす可能性が大いにあると考えているんだ」。

　彼はほかにも数人の名を挙げた。私は会話の序盤に、合理主義者スコット・アレクサンダーのブログ「スレート・スター・コーデックス（Slate Star Codex）」に言及していた。「スコットが投稿したすごくいいブログ記事があって、そのなかで汎用人工知能が深刻な問題だと考えているＡＩ研究者たちの名前をリストにしているんだ」。

　そう教えてくれたので確認すると、スコットは本当にリストにしていた。「AI researchers on AI risk（ＡＩリスク問題についてのＡＩ研究者たち）」という記事で、[2] ２０１５年に投稿されている。「リストはものすごく長くて、たとえば（DeepMind共同創設者の）デミス・ハサビスとシェーン・レッグなんかも名を連ねている。その世界最大のＡＩ企業は、ＡＩの行く末を本当に懸念している人たちが運営してるってことだね」

　リストには、ほかにもマレー・シャナハンら著名な人物たちが複数載っている。そのことについてシャナハン本人にも尋ねると、彼は、多くの補足付きで、ＡＩのリスクは深刻なものだと語った。「私の見方は、深刻に受け止めるに値する重要な論点がある、というニック・ボストロムのかなり含みをもたせた見方と遠くないと思う」

　しかしＡＩの脅威はずいぶん先のことかもしれないし、まったく起こらないかもしれない、と補足している。そして「イーロン・マスクやなんかはツイートや短い談話をメディアに流すだけだから、細かな部分や曖昧《あいまい》な部分が一切失われてしまう」と言って、必要以上にシンプルに語られることを憂慮していたものの、ＡＩの脅威が「現実的な問題」であることにはハッキリと同意していた。「たとえ遠い未来のことであり、可能性が低いものであったとしても、ものすごく悪い結果が生じる可能性があるのだから、真剣に考える必要がある」と彼は言った。

１００年は起こらないだろうと考えるか、たった１００年で起きると考えるか

私はニック・ボストロムにも話を聞いた。彼もまた大いなる思想家だ。彼は、ある時点ではＡＩのリスクについて心配しているのは主に思想家たちだったし、それは悪いことじゃなかったはずだと言う。

「ものすごく初期段階では、概念を作り上げていく必要があるんだ。問題が何なのか明確になっていないときや、そもそもどのような概念なのか見えていないときはね。超知能は素晴らしいものだ、強力なものだ、危険なものだ、なんてことを考えていくんだ。でもどうやってそこから考えを深め、数字を用いた専門的な論文を書いていく？　どうやって考えを前進させていく？」

こうした大きな難しい問題は、構成要素に小分けして考える必要があり、そういうときにこそ哲学が「ひとつの領域として」役に立つと彼は言う。しかし「分野が成熟していくにつれて、コンピュータ・サイエンスや数学が相対的に大きな割合を占めるようになっていく。それこそがいま起きていることだ」

たとえば、ボストロムのＦＨＩはDeepMindの人びとと技術セミナーをおこなっている。「毎月、向こうがこっちへ来たり、こっちが向こうへ行ったりして、一緒に論文を書いたりしている」と彼は言っ

た。
「ＭＩＲＩとも、オープンＡＩとも同じようなことをしているし、バークレーのグループや、モントリオールのグループともやっている。そうした研究はメインストリームの機械学習分野と合流しつつある。まだ概念的に構想を考える作業の余地が残っていると思うが、統合が進むにつれて概念的な作業は機械学習やコンピュータ・サイエンスの研究に接続されていくと思う」

　多くの議論は、信念が大きく食い違っているというよりは、見ている部分の違いなのではないかと思う。シャナハンも同様のことを語っていた。

「ロッド・ブルックスは『こんなことは起こらない、バカげてる、この１００年は起こらないだろう』と言うかもしれないが、ニック・ボストロムと話したら、『このことについて考えるのはすごく重要だ、わずか１００年の内には起こるだろうからね』と言うだろう」

　この点は、アレクサンダーもブログで指摘している。

「『懐疑派』の立場は、少数の聡明な人間はこの問題について先んじて考え始めるべきだが、人間全体はパニックになったり、ＡＩ研究を禁止したりするべきではない、というものだ。反対に、『賛成派』の主張は、パニックになったり、ＡＩ研究を禁止したりするべきではないけれど、この問題について少数の聡明な人間は先んじて考え始めるべきだ、というものだ」[3]

　ブルックスのようにＡＩのリスクなどバカげていると考えている人も、たしかに存在する。そしてトビー・ウォルシュのように、ＡＩの危険性について大いに懸念しながらも、人類が滅亡するというタイプの危険性を懸念するのは間違いだと考えている人もいる。

　しかし慎重に見てみると、ＡＩ研究者全体としては、この問題を心配するのはバカげていると考えてはいないと言える。

無視できないほどの数の研究者たちが、見過ごせない確率でＡＩが人類滅亡の脅威となる可能性があると考えている。哲学者たちだけが懸念しているわけではないのだ。

17 100パーセントの確信を持って、バスをダチョウだと言う

現在、かなりスケールは小さいとはいえ、AIがペーパークリップ・マキシマイザーのような形で間違いを犯しうるという事例がいくつか見受けられる。

2018年3月、論文公開サイト「ArXiv」[1]に、デジタル世界における進化に関する素晴らしい論文が掲載された。そこで紹介されていたのは、実際の生物の進化と同じように突然変異や淘汰によって問題の解決を目指していく機械学習プログラムだ。

小さな3D仮想世界があり、そこに小さな仮想アバターがいて、たとえば「場所Xから場所Yへの移動」といった何らかのタスクが課されているとする。アルゴリズムは生物と同じような進化の過程に則ってアバターのデザインを更新することが許されている。

アルゴリズムは何度も何度もアバターを複製し、そのたびに少しずつランダムに（足の数や足のサイズなどの）変更を加えながら、それぞれのアバターにタスクを遂行させてみる。

最も成功したアバター（たとえば場所XからYにいちばん速く歩いていけるアバター）が、ふたたびランダムに個体差を加えられながら何度も何度もコピーされる。複製され、個体差を持ちながら競い合う、というのはまさに生物の進化と同じプロセスだ。

この「ArXiv」で公開された論文は、機械学習研究者たちのエピソードをまとめたものだった。ひとつは、いま例に出した「XからYに歩いていく」といった種類の機械学習であり、革新的な移動方法を見つけようとするものだった。しかし進化アルゴリズムは、アバターの背をものすごく高くすることで移動が簡単になると判断してしまった。シミュレーションが始まると、そのアバターはただY方向へ倒れればたどり着く。

別の実験では、高く跳躍する物体を作りだすために「できるだけ重心を高くする」というタスクを与えていた。しかしここでも、進化アルゴリズムは抜け道を見つけだした。高くて細い安定したタワーを作り、その頂点に重いブロックを置いたのだ。

そこで研究者たちは修正するべく次のように指示した。「いいか、きみのタスクは地面からいちばん近い場所にあるブロックを、できるだけ地面から遠くの位置へ離すことだ」。するとアルゴリズムはまたしても抜け道を見つけだし、ジャンプしようとするのではなく、高くて細い安定した棒の頂点にブロックを置いたまま、棒を宙返りのようにクルッと一回転させた。回転しているあいだは、ブロックが空中の高い位置で浮いていることになる。

対象を「壊す」ことで抜け道を見つけるアルゴリズム

少なくともこうした例は、設定された問題に対する「ある種の」解決を見つけだしたとも言える。それらは歩いたり跳んだりするロボットの開発には活用できないかもしれないが、少なくともあのアバターは場所XからYに移動しているし、できるだけ重心を空中高くに保っている。特に笑えるけれども恐ろしいのは、もうひとつの例の方だ。

遺伝的プログラミング（genetic programming）の略であるアルゴリズム「GenProg」は、ソフトウェアのバグを修正していくというタスクを与えられていた。GenProgが手を加えたソフトウェアは、どの程度機能するのか繰り返しテストされた。テストを通過するたびにGenProgのコードが選別されて次の世代のコードが生まれていくため、理論上、より優れたバグ修正アルゴリズムへと進化していくはずだった。

しかしGenProgはもっと単純な解決策を見つけてしまった。そうした例のひとつが、間違った順番で並べ替えてしまうソート（整列）機能のバグを修正するものだった。GenProgが「修正」を施したあと、そのソート機能は何度もテストを受け、どのテストにおいても問題は検出されなかった。どのリストも間違った順序だと指摘されることはなかった。

だが（人間の）プログラマーがチェックすると、GenProgは、プログラムを修正する代わりに、完全に破壊していた。空白のソートリストを作りだすようにプログラムを改造していたのだ。リストが空白であれば、「間違った順序」だと指摘されることはない。問題解決！

また別の実験では、指定されたテキストファイルにできるだけ似せたテキストファイルを作るよう指示されていた。「数世代を経て、なぜか突然、何の前触れもなく完璧な一致度を示す結果が数多く現れるようになった」と著者たちは記している。

調べてみたところ、進化したアルゴリズムのひとつが、指定されたファイルの情報を削除していたことが判明した。つまり、白紙のファイルを提出すれば、完璧な一致度になるというわけだ。

それから、驚くべきことに、あるアルゴリズムはマルバツゲームをおこなうコンピュータに勝つために、相手をクラッシュさせる方法を考えついた。そのアルゴリズムは、実際の盤面からはるか遠く離れた仮想の場所に手を打とうとする。すると相手のプログラムは、そのはるか遠く離れた仮想の場所に盤を再現しようとしてメモリを作動させる。相手のメモリは大きくないのでクラッシュしてしまい、いかさまをしたアルゴリズムの不戦勝となる。

画像認識で起きた衝撃のエラー

私はAIの危険性について、オープンフィルのホールデン・カーノフスキーと話した。オープンフィルは、バークレーに拠点を置くユドカウスキーのMIRIにとって最大の支援組織である。ホールデンはAIが見当違いの方向に間違ういくつかの例について教えてくれた。

近年の大きなブレイクスルーのひとつと言えば、画像認識だ。突然携帯があなたの写真を整理しだし、しかもかなりの精度で、「あなたの写真」や「あなたの夫の写真」や「あなたの子供たちの写真」を区別し始めたことにお気づきの人もいるだろう。私としては顔の識別が特に印象的ではあるが、AIはより多くのものを見分けられるようになってきている。10年前ですら、たとえばAIが犬と猫を見分けるのはいかに難しいかと議論されていたのを覚えている。

しかしいまは、驚くほどの精度になっている。そしてそれは無数の異なる画像で訓練されてきたからだ。けれども一方で、驚くような間違いを犯しうるということも判明しつつある。認識ミス以上の危険が潜んでいる場合でも、手遅れになるまで気づかない可能性もある。

ホールデンは言う。「普通の画像識別装置は、この画像を見ると『これはパンダです、自信は57パーセントです』という形で表現します」。そういって彼が見せてくれた画像は、実際のパンダで、2015年にグーグルのAI研究者たちが執筆した論文に載せられたものだった。[2]「でも、こっちの画像を見せると『これはテナガザルです』、しかも99パーセントの自信がありますと言うんです」。彼はその画像も見せてくれたが、どれだけじっくり眺めてみても、さっきと同じパンダの画像だった。

「2つの画像を見ても違いはわからないでしょうね」と彼は言った。「違いはこれなんです」。それは、昔深夜にテレビ放送が終了したあと画面に映っていた砂嵐をカラーにしたような模様だった。その一つひとつのピクセルは、2つの画像間の色のわずかな違いを表すものだった。彼はバスの画像も見せてくれたが、それをAIは99パーセントの自信を持ってダチョウだと識別した。正直、笑ってしまった。

何が起きていたかというと、このAIは無数のダチョウや、バスや、パンダなど、大量の画像を見ることで画像の識別方法を学んできた。大量のデータをもとに、共通の特徴を照らし合わせて識別しているのだ。

しかし、その識別には「長い首」や「ホイールアーチ」や「白黒の毛」といった人間が考える特徴が用いられているわけではなかった。もっと変わった、具体的な特徴を用いていたのだ。その識別法は通常の環境で作られた画像であればうまくいくが、あざむくことを意図した「敵対的画像」には、面白いほど壊滅的に翻弄されてしまうのだった。

「このAIは、すごく狭い、融通のきかない方法で訓練されてきたんです」とホールデンは言う。「このAIを騙そうと思えば簡単に騙せてしまう」。このAIに見せた「敵対的な」画像にはごく小さな変更が加えられており、「バス」を「ダチョウ」だと誤解させるための、変わった細かな特徴を持たされていたのだった。

人間にとっての見当違い、AIにとっては訓練不足

これは、一見シンプルな目標(「ダチョウを識別する方法を学ぶ」)を持ったAIが、いかに取り返しのつかない形で間違いを犯す可能性があるかを伝える一例だ。

「この例が提示している懸念は次のようなものです。ＡＩは大量のデータで学ばせることができるし、新しいものを見たときも、これまでに見たことのあるものと似たパターンの場合は問題がありません。でも違うパターンだったとき、まったくバカげた形で誤作動を起こす可能性があります」。彼はバスの画像を指差した。「１００パーセントの確信を持って、これをダチョウだと言ったりするんです」。

オープンフィルは、この種の問題への対策を見つける取り組みに資金提供をおこなっている。「バスに何らかの手が加えられても、バスをダチョウと識別させないことを目指しています」。

「たしかに問題があることは認識しています」と彼は言う。「だからこうした問題を解決しようと試みているんです。そうすることで、のちの危険が減るかもしれないから。それが大きな違いを生むでしょうか？　それはわかりません。でも、大きな違いを生む可能性はあるか？　答えはイエスです」。

しかし、これは人間レベルよりはるか手前のＡＩが変わった形で間違いを犯す例のひとつだ。「たとえばＡＩが送電網を管理していて、何かイレギュラーなことが起きたとします。その何かが、ＡＩが訓練を受けていない事態であったら一巻の終わりです。人は基本的に、ＡＩに目標を与えて、ＡＩがその目標を最大化するような未来をイメージしているようですが、それだと完璧に目標の設定ができていて、何もイレギュラーなことが起こらないことを願うほかありません。ＡＩは訓練時に見ていないものは見えないのであって、そういう世界は、すごく心配が絶えないでしょう」。

ここまでは、合理主義たちがＡＩは人間にとって脅威になりうると考えているいくつかの理由を紹介してきた。ここからは、彼らの言う「合理性」とはいったい何なのかを、もう少し詳しく整理していこう。

PART 3
すべての基本はベイズ的思考法

18 「合理性」の本当の意味

「シークエンス」執筆におけるユドカウスキーの目標は、ＡＩが人間の知能と少しも似ていない形で知能を持つことができる（あるいは合理的になれるだとか「最適化」に長けているなど、呼び方は何でもいい）と示すことだったと言える。それには２つのことが必要だった。

第一に、合理性（あるいは知能、あるいは最適化パワー）とは何かを説明すること。

第二に、人間の知能とは違う形の知能もありうることを示すために、人間の知能がなぜ、どのように特異であり、非合理的な面があるかを説明することだ。

ユドカウスキーにとって、知能および合理性とは、自分の頭のなかの世界像をできるだけ現実の世界に近づけることであり、自分の目標達成を可能にする決定をできるだけ多くの機会で選択することだ。どちらのプロセスも、彼によれば、「ベイズの定理」と呼ばれるシンプルな方程式を用いて説明できるという。

本章では合理性についてのイメージを固めるために、いったんＡＩから離れて、「ベイズの定理」を深掘りしていくことにする。

「ベイズの定理」の理屈は以下のようなものだ。

まずは、ユドカウスキーの言う「合理性」について整理しておこう。合理主義者たちが定義する「合理性」は、2つの基本的な考えに支えられている。「認識的合理性（epistemic rationality）」と「手段的合理性（instrumental rationality /道具的合理性とも呼ばれる）」だ。

「認識的合理性」は、本当に信じていることを達成することだ。あるいは、ユドカウスキー風に言えば「自分の信念（belief）の正確性をシステマチックに向上させること」だ。[1]

合理主義者たちは、こうした考え方を「地図は土地ではない」というフレーズで表現している。人間の頭のなかには無数のモデル（＝地図）があって、現実（＝土地）を推測するのに活用している。たとえば私の頭には重力と空気抵抗と物質に関するモデルがあり、それを活かしてボールをキャッチできる（場合もある）。

もう少し身近な例で言えば、私は「ランプはあそこにある」「ドアは自分の後ろにある」「窓は自分の前にある」といったモデルを持っている。どれほど正確なモデルを持っているか、つまりドアがあると思っている場所と実際にある場所の一致度が、自分のモデルと世界との一致度であり、自分の「地図」と「土地」の一致度である。「自分の信念と現実が一致した状態が一般に『真理』と呼ばれている」とユドカウスキーは言う。「私も喜んでそう呼ぼう[2]」。

ここでは身近な例を使って説明したが、もっと抽象的な物事にも当てはまる。ブラックホールにホーキング放射があるかどうかは、その真偽が争われている。もしあなたのモデルが、スティーブン・ホーキング博士の（複雑で数学的な）モデルと同じで、ブラックホールが実際に放射していると考えるなら、それがあなたの信念の表明となる。

そのモデルが正しいかどうかは、いかにホーキング放射について説得力を持って語れるかどうかや、どれほど強くそれを信じているかには関係がなく、宇宙で実際にブラックホールが放射しているのかどうかにかかっている。あなたの地図が土地と一致しているかどうかを確認する方法は、宇宙に見に行くか、証拠を探すしかない。宇宙があなたのモデルのように動いているのであれば、あなたのモデルは正しいし、そのように動いていなければ、あなたのモデルは間違っていることになる。

剣豪・宮本武蔵の「現代に通ずる合理的思考」とは？

反対に、手段的合理性は行為に関するものだ。「合理主義者ならば正しく推測せねばならない」とユドカウスキーは言う。[3]考え方は、『エージェントアプローチ 人工知能』で言われている「合理的に振る舞う」の定義と同じだ。現在持っている情報をもとに、自身が達成したい目標を達成できる可能性が最も高い手段を選択することである。

自己中心的な支配や、金や、何らかの具体的な行動を意味するのではない、と彼は言う。合理的に振る舞うとは「現実を操って、自分の求める方へ未来を変えていくこと」だという。それはあなたの自己中心的な目的のためでも、地球温暖化を防ぐためでも、宇宙をペーパークリップに変えるためでもありえる。ポイントは、「自分の目的を最適な手段で実行すること」だ。

これらの思考を数学的にどう裏付けるかについてはのちほど紹介する。ここで話したのは、最も基本となる考え方だ。ユドカウスキーは、伝説的な日本の剣豪である宮本武蔵が、自身の技術について語ったとされる言葉を紹介している。「長きにても勝ち、短きにても勝つ。故によつて太刀の寸《すん》をさだめず、何《いずれ》にても勝つ事を得る心、一流の道也」。[4]

手段的合理性は、ハリウッド映画や特に「スター・トレック」のミスター・スポックを通して描かれる「合理性」とは違う。ユドカウスキーは、スポックの描かれ方が気に入らないようだ。「『スター・トレック』のミスター・スポックは合理性についてよく知らないまま描かれている」と彼は不満を口にする。「スポックの感情状態はつねに『穏やか』にセットされている。そうあることがまったくふさわしくない状況でもだ」。クリンゴン星人の襲撃に遭ったら、動揺するのが合理的な反応というものだ。

そのうえ、スポックの「合理的な」予測は細かすぎるパーセンテージを出す割に、たいてい間違っている。「彼は、ひどく不正確な予測を小数点以下の細かな確率まで伝えることがよくある」とユドカウスキーは言う。

「たとえば、『船長、エンタープライズ号をブラックホールに突入させると、生存の確率は2・234パーセントです』なんて言うんだ。しかし10回中9回は、エンタープライズ号が破壊されることはない。2桁も外れている予測値を小数点第3位まで伝えるなんて、どれだけバカなんだ？[5]」

手段的合理性が意味するのは、「正しく推測すること」だ。

合理主義者は自分が求める結果のために考える

少しニューカムのパラドックスの話に戻ろう。超知能を持つ地球外ＡＩ「オメガ」が地球にやってきて、２つの箱を差し出す。ひとつは透明な箱で１０００ポンドが入っている。もうひとつの箱は不透明で、１００万ポンド入っているか、何も入っていないかのどちらかだ。あなたが不透明な箱しか取らないと予想していたら、オメガはその箱に１００万ポンドを入れている。両方を取ると予想していたら、不透明な箱には何も入れていない。

アメリカの偉大な哲学者ロバート・ノージックは、この問題に関するエッセイを記していて、それはほかの哲学的エッセイに比べても、困惑の色が表れているという点で魅力的だ。

「私はこの問題を多くの人に提示してきた。友人たちにも学生たちにもだ」と彼は書いている。「どんな行動を取るべきかについて、ほとんど全員が完全に明確な意見を持つ。難点は、この問題に対する見解はほぼ半々に分かれ、そのうちの多くが、もう半分のことを愚かな奴らだと考えている点である」[6]。

そして彼は、少し読書の手を休めて考えてみてほしい、と促している。「私がこの問題を解決しよう、と主張しているのではないし、未解決の問題を前に思い悩む楽しさを逃してほしくない。ぜひ、私の煩悶をわかっていただければと思う」。

一方の人たちは、「１つの箱」を選ぶべきなのは明らかだと考えている。オメガがこちらの決断を正確に予測する可能性は高い。もし誰かがあなたを見ていて、あなたが両方の箱を取ったら何ポンド手にすることになるか賭けをしていたら、その人たちはあなたが１０００ポンドしか得られない方に自信を持って賭けるだろうし、きっとそうなる可能性は高い。

それだけでなく、あなたが両方の箱を選んだとして、箱を開ける前に自分が何ポンドを手にすると思うか賭けろと言われたら、１０００ポンドと答えるのが合理的な判断だろう。ノージックは言う。「そこまでわかっているのに、自分の合理的な判断に反して、両方の箱を取ろうと思う人がいるだろうか？」。

しかし。しかしだ。明らかに「２つの箱」を選ぶべきだと言う人もいる。１００万ポンド入りか何も入っていない箱の裏側が透明だったとしよう。あなたの友人は中身を知ることができ、あなたが決断するところを見ているとする。

彼女はじっくりと箱を眺めていて、そこに１００万ポンドが入っているか、何も入っていないかを知っている。箱の中身が何であれ、彼女はあなたに、両方の箱を取ってほしいと願うことだろう！箱に何も入っていなかった場合、両方の箱を取ると少なくとも１０００ポンドが手に入る。箱に

１００万ポンドが入っていた場合、両方の箱を取ると１００万１０００ポンドが手に入る。

スポックなら、２つの箱を選ぶだろう。ノージックも、長々と苦悩して、私には理解できないような計算を展開したうえで、２つの箱を選択すると語っている。

ユドカウスキーや合理主義者たちなら、１つの箱を選ぶだろう。これには数学的な裏付けがある。それはユドカウスキーが独自に展開した決定理論に基づいている。しかし、その基盤にある理屈は「１つの箱を選ぶ人の方が、２つの箱を選ぶ人よりも多くの金額を手にする」からである。

そして、金は少ないよりも多く手にした方がいいので、その点こそがポイントになる。ユドカウスキーは言う。１つの箱を選ぶ者たちにとって、「これはシンプルなジレンマだ。両方の箱を取ることが『合理的』である理由をひねり出す人は、みずから不利益を招いている。本当に『合理的』な選択をする人間は、１００万を選ぶ者たちだ」[7]。

それが合理主義者における最も根本的な合理性である。つまり、真理と思えるものを信じ、自分が求める結果につながる意思決定をしようとすることである。もちろん、こんな風に言うと普通のことに聞こえるかもしれないので、もう少し詳しく見ていこう。

19 ベイズ理論と最適化

ユドカウスキーによると、合理的な行動の中心にあるのは、ベイズの定理として知られるシンプルな数学の公式だ。ユドカウスキーが合理性と言うとき、ベイズの定理に基づく考え方を意味している。人間の合理性を向上させようという彼のプロジェクトは、人間をより良いベイジアン（ベイズ主義者）にするというプロジェクトである。

ベイズの定理は、良い意思決定とは何かを規定するにあたって絶対的な決め手となるものだ（と彼は言い、意思決定理論も同様の見解を示している）。何らかの証拠（evidence）に行き当たったとき、ベイズの定理によって算出された分量だけ——それ以上でも、以下でもなく——自身の信念／確信（belief）を修正することが良い意思決定となる。

トーマス・ベイズ牧師は、その功績にふさわしく、ロンドン東部のショーディッチにある王立統計協会のオフィスから数百メートルのところに埋葬されている。18世紀当時はあまり世に名を知られていなかったが、長老派教会の牧師をする傍ら数学に打ち込んでおり、生前に出版した2冊は一定の評価を得ていた。1冊は神学に関するもので、もう1冊はニュートンの微積分のある一部を、ジョージ・バークリーの批判から擁護するものだった。少なくともウィキペディアによると、[1] 後者のおかげで彼は王立協会の会員に選出されたようだ。

しかし、彼の名が記憶されているのは、この2冊によってではない。ベイズは晩年、確率論に関心を持つようになった。彼の死後、友人のリチャード・プライスが確率論に関するベイズの構想メモを編纂《へんさん》して王立協会の学術論文誌「フィロソフィカル・トランザクションズ」に投稿した。[2] それは「確率という学理における問題の解決に向けた小論」と題され、そこには現代の確率論の根幹をなすシンプルな公式が記されていた。

ベイズの定理とは次のようなものである。P(A|B) = (P(B|A) P(A)) / P(B)。記号の意味がわからなくても安心してほしい。理解するのは簡単だ。これは事象Bが起きた場合に事象Aが起きる確率を求めるものだ。式を説明するならば、Bが起きた場合に事象Aが起きる確率＝（Aが起きた場合に事象Bが起きる確率×Aが起きる確率）÷Bが起きる確率、である。

これじゃあ何のことかわからないかもしれない。でも本当に、理解するのは簡単だ。抽象的な言い方をやめると、わかりやすくなってくる。

がんかどうか検査でわかる確率についてのよくある勘違い

がんを検知する血液検査を受けたとしよう。もしがんであれば、検査したうちの99パーセントにおいてがんであることを正確に教えてくれる。そしてがんでなければ、検査したうちの95パーセントにおいてがんでないと正しく教えてくれる。では、血液検査をして陽性という結果が出た場合、自分ががんである可能性はどれくらいだろう？　95パーセントくらい？

ノー！　答えは「まったくわからない」だ。自分ががんである可能性を探るのに十分な情報が提供されていない。そもそもがんになる一般的な確率がわからないと、間違ってがんだと診断される確率もわからない。

仮に１０００人に１人ががんであり、１００万人に血液検査をするとしよう。計算上、その１００万人のなかには１０００人のがん患者がいることになる。血液検査は99パーセントの確率でがんを検出するので、９９０人はがんであると正しく特定される。

そしてがんでない99万９０００人のうち、５パーセントが間違ってがんと告げられることになる。４万９９５０人が、これに該当する。がんと告げられる人の総数は９９０＋４万９９５０で５万９４０人だが、そのうち実際にがんなのは９９０人だけだ。

つまり病院に行って、95パーセントの精度でがんでないことがわかるという検査を受けて、がんだという結果が返ってきたとしても、この例で言えば、その人が実際にがんである可能性は２パーセント未満ということになる（もちろん同じように、がんでなかったと喜んで帰宅しながら、実際にはがんである人も10人はいる）。

ここで言う「そもそもがんになる確率」は、ベイズの定理のなかでは「事前確率（prior probability）」と呼ばれている。何らかの結果（たとえば、がん陽性という結果）を示すいかなる新しい情報も、事前に算出していた確率と照らし合わせてみることで初めて意味をなすのだ。

少しややこしい考え方かもしれない。たとえば正確性が95パーセントの検査だと聞くと、その検査で陽性が出た場合、自分が陽性である可能性は95パーセントだと考えてしまうだろう。しかし、それはまったく真実ではないのだ。

そんなはずはない、と感じても心配しないでほしい。誰もがそう感じるはずだ。この理屈を正確に理解している人がいたら、その人は医師であり、つねにがんの検査結果と事前確率をもとに意思決定をしているのだろう。しかし、ユドカウスキーによれば、医師たちもあまりそのような意思決定をくだしていない。[3]

ある実験では、今回と似た質問に対して正確な回答をした医師の割合は5人に1人にも満たず、何度も同じような結果が出たという。およそ半分が95パーセントの確率でがんだと答えた。回答の平均値は55パーセントの確率で陽性というものだったが、それでも実際の答えより30倍も過大に見積もっている。[4]

理想的な意思決定の象徴

ユドカウスキーや合理主義者たちにとって、ベイズの定理こそが合理性を体現するものだ。あらゆる意思決定プロセスはベイズの定理に従っている限り合理的なものとされる。「エリエゼルの立ち位置は、本人も言うように、うまくいっている意思決定プロセスがうまくいっている理由は『ベイズの定理に沿ったものであるから』、というものだ」とポール・クローリーは言う。「この確率論の公式は、これこそがうまくいく唯一の考え方であることを物語っている」。

どんな意思決定プロセスであれ、着実に正しい答えやうまくいく決定に近づいているものはベイズ的思考で動いているに違いない、とユドカウスキーは言う。彼本人の言葉では、次のように語っている。

「ある人が正しい確信に近づきつつあり、そのうえ熱力学第二法則が破られていないと仮定するなら、その人は少なくともベイズ風の思考をしているはずだ――少なくとも意思決定プロセスは、どこかベイズ的な形をしているはずである――そうでないと、うまくいきようがない」[5]

この話題について尋ねると、ユドカウスキーは熱力学の法則を踏まえて答えてくれた。

熱力学の世界には、理想的な熱機関とされるカルノー機関という架空の装置がある。内燃機関や蒸気機関のようなもので、熱エネルギーを利用して機械を動かすものだ。熱力学の法則に従えば、完璧な効率性を持った熱機関の場合、加えたエネルギーから最大限の仕事量を得ることができる。「車は理想的な熱機関で動いているわけではないが、熱力学に逆らうこともできない」とユドカウスキーは言う。この世で実際に使われている車のエンジンは、実在しない完璧なカルノー機関に比べれば、効率は劣るものとなる。

ユドカウスキーによれば、ベイズの定理と実際の意思決定も、これと同じ関係にあるという。ベイズの定理とは、「理想的な」意思決定なのである。ありえないほど完璧に意思決定がくだされた場合、ベイズの定理のような形をとる、ということだ。

「ここが、ベイズの理論をツールのひとつにすぎないと考える人たちの混乱するポイントだ」とユドカウスキーは言う。ベイズの定理はツールではない。ほかのあらゆる意思決定ツールは、ベイズの公式に近いという限りにおいて有用なのである。

真の事実を解き明かしたり、優れた決断をくだしたりするプロセスは、進化であれ人間の思考であれ何であれ、ベイズの定理と似た形をとる。意思決定と呼ばれるものは、ベイズの定理のような形でおこなわれるべきなのである。「(意思決定のプロセスが)機能している限り、そのプロセスには必然的に多少なりともベイズ的な構造が組み込まれているというわけだ」。

カルノー機関のたとえで言えば、「ベイズは熱力学の法則に相当する」とユドカウスキーは言う。「そしてベイズの定理を実装したプログラムは、完璧なカルノー機関のようなものだ」。どんな車でも完璧なカルノー機関は実現できないのと同じように、どんな意思決定システムも完璧にベイズの定理通りにはいかない。

「少しのロスもなく完璧に最大限の仕事量を得るアルゴリズムは高価すぎて実装することはできな

い」とユドカウスキーは言う。「しかしある程度の仕事はどこかで遂行されている。さもないと『車』はまったく動かなくなるからね」。

ボーイング７４７の部品を組み合わせて空を飛べるものになる確率は？

「進化」を例にしてみよう。かつて天文学者のフレッド・ホイルは、進化によって生命が生まれた確率について、竜巻ががらくた置き場を通過してボーイング７４７機を作りだすようなものだと語った。[6]

ボーイング７４７機の部品の組み合わせは想像を絶するほど膨大にあり、飛行できる組み合わせができるのは本当にごくわずかな確率だ。同じように、たとえばキツネザルを構成細胞にまで分解して、ランダムに組み立て直したとしても、いまのように木々のあいだを飛び回るキツネザルを生みだすことはほとんど不可能だろう。

しかし、もちろんボーイング７４７は竜巻によって作られているのではなく、航空機器に詳しく、ただちに大半の部品の組み合わせを除外できる人間が設計している。そのうえ、ホイルは誤解しているが、キツネザルはランダムに誕生したわけではなく、自然淘汰によって、緩やかではあるが非ランダムな進化のプロセスを経て誕生したものだ。

ユドカウスキーは、人間の知能も進化も「最適化のプロセス」なのだと説明している。最適化プロセスとは、無数に広がる可能性のなかで、自分が求める目標へと近づいていき、達成する方法のことである。

そして、それこそベイズの定理が表現していることだ。先ほど例に挙げたがんの検査で説明してみよう。

可能性は大きく広がっている（１００万人ががんかもしれない）。そして目標となっている数（実際にがんである人数）はかなり少ない１０００人だ。精度の高い検査は、本当にがんである人を魔法のように見つけだすわけではなく、可能性の範囲を狭めることができる。

ランダムに１人を抽出して、その人ががんである事前確率は１０００人に１人、つまり０・００１パーセントである。検査してがんだという結果が返ってきた人のなかで、実際にがんである可能性は２パーセント未満ということになる。

がんが疑われる対象の範囲は５万人ほどで、20分の１にまで狭まった。もう一度検査を実施すると、（間違って陽性となる可能性がランダムであり、体系的なものでない場合）さらに範囲を狭めることができる。検査は最適化されていき、どんどん真実へと近づいていく。

よく使われる言葉に「確率質量」というものがある。想定される各結果について、どのくらい確信の比重を置くかを表すものだ。たとえばがん検査をする前、自分が「がんである」という結果に対しては０・１パーセントの確率という比重を置き、「がんでない」という結果に99・９パーセントの確率の比重を置いているとする。

しかし検査によって、この比重が変わることがある。たとえばがんだという結果が返ってきた場合、「がんである」確率質量は２パーセントとなり、「がんでない」確率質量は98パーセントに変わる。確率の和はつねに１、もしくは１００パーセントである。新しい証拠が出てくるたびに、この数値は変動していく。

人間の知能も同じことをおこなっている。たとえばボーイング７４７のすべての部品をランダムに組み合わせても、そうやってできた飛行機が空を飛べる確率は、きわめてゼロに近いだろう。ボーイング７４７の部品は６００万にも上るという話を聞いたこともあるし、６００万の６００万乗をサイトで計算してみると、４０００万桁の数字になる。「ボーイング７４７が自然にできあがる」という結果に対して、私は非常に低い確信の比重を置くことになる。

しかし人間に「これらの部品を、飛ぶであろう形に組み立てろ」と言えば、確率は飛躍的に増加する。私であっても、翼のような形をした大きく平たいパネルがあれば、側面につけるのだと知っている。

私が部品の山から飛行物体を作り上げる可能性は、少なくとも１億分の１パーセントくらいはあるだろう。組み立てる人間がエンジニアだったら確率はさらに高まるだろうし、航空エンジニアだったら、五分五分ほどの確率にすら近づくかもしれない。さらに、そのエンジニアが複数回の挑戦を許され、テストを重ね、徐々に改善していき、アドバイスを受けたり本を読んだりしたら、ほぼ１００パーセントにまで近づいていくだろう。

同じことは進化にも言える。有機分子をランダムに組み合わせるうちに、生きて呼吸する生物や複雑な生命体ができる可能性は恐ろしく低い。可能な組み合わせの数は膨大にあり、捜索する「範囲」は広大だが、そのなかで「機能する」組み合わせは顕微鏡で探すくらいほんのわずかだ。

しかし、すでにシンプルだが自己複製する物体があったとしよう。そしてその物体が持つ複製能力が高くなかった場合、焦点はその能力を向上することに絞られ、「範囲」は狭まる。複製能力に劣るコピーは排除されていき、たまたま複製能力に秀でたコピーが繁栄していく。

多様な種というのは、可能性の範囲のなかで自分たちが機能できる場所を求めて、ランダムではない淘汰の結果ランダムに生まれていく。有機分子をランダムに組み合わせて何らかの生命ができる可能性はゼロに等しい。しかし自己複製する物体があり、そこから数百万年の進化を経て何らかの生命ができる可能性は１００パーセントに近い。

「すべての白鳥は白い」と「すべてのカラスは黒い」

ベイズの定理は、哲学的観点からきわめて有用なものである。私は大学で哲学を学んでいたが、そこでは「帰納法の問題」が延々と議論されていた。１００万羽白鳥を見たとしても、決して「すべての白鳥は白い」という言明を証明することができない。

なぜならたった一羽でも黒い白鳥が見つかれば反証となるからだ（西洋の探検者一行が、最初にオーストラリアに到着した際に発見している）。どれほど「帰納的推論」をしても（エビデンスを積み上げて結論にいたろうとしても）、何も証明できないのだ。

しかしベイズ的思考なら、こうした行き詰まりを避けることができる。確率論的な思考法を学べばいいだけだ。たとえば白鳥を見たことがなかったとして、「すべての白鳥は白い」という仮説に対し、仮に1パーセントの事前確率を割り当てる。そして初めての白鳥を目にすると、その新しいエビデンスをもとに事前確率をアップデートする。たとえばすべての白鳥が白い確率を15パーセントだと考えたとする（まだ1羽見ただけなので、他にいろんな色をしている可能性がある）。

しかしルネッサンス期のヨーロッパを40年間もさすらっても白い白鳥しか見たことがなく、その都度事前確率をアップデートしてきたあなたは、あの言明が真実だという確信がはるかに高まっている。無数の白鳥を目にし、そのたびに自分の仮説をサポートするささやかなエビデンスを積み上げていったため、立派なベイズ主義者として、絶対に確実とは言わないものの確信はほとんど95パーセントほどに増している。

その後、船に乗ってヴァン・ディーメンズ・ランド（現在のタスマニア）へ向かうと、そこで黒い白鳥を目にする。すると確信はたちまちしぼんでいき、０・０１パーセントになる。

この帰納法の問題は、確実性という観点ではなく確率や可能性という観点から考えれば問題でなくなる。確実かどうかという点では、いつまで経っても確実だとは言い切れない(誰かが白鳥を黒く塗っていたのかもしれないし、幻覚を見ていたのかもしれない)。しかし確率や可能性という点では、白鳥をたくさん見れば見るほど、事前確率を更新して確信を深めていくことができるのだ。

合理主義者たちは、あらゆる物事をこのように思考している。自分が信じているものをどれだけ確信できるか、何らかの命題に対する「確率質量」はどれほどか、新しいエビデンスを踏まえてどれほど確信を「アップデート」するか。そんな風に考えている。

「カラスのパラドックス」と呼ばれる哲学の問題も、ベイズ的思考で解決することができる。内容は似たようなものだ。「すべてのカラスは黒い」という言明は、論理学的に言えば「あるものが黒でなければ、それはカラスではない」ことと等しい。最初の文が真実でないと否定する材料は2つ目の文も否定することとなり、逆もまた同じだ。

すると、奇妙な事態が生じる。黒いカラスを一羽見かけたら、それは「すべてのカラスは黒い」という言明の証拠となる。しかしそれが真であるなら、「黒くなくて」「カラスでないもの」(たとえば、紫の帽子)を見かけたら、それが「あるものが黒でなければ、それはカラスではない」ことの証拠となってしまう。

さらにそれも真であり、「すべてのカラスは黒い」と「あるものが黒でなければ、それはカラスではない」が等価であるならば、紫の帽子を目にすることは、もちろん「すべてのカラスは黒い」ことの証拠となってしまう。

この問題も、長年議論されてきた。もともとは1940年代に提起された思考実験だ。しかしベイズ的思考で見れば、面白いほど単純な問題になる。紫の帽子は、たしかに証拠と言える。ただし、大した証拠ではない。事前確率が本当にごくわずかに増加するだけである。「紫の帽子」など証拠にならないと考えてしまいがちだが、実際には証拠として機能する。ただ、証拠として強いものでないだけだ。

ベイズの定理は鉄の掟《おきて》

この章の最初に紹介したように、ユドカウスキーや、彼が示唆を受けた人間としてよく名を挙げる『Probability Theory: The Logic of Science（確率理論：科学の論理）』（未邦訳）の著者E・T・ジェインズのような意思決定論者たちにとって、ベイズの定理は意思決定の鉄の掟である。新しい証拠に照らして、自分の信念を正確な数値分だけアップデートしていく。その数値以上や以下の信念の変更は、間違いということになる。

「シークエンス」で、ユドカウスキーはクジを例にして説明している。[7] 当たりの番号を打ち込むと音が鳴る箱を想像してほしい、と彼は言う。その箱が、はずれの番号を打ち込むたびにも音が鳴ってしまうと意味がなくなる。しかし、はずれを打ち込んだ際の25パーセントで音が鳴るとする。たとえば、70個のボールを使って6桁の数字が決まるクジの場合、当選番号には1億3111万5985通りの可能性がある。クジの番号を打ち込んで、機械が鳴ったとする。実際に当選している確率は？

まず、箱は当たりの場合だけでなく、はずれの場合でも当たりを除いた1億3111万5984通りのうち25パーセントで鳴るので、3277万8996通りで音が鳴る。つまり、75パーセント正確な検査を経て、当たりは1億3111万5985分の1から、3277万8996分の1へと絞られる。このようにして人も確信をアップデートしていく。この数値以上に自信を持つと自信過剰であり、これ以下だと自信が足りないということになる。

「このルールに抗うことはできない」とユドカウスキーは記している。「証拠が不十分だと、正確に確信を持つことができない。箱が10個並んでいたとしよう。そしていろいろなクジの番号を打ち込んでいく。10個の箱全部で音が鳴る番号があったとしても、『これではずれだなんていう確率はものすごく少ないはずだ！　よくわからないベイズのルールなんか無視して、ここでやめよう』と言ってやめてはならない。このクジでは平均131個のはずれクジも、箱が10個連続して鳴る可能性がある[8]」。

これは、もちろん単純化したモデルだ。実社会においては、これほどきっちりと数字が弾き出される状況に行き当たることは珍しい。たいていは推測や直感を多く活用しなければならない。

しかし、これほど厳密に確率を計算できなかったとしても、仮説（「前方の車の運転手は酔っ払っている」）に対する証拠（「前方の車の運転手はふらふらと運転している」）が現れたとき、飲酒運転者が一般にどれほどの割合でいて、飲酒による運転の誤りはどれほどで、そのほかの理由による運転の誤りはどれほどかを加味すれば、正確な数値として確信度合いを算出することができる。

証拠はつねに完璧でなければならない

証拠が足りない状態で何かを信じようとすることは、「燃料を入れないまま車を運転するようなものだ」とユドカウスキーは書いている。「あなたは、燃料を入れて進まねばならないなどバカげていて古臭いと考えている。そう思うなら、試してみることはできる。目を閉じて、車が動いているふりをすることもできる。しかし、本当に正確な確信にたどり着くには証拠を燃料にする必要がある。そしてより遠くへ行きたければ、より多くの燃料が必要になる」。

人間はこんな風に動いていない、とは言えない。もちろん人間は証拠を集め、その証拠に基づいて確信を築いていくのだが、普通は意識的に確率を算出したりはしない（それに人間は、証拠がなくても何かを信じるし、そうした行動が称えられすらする。それを人は「信仰」と呼ぶ。ユドカウスキーなら、自宅の駐車場に置かれた車に座っているのに、ドーセットをドライブしていると言い張っている状態と呼ぶだろう)。

しかしながら、新しい証拠に照らして確信をアップデートする場合、本能的で直感的なプロセスであるとはいえ、人はある種のベイズ的な概算をしたうえで、正しい選択をしたり、間違った選択をしたりする。つまり、その概算に基づいて正確な数値分だけ確信を更新することもあれば、自信を持ちすぎたり、自信を持たなすぎたりする。

同じように、AIもベイズの定理が適用されている限り、「知能がある」、あるいは合理的だと言える。

20 功利主義——黙って計算せよ

ベイズの定理を使えば、証拠が出るたびに確信をアップデートすることができる。しかし、もうひとつ考慮すべき要素がある、とユドカウスキーは言う。

それは、あるものがどれほど「重要か」だ。ベイズ的思考を使って、どれほどの人ががんであるかを知ることはできるが、そうしたがんの治療にどれほどの金をかけるか決めるためには、そのがんを治療することにどれほどの利点があるかを考える必要がある。

ここで、倫理学の問題が登場してくる。実を言えば、「シークエンス」の最も良いと思う点は、スピノザやライプニッツといった18世紀の哲学大作を思わせるところがあり、すべてを説明し尽くそうとしている点だ。壮大で、野心的なものが感じられる。意識とは何か、現実とは、進化とは、人間の心理とは、確率とは、倫理とは何か。こうしたテーマでユドカウスキーが記したものはどれも、哲学を学んでいた頃から10年以上が経つものの門外漢とは言えない私には、現代科学を常識的な範囲で哲学に援用したもののように感じられる。デイヴィッド・ヒュームなら、きっと楽しく読んだだろう。

「倫理」の部分は特に興味深い。ユドカウスキーは倫理システムのなかに難解な欠陥を発見するメタ倫理的なものから離れ、基本的な数字で倫理を表そうと試みている。詳細についてはすぐあとで説明するが、いちばんシンプルな例は、ウェブデベロッパーのメイソン・ハートマンという人が、自動運転の倫理についてコメントしたツイートに表れている。

哲学：だからときどき自動運転車は暴走してしまい、最終的に……
私：なるべく人を殺さないようにしろ
哲学：でもすごく顕著なのは……
私：なるべく人を殺さないようにしろ
哲学：でも人間的なコントロールは……
私：なるべく人を
私：殺さないように
私：しろ[1]

（ユドカウスキーは、これをリツイートしている。リツイート＝支持であるとは限らないことはわかっているが、この場合は確実に支持の表明だろう）

彼（と合理主義者たち）は、徹底した功利主義なのだ。「（自分の理性的な判断のもと）最も死者が少なくなる／最も多くの人が幸せになる／最も苦痛が少なくなる行動を取れ」。もっと具体的な行動について細かく考えることもできるが、この3つから外れるものであれば、おそらくそれは何かが間違っている。

効用の「数値化」

功利主義は、ジェレミー・ベンサムとジョン・スチュアート・ミルに代表される倫理学だ。それは（ベンサムの言葉を借りれば）「最大多数の最大幸福は、道徳と立法の基盤である」と主張するものである。[2]

最近では、多くの功利主義者が「幸福」についてはあまり語らない。「幸福」という言葉を額面通りに受け取れば、全員の脳にプラグをつないで快楽中枢を刺激してやることが「倫理」ということになる。しかし多くの人はそれを望まないだろうから、功利主義者たちは「効用（ユーティリティ）」、つまり「人生に望むもの」という観点から話すことが多い。人工的に誘発された快楽を生きるよりも、実際に活動して何らかの達成感を得る人生の方が私は良い。現代の功利主義は、私を快楽マシンに押し込むのではなく、自分の人生を生きることを可能にするシステムの方を優先している。

ユドカウスキーらの考え方を賞賛できる理由は2つある。ひとつは、功利主義の非常に酷な結論のひとつを冷静に受け止めていること。もうひとつは、また別の2つの難題をうまく解決する合理的で賢明な方法を提供していることである。

3000年ものあいだ哲学者たちに議論されてきた倫理上の大きな問題に対して、2007年から2009年のあいだに書かれた一連のブログ記事が解答を与えるものだと言いはしないが、それらの記事は倫理についての私の直感にはよくフィットしている（とはいえ、リバプール大学の学部1年生だった2001年、初めての哲学の講義で、学部長のスティーブン・クラーク教授からはこう忠告された。哲学では、何かの議論を読んで、「たしかに。これに賛成だ、まったく理にかなってる」と思うことがよくある。その後、まったく正反対の結論に達している別の議論を読んで、「たしかに。自分はこれに賛成だ」と思うことがあるという。読んだばかりのものに賛同するのは注意しろ、というのがこの話の教訓だろう）。

まず、「非常に酷な結論」というのは次のようなものだ。功利主義の中心的な教義のひとつは、効用というものが、何らかの方法で周りと比較できるという考えだ。合理主義者たちは、ユーティリティ（効用）という言葉から、架空の単位「ユーティロン」を用いて数値化している。初期の功利主義哲学者たちは「ユーティル」という単位を使っている。

もちろん効用を厳密に数値化などできないが、おおよその試算をして思考実験することはできる。たとえば道端で10ポンドを見つけることが1ユーティルに相当するとし、好きな仕事に就くことが5000ユーティル相当だとする。すると5000人に10ポンドを贈ることは、誰か1人が好きな仕事に就くことに等しくなる。

しかし、これは難しい状況を招くことになる。たとえば、誰かひとりのユーティルを大きく低下させるものがあるとする（50年間ひどい拷問に遭うなど）。そして、たとえば「一片のほこりが目に入って、ほんの一瞬違和感があって、まばたきの前に何とか気づいて取り出す」くらいの、ほんの、ごくわずかなユーティルの低下を引き起こすものがあったとする。[3] もし功利主義者の言うように、ある経験と別の経験が比較可能なら、多数の人間の目にホコリが入る方が、ひとりが50年拷問されるよりも悪いという結論になる。

ここで巨大数という問題がでてくる。巨大数とは、どれほど途方もなく圧倒的に大きな数であるか、想像がつかないかもしれない。たとえば3→→3という数字。3→3は、3の3乗を意味する。つまり27だ。3→→3は「3の（3の3乗）乗」。つまり3の27乗ということになる。その数値は7,625,597,484,987（8兆近く）だ。3→→→3は……正直、混乱する。ユドカウスキーの言葉を借りよう。「3→→→3は3の上に指数3がタワーのように積み上がる。その階数は7,625,597,484,987におよぶ。まずは1階から。3の1乗は3。3の3乗は27。3の27乗は7,625,597,484,987。3の7,625,597,484,987乗は、宇宙における原子の数よりもはるかに多いが、まだ10進法で100km²の紙に書くことができる。しかし、「次の階では」またその数が指数として3に乗っかった数を計算し、それを7,625,597,484,987階まで続ける」[4]。これは本当に、とてつもなく巨大な数字だ。

ひとりが拷問されるのと、たくさんの人の目にホコリが入るのは「どっちが悪い」？

では、それほどの人が目にゴミが入った状態のまま少しまばたきをすることは、誰かが50年間拷問に遭うよりも悪いことなのだろうか？　もしユーティルというものが存在すると感じ、経験Aと経験Bが比較可能だとするならば、3↑↑↑3もの数の人間の目にホコリが入ることは、ひとりが50年拷問されるのに十分に匹敵するということになる。

先へ進む前に、自分ならどちらを選ぶか考えてみてほしい。拷問？　把握不可能なほど巨大な数のホコリ？

ユドカウスキーのブログには「拷問vsホコリ」という記事が投稿され、シークエンスにある数百トピックのうち最も議論を呼んだもののひとつとなった。彼はこうやって締めくくっている。「希望も休息もなく誰かひとりが50年間ひどい拷問に遭うことと、3↑↑↑3の人の目にホコリが入ること、どちらを選ぶだろう？　私からすれば答えは明白だ。あなたはどうだろう？」

彼の言う「明白な」答えは、ホコリの方が拷問より悪いというものだ。コメント欄ではロビン・ハンソンも同意しているが、ほかのほぼ全員は反対の主張をしている。

反論する人びとは、その2つには「隔たりがある」点をポイントに挙げていた。ささいな不快感と、数十年におよぶ拷問は比較できないと指摘している。しかしユドカウスキーは、その指摘は矛盾していると切り返す。

彼はまず、3↑↑↑3よりも少ない、1グーゴルプレックスのホコリで考える（グーゴルは数の単位で、

1の後に0が100個連なる。1グーゴルプレックスは1の後に0が1グーゴル個続く。これも巨大な数字だが、3↑↑↑3よりもずいぶん、はるかに小さい)。

彼は言う。「1人が50年間拷問されるのと、1グーゴル人が49年364日23時間59分59秒拷問されるのを選ばなければならないとしたら、あなた方は1人が50年拷問を受ける方を選ぶはずだ。そうじゃなかったら理屈がわからなくてお手上げだ。そして同じように、1グーゴル人が49・99999年拷問されるのと、1グーゴルプレックスの人たちが49・999998年拷問されるのを選ぶなら、前者を選ぶのだろう」。

こんな風に続けていける、と彼は言う。こうやって「1人あたりの拷問の量」を減らしていくと、「拷問を受ける人の数」は指数関数的に増えていき、「やがて1グーゴルプレックス人の目にホコリ1つが入るか、(1グーゴルプレックス÷1グーゴル)人の目にホコリが2つ入るかを選ぶことになる」[5]。

もし前者の方が後者よりも悪いと思うなら、3↑↑↑3のホコリの方が拷問よりも悪いという考えに同意していることになる。あるいは、たとえば1人に対する23・6652647年の拷問と1グーゴルプレックスの人への23・6652646年の拷問といったある時点からは前者の方が悪い、というように、大きな転換点があると考えていることになる。

ホコリが拷問に相当するというのは、直感的には理解するのが難しい。この問題を受けての私の感想は、次のようなものだ。ごくわずかな不快感は、ほんのわずかに人生の生きがいを低下させる。「生きる価値のある人生」と「生きる価値のない人生」のあいだには、おそらく何らかの境界値がある。

3↑↑↑3人ほど巨大な数、あるいは1グーゴルプレックスほどの人数であれば、ホコリから生じるわずかな不快感によって、その境界値を超えてしまう人の数は膨大になる。10の15乗、10の24乗、数はわからないが、とにかくたくさんいるだろう。もちろん、これが功利主義者や帰結主義者たちが何世紀も議論してきた問題に対する最終回答だと言いたいわけではない。ホコリよりも拷問の方が悪いという倫理学者たちもいるだろう。[6] 私が合理的に言えるのは、合理主義者たちの回答は、私の直感に見合うものだということだけだ。より厳密に言えば、この議論を追うなかで、ホコリの方が拷問より悪いという立場を否定してしまうのは、私の直感に反すると感じた。

大勢の人の幸福とは

飲み込みにくい功利主義の難題の2つ目は、本書の執筆中に亡くなってしまったイギリスの哲学者デレク・パーフィットの言う「いとわしい結論（Repugnant Conclusion）」だ。[7] パーフィットは言う。豊富なリソースを持って幸福に暮らしている100万人がいたとする。そしてとてもわびしくて、死よりは少しマシな人生を送っている1人が加わり、リソースを全員で公平に再分配するとする。功利主義の論理に従えば、100万1人となってシステムに効用が増えるので、幸福の平均値はわずかに下がるものの、100万人よりも100万1人の方が良いということになる。

しかし、それが何度も繰り返されたらどうだろう。論理的な帰結としては、死より少しだけマシな、生きがいのない退屈な1兆人（あるいは1グーゴルプレックスでも、3↑↑↑3人でもいい）が生きている世界の方が、ものすごく豊かで実りある人生を10億人が送っている世界よりも倫理的に良いということになる。それは私としては違うのではないかと感じるし、同じように感じる人は多いだろう。

パーフィットは、次のように言っている。「100億人以上がすごく質の高い生活を送っていたとしても、ほかの条件が同じなら、それよりはるかに多い人数がかろうじて生きる価値のある生活をしている方が良いということになる」。

この「いとわしい結論」を回避する方法はたくさんある。たとえば、幸福の「平均」もある程度考慮すべきだという議論もできる。もちろん、提示される解決策にも個別の問題点があるため、哲学者たちは何十年にもわたってそれらを退けてきた。ユドカウスキーは、この問題に対して見たことのないような形でアプローチしているが、彼オリジナルのアイデアというわけではないだろう。彼は「いとわしい結論」がそれらしく聞こえるのは、「かろうじて生きる価値のある生活という言葉の意味が曖昧であること」が原因だという。

「自発的に新たな人間を増やしていくために必要なのは、楽しむ価値があり、命を生む価値のある人生であり、悪よりも善が、悲しみよりも幸福が多い人生だ――そうでないなら、新たな人間を生もうという選択を拒否するべきだ」と彼は書いている。生むことを自発的に選択した新しい人間の誕生は、讃えるべきである。「パーフィットの世界へ自発的にひとりを加えるたび、私たちはささやかに祝福し、心からの喜びをもって『やったー！』と叫ぶのであって、『くそっ、遅かったか。生むのを防げなかった』と嘆くのではない」。

新しい人間の誕生の知らせを聞いて悲しくなるならば、生まれてきた人間の世話をし、その子たちの人生を向上させようと努力する義務がある。しかし、そもそも「新たな命を誕生させる」にあたっては、より高いハードルを設けるべきだ。

「すると、いとわしき結論（楽しむ価値が多少ある人生を10億人が生きている方が、楽しむ価値が大いにある人生を１００万人が生きているよりも良いという結論）は、スコープ無反応性（次章「『バイアス』とは何か」参照）が原因で『いとわしいもの』になっているにすぎない。ちょっとした誕生の喜びが10億積み重なると、１００万の大きな誕生の喜びを上回るということを脳が把握しきれないんだ[8]」

あのトロッコ問題を合理主義者ならこう考える

功利主義の3つ目にして最後の難題は、「結論が手段を正当化する」という点だ。その典型的な例は次のようなものである。

1パーセントの人間を架空の犯罪で糾弾し、牢屋に入れて拷問することで残りの99パーセントに活力を与えられるなら、（99パーセントが得る幸福の方が、1パーセントの幸福の低下を上回るとして）それを実行するのが倫理的ということになる（これは「数の暴力」と呼ばれ、功利主義の最初期における最大の支持者の1人であるジョン・スチュアート・ミルは、1859年の著書『自由論』のなかで懸念を表明している）。

実際に起こりそうな例はほかにもある。トロッコ問題は、人を功利主義か義務論的思考かを区別することを意図した問題だ。トロッコが線路を進んでいて、前方の線路では5人が作業をしている。あなたは、そのトロッコが5人を轢《ひ》かないように別の線路へと切り替えることができるが、その別の線路では1人が作業している。あなたは線路を切り替えるべきか？

功利主義者なら、理論上「イエス」と答えるが、義務論者（結果よりも厳格な道徳規則に従う者）なら、決して誰かを主体的に殺してはいけないので、複数の命を救えるとしても、切り替えるべきではないと言うだろう（ここでは、どちらの考え方も極端にシンプルにして説明している）。

この問題に対するユドカウスキーのアプローチはこうだ。彼は言う。たしかに、これは1人を殺すことで5人の命を救えると考えてしまうケースかもしれない（あるいは、銀行を襲うことで貧者を救うとか、軍事クーデターを起こすことで社会を改善するとか、「善い結果Yを約束することで悪い手段Xを正当化する」例の1つかもしれない）。しかし人間というものを知っていれば、それが正解だとはとても言い切れない。

トロッコ問題においては、「5人の命を救い、1人の命を奪う」ことこそとるべき行動で、その逆はありえないことは頭で考えればわかる、とユドカウスキーは言う。しかし実際に現場を目の当たりにすると、人間の脳は不十分なので、今回の状況がそれに本当に当てはまるか十分な確信が持てない。

人は、自分の利益のためにもっともらしい理由を作り上げるシステムを進化させてきた。ストレスのかかる状況下で急に功利主義的な計算を試みるよりも、「決して人を殺してはいけない」といったルールに則って善をなそうとする。それゆえに「部族の利益のためには、部族の利益のためであっても殺人を犯してはならない」などという、どこか奇妙に聞こえるメタルールが生まれることになる。[9]そして自分が「部族の利益のために」と思っているものは、実際は「自分の利益のために」であることが多い。

ユドカウスキーはブログのなかでこの「99パーセントを活気づけるために1パーセントの人を牢屋に入れたり拷問したりする」というテーマをトピックに立ててはいなかったが、最も議論を呼びそうな功利主義的思考の例に思えたので、質問をぶつけてみた。彼はその数字の設定じゃダメだと一蹴した。

「人口の1パーセントを悲惨な状況に置くというのは、99パーセントの人に、ちょっとした一瞬の活気の99倍以上のダメージを与えることになるように思う」と彼は言う。「喜びと痛みを強度と秒数で単純に比較しても、『そんなことすべきでない』という結論になるだろうね」。だから、より良い例は「地球上の1000人、もしくは1人を悲惨な状況に置く」ことだという。

彼によると、人(特に私に向けて言われているような印象を受けた)は「十分なほど賢い」とは言えず、「功利主義」を「本当の功利主義者」のようには実践できないかもしれないという。

まず、人は先に記したような形で数字を検討する傾向にない。人はただ「方針Xは多数の人を幸せにする」と聞いたら、「だから功利主義は、その行動を取ろうとしているのか」と、そのほかの影響など想像することなく考える。

功利主義者にはなるな！

だが、もっと興味深いことに、彼いわく「自分の問題の責任を他人に負わす」ことは、功利主義を広い意味で考えると、かならずしも人が望んでいることではない。前にも少し触れたが、功利主義はベンサムのどこか素朴な「最大多数の最大幸福」から離れ、福利、効用、選好といった観点から考えるようになってきている。

もし自分の幸福が、自分の問題の責任を不当に他人に負わすことから生まれていると知ったら、幸せにならない方を選択するかもしれない。ユドカウスキーの言うように、幸福は「メディアが架空で設定した想像上の人びとを拷問することによって、無料ですら手に入れたいもの」でさえないかもしれない。

「人は良い結果か悪い結果かという概念を、すべての結果に適用することが苦手だ。すべての結果を確認するのではなく、ごく一部の結果、つまり目の前の局所的な結果を見て、それが『結果』だと考える」。そのため、「ほとんどの人はすぐに『功利主義者』になろうとするべきではない……どの規則が良いか悪いかをしっかりと議論してから、その規則に従った方が良い」。すぐに功利主義者になろうとすべきでない、という意見には功利主義的な根拠があるのだ。

ここでも、カリフォルニア在住のこの男が倫理学のすべての問題を解くなどと考えているわけではないが、彼の取り組みはとても率直なものに感じる。そこには実際、最大多数のために世界をよりよくしようという道徳律がある。

たしかに、拷問とホコリの例のように、変わった結論にいたることもある。しかし、これは実行するには複雑で難しい道徳律であり、普段はたとえば「いちばん命を落とす人数が少なくなる行動をしよう」といった、もっとシンプルな個別の法則を実行している。

トロッコ問題や拷問のように自分を難しい状況に置く思考実験をしてみることはできるが、実際の生活においては「いちばん命を落とす人数が少なくなる行動をしよう」といった倫理が地位を占め、それ以外の結論に導くものに警戒していけばいい。

合理主義者たちの基本的な倫理は、次のようなものだ。「人間の命が危険に晒《さら》されているとき、我々には最小化ではなく最大化を目指す義務がある。この義務は、人間の命を守るという元来の義務と同じくらい重要だ。２人を救える状況で（ましてや１０００人や世界を救える状況で）、ひとりの命を救う選択をする者は、みずからを殺人者におとしめているに等しい[10]」。

そしてこれは、明らかにＡＩの安全性に関連する内容だ。人間の生存が宇宙にとってプラスであるとして、人類を滅ぼすＡＩというのは功利主義の観点から言って最適ではない、という点でも関連する。また一方で、ＡＩにどんな倫理を組み込むか、という話でもある。

たとえば、同じ「友好的なＡＩ」であっても、幸福の最大化を「倫理」に据えるか、選好の最大化を「倫理」に据えるかで行動はずいぶん変わってくる。また、人間のようなバイアスがかかっていないＡＩなら、もっとうまく功利主義的思考を実践できるかもしれない。

しかし何より重要なのは、合理主義者たちのプロジェクトは、「合理的な思考」を普及させることが目的であるという点だ。ユドカウスキーの場合、最終的な目標はＡＩの安全性を懸念しておくことには十分に合理的な理由があるのだと人びとに理解してもらうことだ。

世界を数や統計の観点から見る場合（ユドカウスキーや私からすれば、それこそが国や世界レベルでの賢明な決定をくだす唯一の方法だ）、計算を立てるために数で表現する倫理システムが必要になる。功利主義は、酷に見えるかもしれないが人間の命を数として公平に扱うことによって、その役目を見事に果たしている。

PART 4

バイアスという人間の弱点

21 バイアスの正体

本章では、人間が決して逃れられないもの――バイアス――について取り上げよう。バイアスにはさまざまな種類があるが、どれも合理的思考を妨げる。

ユドカウスキーが「シークエンス」を書く目的のひとつは、AIが人間の知能とは違った形になるかもしれない理由を説明することだった。そもそも「合理性」あるいは「知能」とは基本的に何を意味するかを確認したうえで、彼は人工知能が人間の知能とは同一のものとは限らない理由の説明に移っている。最も明らかな理由は、人間がシステム上バイアスを持つものであり、間違いを犯すことがある点だ。ここから数章は、そうしたバイアスが生じる理由について解説する。

人は世界のすべてを知っているわけではないし、知り尽くすことは決してできない。個人としてもそうだし、種としてもそうだ。すべての情報を手に入れることなどできない。

何らかの決断をくだすにあたり十分な情報を手に入れることができた場合でも、人間の脳の働きが原因で判断を間違ってしまうことがある。人間の思考はさまざまな形で間違いを犯すが、それらは「認知バイアス」という言葉でひと括りにされることが多い。

イスラエルの心理学者であるダニエル・カーネマンとエイモス・トヴェルスキーは、1970年代に一連の画期的な実験をおこなった。それ以降多くの心理学者たちがこのテーマに取り組んでいるが、認知バイアスに対する私たちの理解の大部分は2人の著作から来ている。

合理主義者たちは、このテーマに大きな関心を持っている。「シークエンス」は、ユドカウスキーがロビン・ハンソンのブログ「Overcoming Bias（バイアスを乗り越える）」に投稿していた記事から端を発している。ユドカウスキーのブログの名前「LessWrong」は「できるだけ間違わないように」を意味し、間違いを誘発するバイアスをできるだけ少なくしよう、という考えの表れである。

ここで言っているバイアスとは「サッカーファンが、審判は相手チームに肩入れしていると不満をこぼしている」とか、「ドナルド・トランプがＣＮＮは偏向報道だと不満を抱いている」といったタイプのものではない。何らかの推測を立てる際の正確性がシステマチックに低下してしまう現象のことを指している。

ロブ・ベンシンガーは、「シークエンス」への前書きのなかで、（統計的な）バイアスの例を紹介している。１００個のボールが入った壺《つぼ》を想像してほしい、と彼は言う。70個が白で30個が赤だが、本人はまだ知らない。壺から10個を取り出し、それを手がかりに１００個のうち何個が赤で、何個が白かを推測する。

「取り出した10個のうち3つが赤だったら、壺には赤が合計30個入っていると正しく推測できるだろう」と彼は書いている。「あるいは取った赤の数が4個だとか、3以外の数だったとする。そうしたらおそらく推測を誤るだろう。こうしたエラーは情報の不足から起こるものであり、間違ったからといってあまり悪いことではない。平均すればそう間違っていない推測ができるし、情報を得れば得るほど、誤差は小さくなっていく」[1]。

しかし、白いボールが赤いボールよりも重かったらどうだろう、と彼は言う。白いボールは壺の下の方へ埋もれていく。「すると、取り出すサンプルは一貫した方向性を持って不正確なものになる可能性がある」。多くのデータを得ることが、正しい理解へとつながらないかもしれない。より大きな間違いにつながる可能性さえある。

認知バイアスとは、これと同じようなものだ。認知バイアスは「人の思考におけるシステマチックなエラーであり、ランダムに起こるエラーや、単に無知から引き起こされる間違いではない。統計的なバイアスとはサンプルに偏りが生じることによって母集団との近似性が損なわれることを指す。そして認知バイアスとは私たちの信念に偏りが生じることによって事実を表現する際の正確性が損なわれることであり、意思決定に偏りが生じることによって目標を達成する確実性が損なわれることを指す[2]」。

彼は、楽観性バイアスを持った人物を例に挙げた。その人物は、赤いボールがあれば自分の兄弟を蝕《むしば》んでいる病気を治療できると告げられている。「すると壺に入っている赤いボールの数を実際より多く見積もるだろう。ほとんどのボールが赤であってほしいという願いを持っているからだ。こういう場合、取り出すサンプルにバイアスはかかっていない。バイアスがかかっているのは、その人物の方だ」。

その人自身にバイアスがかかる心理的な理由は無数にあるが、その根本的な要因は先祖の時代から受け継がれてきたものであるようだ。「ショートカットをしよう」という精神である。人類は群れで狩猟採集をしていた時期には、2000個と2万個を比べて価値を検討したり、確率を計算したりする必要はなかった。大まかでシンプルな「経験則（ヒューリスティック）」からずいぶん正確な価値やリスクの推測ができていた。しかし現代では、そうした思考で失敗に終わることが多い。

人間の脳におけるバイアスとは厳密には何なのか、どのような仕組みで起こるのか、バイアスのなかにどのような区別があるのか、などについての研究は現在も続いているし、終わりのないプロジェクトだろう。

しかし特にいくつかのバイアスは、多くの心理学者たちがその存在を認め、合理主義者たちの関心を引いている。これからの数章では、主にユドカウスキーが記しているものから、いくつかの例を紹介する。まったくもって網羅的なリストではないし、私が面白く重要だと思うものを取りだしているにすぎない。一応選択した例をユドカウスキーに見せたところ、「いい選択なんじゃないかな」と言ってくれてはいる。

だが何より重要なのは、最後に紹介する例だ。何かひとつと言われたら、その例を覚えておいてほしい。

22 利用可能性ヒューリスティック

あなたは、どちらに殺される可能性の方が高いだろうか。テロリスト？　それともバスタブ？

あなたの知能をコケにしたいわけではない。あなたは、「（危険そうなもの）と（危険そうでないもの）のどちらが危険だと思いますか」という質問の答えはだいたい「（危険そうでないもの）」の方だろうという理由だけで、バスタブを選んだかもしれない。

しかし多くの人は、どちらがリスクかと尋ねられたら、「お風呂の時間」よりも「テロ」の方を上位に置くだろう。だって、たとえばイギリスでは、２０１７年だけでもロンドンで4件、マンチェスターで1件、合計5件もの大きなテロがあったのだから。浴室での死については、あまり聞いたことがないだろう。

だがそう答えた人たちは間違っていて、あなたが正しい。この10年のうち、イギリスにおいてテロで亡くなった数は50人以下である（そのうちの大多数は２０１７年の死者であり、半数近くはマンチェスターで起きたアリアナ・グランデのコンサートにおける凄惨なテロで命を落としている）。平均すると1年で5名の死者ということとなる。イギリスのテロ対策法に関する２０１２年の報告書に記された情報によれば[1]、浴室での溺死による年間の死亡者数は29人だった。

これは利用可能性ヒューリスティックというバイアスの例だ。何かがどれくらい起こりそうかと聞かれた場合、それが実際に起きた全事例の数を、それが起こるかもしれなかった機会の総計で割れば答えを出すことができる。しかし、それは難しいうえに時間がかかる。だから実際には、それがどれくらい起こりそうかについては、どのくらいその例を簡単に思いつくかをもとにして判断する傾向にある。

そしてどのくらい簡単に例が思いつくかと、実際にそれがどのくらいの頻度で起こっているかには、わずかな相関関係しかない。ほかと比べて劇的な事態はメディアで十二分に報じられるため、記憶に留まりやすい。テロの例を思い出しやすいのは、世界中のあらゆるテロがひとつ残らず、煙や炎や血といった劇的なイメージと共に報じられるからである。そして浴室での溺死の例を簡単には思い出せないのは、それがテロより頻繁に起こっているにもかかわらずニュースにならないからであり、なったとしても劇的に報じられることはないからだ。

ユドカウスキーは、人がどれほど正確にリスクを推測できるのかを調査した研究[2]を紹介している。その調査でわかったのは、次のようなことだった。被験者たちは「事故が病気と同じくらいの死者数を生んでおり、自殺よりも殺人の方が多いと考えていた。現実には、病気による死者数は事故による死者数の約16倍で、自殺による死者数は殺人の倍だ[3]」とユドカウスキーは記している。

こうしたバイアスは、いくつかの問題を生む。まず、こうしたバイアスは良くない政策へとつながる。もし大衆が幼児誘拐の発生頻度を実際よりも多く見積もっていたら、政治家は幼児誘拐対策に必要以上の予算を費やすだろう。もし大衆が糖尿病よりもエボラの心配をしていたら、巨額をかけて空港での検疫や取り締まりを強化して、毎年糖尿病で命を落とす多くの人たちに目を向けなくなるかもしれない。

また、個人においても、まずい意思決定につながる可能性がある。9・11以後のアメリカでは、テロが原因で飛行機での移動を恐れ、道路での死者数がおよそ2000人増えた。事件後の数ヶ月ではひと月に300人も増加していた。[4] こうした例は劇的に報じられないため、テロを恐れて繁華街へ出向くことは警戒するものの、車を運転して職場へ向かうことには何の疑問も持たない。そういう人は周りにたくさんいる。

こうしたバイアスが生じるのはリスクの推測だけではない。人は、ニュースで大きく取り上げられたりするため、成功者の事例は簡単に思いつく。

「現実の生活において、実際にビル・ゲイツと出会う機会があるとはあまり考えられない」とユドカウスキーは指摘する。「しかし、メディアによる偏った報道のせいで、自分の人生の成功を彼の成功と比べたくなってしまうかもしれない」。

あなたの人生は、多くの指標においてビル・ゲイツの人生よりは成功していないだろうから、あなたは悲しい気分になってしまう。しかし、ビル・ゲイツは70億人のうちの1人にすぎない。

「ビル・ゲイツは客観的に言えば70億に対して0・000000015パーセントの存在でしかないのに、それよりもはるかに多くの機会で彼のことを耳にする。反対に、この地球の19パーセントは1日1ドル以下で生活をしていて、あなたが読むブログの5分の1はそういう人びとが書いているのではないかと思う」

ほかのあらゆるバイアスと同じように、この利用可能性ヒューリスティックも私たちの先祖が生きていた環境では役立っていたため発達したと考えられている。たとえば150人ほどの群れで狩猟採集の生活をしていると、入ってくる情報はその150人に関するものだけだ。本当に起こりそうもないことが起きたというニュースを聞いたことはなかっただろう。そういう事態が生じるほど多くの人間がいたわけではなかったからだ。そして劇的で印象的な物事は覚えておく価値があったことだろう。客観的な確率を推測する方法として、利用可能性ヒューリスティックは正確な予測をはじき出していたと考えられる。しかし70億人が生き、ただちにメディアでつながる世界では、利用可能性ヒューリスティックが盛大な間違いを犯す可能性もある。

もちろん、その存在を認識するだけではバイアスを止められない。私は利用可能性ヒューリスティックのことを何年も前から知っているが、いまだにシュノーケリング中は海の底を見て、暗がりからサメが出てくるんじゃないかと想像してしまう。仮に完璧なベイズ主義のＡＩなら、サメが出てくる統計的確率を計算し、そんな事態が起こるのは非常に稀《まれ》だと判断するだろう。

23 連言錯誤——細かい情報の罠

どちらの可能性が高いだろう？　①地球の温暖化が止まる。②新しいテクノロジーが開発されて、大気中のCO2から環境に負荷のない燃料が作られ、温室効果ガスが減少していき、温暖化が止まる。

だいたい多くの人は、2番目の選択肢の方がありえそうだと感じるかもしれない。そして最初の選択肢は少しデータに乏しいと感じるかもしれない。それが普通の反応だ。ユドカウスキーは、ある有名な例を紹介している。[1]トヴェルスキーとカーネマンによる1981年の研究だ。[2]

被験者の72パーセントは、テニス選手の「ビョルン・ボルグは第1セットを落とす」よりも、「ビョルン・ボルグは第1セットを落とすが試合に勝つ」可能性の方を高く見積もり、被験者の68パーセントは「レーガンは未婚の母親たちに交付金を出す」よりも、「レーガンは未婚の母親たちに交付金を出し、地方自治体への交付金を削減する」可能性の方が高いと見積もった。

お気づきかもしれないが、これらの回答が正解であることはありえない。「ビョルン・ボルグは第1セットを落とすが試合に勝つ」ことは「ビョルン・ボルグが第1セットを落とす」こと抜きには起こりえない。

同じように、「レーガンは未婚の母親たちに交付金を出し、地方自治体への交付金を削減する」と言うとき、それはかならず「レーガンは未婚の母親たちに交付金を出す」ことが前提となるため、確率としてはつねに「レーガンは未婚の母親たちに交付金を出し、地方自治体への交付金を削減する」の方が低くなる。

数学的に言えば、確率P（A, B）、つまりAとBが両方起こる可能性は、必然的にP（B）＝B単体が起こる可能性よりも低くなる。ビョルン・ボルグが第1セットを落とす確率が5パーセントで（彼はとても強い選手だったのだ）、第1セットを落としても試合に勝つ可能性が80パーセントだったとしたら、「第1セットを落とすが試合に勝つ」確率は0・05×0・8＝0・04、つまり4パーセントとなる。

「連言錯誤」とは、実際の計算上は確率が低くなるのに、細かな説明を加えることによって「もっともらしい」現象に見えてしまうバイアスのことである。そのバイアスは誰にでもあり、将来の予測を仕事としている人たちにも起こる。

トヴェルスキーとカーネマンによる別の研究では、あるグループに「アメリカとソ連の外交関係が1983年のうちに断絶することになる」可能性を検討するよう指示し、別のグループには「ソ連がポーランドに侵攻して、アメリカとソ連の外交関係が1983年のうちに断絶することになる」可能性について検討してもらった。[3] 後者の確率は、もちろん前者の確率よりも必然的に低くなるのだが、後者の確率の方が高く見積もられた。

人は細かな情報が補足されると、それを補強材料とみなしているのだ、とユドカウスキー（やカーネマンや、現代の心理科学）は語っている。しかしそうした補足情報は「厄介なもの」と考えるべきだ。そうした情報は、ある条件が起こる可能性を高めるのではなく、低下させるものだ。このバイアスから逃れたければ、「そこに隠れた『かつ』という言葉に気づく必要がある。2つのディテールのつながりをよくよく考えてみるべきであり、ありえないほど複雑な条件を伴う予測を支持してくれと言ってくる相手の大胆さに驚くようでなければいけない。そして確率を大きく差し引いて考えねばならない」。

しかし、人間はこのようにはできない。完璧にベイズ的思考を持つＡＩならばできるだろう。

24 計画錯誤——なぜ自分の立てたスケジュール通りに進まないのか

その大きなプロジェクトは、どれくらい時間がかかるだろう？　数週間？　それとも数ヶ月？　確かな経験則がある。どれほど長く期間をとっても、おそらく実際にはそれ以上かかる（それを考慮に入れた設定にしても、まだ足りないかもしれない。アメリカの学者で『ゲーデル、エッシャー、バッハ——あるいは不思議の環』の著者ダグラス・ホフスタッターは、それを「ホフスタッターの法則」と名付けたうえで、こう記している。「それはつねに予想以上の時間がかかるものである。ホフスタッターの法則を考慮に入れてもだ」）。

原因は「計画錯誤」[1]と呼ばれる脳の妙な癖だ。ユドカウスキーも「シークエンス」のなかで、この話題に触れている。彼が言及しているのはロジャー・ビューラーらによる1994年の有名な研究だ。[2]彼は大学生たちに、卒業論文の完成までに要する時間を尋ねた。学生は終わらせるのに50パーセントの確信がある日数、75パーセントの確信がある日数、99パーセントの確信がある日数を答えるよう求められた。

「自信過剰になるという証拠が得られた」と、ビューラーは淡々と記している。50パーセントの確信があると答えた日数で卒業論文を仕上げた学生はわずか12・8パーセントだった。75パーセントの確信があると答えた日数で仕上げた学生もわずか19・2パーセントだった。そして、驚くべきことに、

99パーセントの確信があると答えた日数までに仕上げることができた学生の数はわずか44・7パーセントだった。

「99パーセントの確信があると答えた日数での結果が特に目を見張る」とビューラーは記している。「かなり余裕を持って見積もり、これなら確実に終わるだろうという予想を立てた場合でも、その自信は実際の結果を大きく上回る」。

トヴェルスキーとカーネマンらを含むほかの研究者たちも、同様の結果を見いだしている。ここで起きているのは、こういうことだ。

何かにどれくらいの時間を要するか聞かれた場合、人はすべての工程を想像して、必要な時間をはじき出す。しかし混乱や予想外の災難を勘定に入れることがないのである。ユドカウスキーは別の研究にも言及している[3]。

「被験者に現実的な『最良の推測』に基づくシナリオと、希望観測的な『最善のケース』を想定したシナリオを見積もってもらうと、その2つに見分けられるほどの違いはなかった」。ユドカウスキーは続ける。「『現実的な』シナリオを聞かれると、人は想定外の遅れや不測の災難が訪れることなく、すべてが計画通りに進むことを想定する。『最善のケース』もこれと同じだ」。たとえば、モントリオールのオリンピック・スタジアムに、オリンピックの開催から13年も遅れた1989年にようやく開閉式の屋根がついたのも、これと同じ理由だろう[4]（しかも、それからすぐあとに屋根は壊れてしまった）。

トラブルを織り込んで作業を進める方法

だが、この計画錯誤にはきちんと立証された対処法がある。自身のプロジェクトの具体的な工程だけを見るのではなく、過去の似たようなプロジェクトがどれくらいかかっていたかを参考にするのだ。

私は本書の執筆契約を交わしたとき、フルタイムの仕事をしていたが6週間休もうと考えていた。その期間に8万字の大半を書けると思っていたからだ。しかし結局のところ、さいわいにも締め切りの半年前にフリーランスになることができたので（ジャーナリストにとって、この表現はたいてい「クビになった」の婉曲表現だが、私のケースはきっと違うはずだ）、私はその期間のほとんどを執筆に費やすこととなった。

もし本を書いたことのある友人たちに話を聞いていれば、誰しも似たようなスケジュールを立てながら結果的に締め切りを延ばすはめになっていたことや、実際に本を書くのは途方もなく時間がかかることだと気づいていただろう（最近出版したある友人は、間違ってCCに入れられていた出版社からのメールに、作者が実際に原稿を提出するのは締め切りの3ヶ月後だろうから、本人には嘘の締め切りを伝えてあると書かれていたと教えてくれた。出版社は、おそらく作家のことを本人たち以上に知っているのだろう）。

これは「内部情報」ではなく「外部情報」を参考にするという対処法だ。「内部情報」とは、自分自身の観点から物事を眺めたときに得られる情報のことだ。私は自分が1日に2000字の記事を書けると知っているので、6週間で6万字書いて、残りは週末や空き時間に執筆すれば完成するのではないか、と考えていた。しかしこの場合、似たような作業をしたほかの人たちが完成までにどれくらいかかっているかが「外部情報」にあたる。その外部情報によれば本の執筆はだいたい1年かかる傾向にある。

ユドカウスキーは、これについても言及している。ビューラーによる別の研究で、[5]学生は「論文課題を締め切りの10日前に仕上げることを想定していたが、実際に仕上げたのは締め切りの前日だった。似たような作業をやったときはどうだったかと尋ねてみると、学生たちは『締め切りの前日に仕上げた』と回答した」。

「だから、この計画錯誤を正すにあたっては、かなり信頼できる方法がある」とユドカウスキーは言う。

「今回のプロジェクトの特性などを考慮せずに、似たようなプロジェクトがどれほどかかっているかだけを参考にするといい。もっと良いのは、経験豊富な外部の人間に、似たようなプロジェクトがどれほどかかったかを聞くことだ。返ってくる答えは恐ろしく長い期間に感じるだろうし、今回のプロジェクトには時間を短縮できる特別な理由があることをまったく理解していない答えに聞こえるだろう。しかしその答えは正しい。その答えを受け入れよう[6]」

25 スコープ無反応性――自分の命がかかっていても正しく計算できない

人間の命の価値はいくらだろう？　１００万人の命の価値はいくらだろう？　最初の質問に対する答えがいくらだったとしても、２つ目の質問に対する答えは、その１００万倍になるはずだ。少なくとも合理主義者ならそう答える。

多くの人にとって、人間の命を金額に換算するのは無神経なことに思えるかもしれないが、その換算は必要であり、実際にイギリスのＮＨＳ（国民保健サービス）やその他の医療システムにおいては毎日おこなわれている。１人の命を救うためにいくらかけられるかを知っておく必要があるのだ。そうでないと、１人に大金をかけすぎてしまい、資金が尽きてほかの大勢を救えなくなる可能性がある。

当たり前の思考に思えるかもしれないが、そうとも言えない。こうした物事に対する人間のアプローチは、かなり一貫性を欠いたものだと示す証拠が数多くある。

ユドカウスキーは書いている。「昔、被験者の3グループは、渡り鳥2千羽／2万羽／20万羽が油まみれの池で溺れるのを防ぐためにいくら払うかと尋ねられた」[1]。もし各グループがこの問題に対して「合理的」にアプローチをするなら（つまり1羽ずつの命に同じ価値を置くなら）、２千羽にいくらかけるとしても、２万羽にはその10倍、20万羽にはその１００倍をかけるべきだ。しかし回答はそうならなかった。2千羽救うのに80ドル、2万羽救うのに78ドル、20万羽救うのに88ドルという回答となった。[2]

ユドカウスキーは似たようなほかの実験にも言及している。アメリカ西部4州の住民たちが付近の全57の原生地域を保護するにあたって支払うと回答した金額は、1地域だけを保護する場合に払うと答えた金額よりわずか28パーセント多いだけだった。トロントの住民たちがオンタリオのすべての湖を清掃するにあたって払うと言った額は、オンタリオの一部の湖を清掃するにあたって払うと言った金額と同程度だった。

「人間は、自分たちの命がかかっている場合でさえも規模が大きくなると鈍感になるのだ」と彼は言う。「塩素で汚染された飲料水のリスクを、1000人あたりの年間死者数0・004から2・43に、つまり600倍に増加させても、(水中の塩素濃度を減らす対策に)払おうとする額は3・78ドルから15・23ドルに上昇しただけだった」。[3]

脳のなかで具体的に何が起こっているのかはわからないが、人は数字ではなく感情的な反応に基づいて、こうした判断をしているようだ。人は「羽が黒い原油にまみれて抜け出すことができない」惨めな1羽の鳥を思い浮かべるのだ、とカーネマンは指摘している。[4] そんな場面に心を動かされ、支払う金額を決めている。ユドカウスキーは言う。「人は誰も一度に2千羽もの鳥を思い浮かべることはできないし、20万羽なんて言うまでもない」。だから細かいことは忘れて、頭のなかにある鳥に集中してしまうのだ。

命の値段はいくら?

そして、背景にある状況にも気をとられているようだ。1人の命には1人分の命の価値があり、

５０００人の命には５０００人分の命の価値があるはずだが、規模が大きいと、本能的により広い文脈からその数を見てしまうようだ。ルワンダの難民キャンプで４５００人の命を救うことは、そのキャンプに25万人いた場合よりも1万１０００人しかいなかった場合の方が、はるかに価値があると見なされた。救われた命の数は同じなのに、である。[5]

　ポール・クローリーは教えてくれた。「ユダヤ教の格言があるんだ。『1人の命を救うことは、世界を救うことに等しい』。たしかにその通りだ。しかし2人の命を救ったら、2つの世界を救えるに等しい」。これはユドカウスキーが言ったことだ、と彼は教えてくれた。

　人は命の価値や価格については考えたがらない。たとえ論理的なことであっても、たとえばこの子供に高額で実験的ながん治療をおこなうのはコストがかかりすぎるから死んでもらうしかない、という言い方に嫌悪感を抱く。しかし合理主義者は「黙って計算せよ」の功利主義的な倫理を持ち合わせており、この種の思考がお手のものだ。そして、少なくとも国のレベルでは、こうした思考法が重要になる。

　イギリスのＮＨＳ（国民保健サービス）には、ＮＩＣＥ（英国国立医療技術評価機構）という組織がある。ＮＩＣＥの仕事は、税金によって支えられているＮＨＳが当該の治療を患者たちへ提供すべきかどうかを決めることだ。

　ときおり、効果が確認されているにもかかわらず、高額ながん治療の新薬使用が却下されたりしたときは、国民から大きな反発がある。ざっとグーグルで検索しただけでも、ここ数年で数回起きている。たとえば私の昔の雇い主である『デイリー・テレグラフ』紙は、そのニュースに関して次のように書き出している。

「乳がんが進行した女性患者の命を半年延ばしうる『真に革新的な』新薬が、高価すぎるという理由でNHSでの使用が不可に」[6]。そうしたケースにおいて、薬の使用を禁止され、より長く生きる機会を断たれたがん患者の例を見つけるのはたやすい。

しかしNICEは費用対効果をもとにして考えている。1質調整生存年（QALY／生存年と生活の質の指標）につきNICEは限られた量（X）の資金を費やすとする。1QALYのためにがん治療薬を2Xで購入してしまうと、2QALY分の価値がある糖尿病の薬を買えなくなってしまう。「スコープ（規模）に無反応でいない」とは、たとえば「この人が死ぬから、ほかでもっと多くの命を救える」といった大きな規模での思考のことだが、こういう考えはみなあまり口にしたがらない。

しかし合理主義者たちは、とにかく性質的にそのような形で思考をする傾向にある。人間の苦しみを減らしたり人類滅亡を回避したりといった功利主義的な目標の達成を目指すなら、そうした思考が重要になることは自明である。

26 動機づけられた懐疑、動機づけられた停止、動機づけられた継続

社会心理学者のジョナサン・ハイトは、彼の（優れた）著作『社会はなぜ左と右にわかれるのか――対立を超えるための道徳心理学』（紀伊國屋書店）のなかで、仮説をサポートする証拠や、反論を示す証拠が出てきたとき、人は2つのうちのどちらかを自分に問うと指摘している。

人は何かを信じたい場合、「『それは信じられるものなのか？』と自分自身に問う。そして次に（中略）、それを支持する証拠を探し、ひとつでもそれらしきものが見つかると、そこで思考を停止してしまう。それを信じる許可が下りたからだ[1]」。

しかし何かを信じたくない場合、「自分自身に『それは信じなければならないものなのか？』と尋ねる。それから反証を探し、たったひとつでもそれが見つかれば、信じたくないものを放棄する」。

だから「知能テストの成績が低いと言われた被験者は、IQテストの正当性に疑問を投げかける論文を好んで読む。カフェイン摂取と乳がんの関係を報告する（架空の）科学論文を読まされると、コーヒーをつねに飲んでいる女性は、男性や、それほどコーヒーを飲まない女性より、そこに多くの誤りを発見する」とハイトは言う。

こうした傾向は視覚にすら影響する。「画面に、数字ではなく文字が表示されたとき、何かよいも

のがもらえると言われた被験者は、**B**という曖昧な文字を、数字の13ではなく文字のBとして見ようとするという結果が得られている」。

この「信じられるか／信じなければならないのか」という思考には「動機づけられた軽信（motivated credulity）」と「動機づけられた懐疑（motivated scepticism）」という専門用語がついている。

ユドカウスキーは言う。「動機づけられた懐疑論者は、ある証拠が出た際に、この証拠があるということは結論を受け入れざるをえないということなのかを考える。動機づけられた軽信者は、その証拠があれば結論を受け入れる許可になるのかどうかを考える[2]」。

ユドカウスキーはそこに別のレイヤーも加え、「動機づけられた停止（motivated stopping）」と「動機づけられた継続（motivated continuation）」という概念も提示している。

人は実際の生活においては、選択肢が豊富にある場合は多くない。「多くの選択肢から選ぶには証拠を集めねばならず、それはコストがかかることであるため、ある時点でもう十分集めたと判断して選択しなければならない。たとえば家を買うとき、10個のなかから選んだりはしない……ひとつの家を見て、また別の家を見て、その2つを比較し、ある時点で十分に検討したと判断したら、どちらかを選択する」

思考の「無意識で積極的なクセ」

ある現象に対する最も確実そうな説明を見つけようとするときや、ある質問に対する最適な回答を考えるときも同じだ。

この新薬は血圧を下げられるだろうか、という問いに対し、ひとつの研究を参考にすることもできるが、それがすべてではない。別の研究を参考にすることもできる。しかし、決断をくだすまでにどれだけの量を検討するべきだろうか？

本当に必要な量とは別に、人には検討を止めたり、あるいは継続したりする理由が生じることがある。どれほど情報を集めたとしても、現時点における「最善の推測」はひとつしか持てない。3つの研究を検討したとして、そのうち2つが新薬は血圧に好影響をおよぼさないと綿密に結論づけている。そしてもう1つは、同じように綿密な研究のすえ、影響すると結論している。現時点での「最善の推測」は「血圧には影響しない」ということになるだろう。

しかし、あなたがその新薬を開発する企業の研究者なら、薬が血圧に好影響を与えないという結論を受け入れられない理由があるため、さらなる情報がないかと調査を続ける。

「自分たちにとって『最善の』選択肢を選ぼうと無意識に動機づけられている場合、無意識に積極的に、その最善の回答以外の選択肢について検討するのをやめ、そこで打ち切り、選択をおこなおうとする」とユドカウスキーは言う。

反対に「現時点での『最善の』選択肢とされるものを否定したいと無意識に動機づけられている場合、無意識に積極的に判断を保留し、追加の情報を検討し、より選択肢を増やして――結論にいたる代わりに、とにかく何でもいいから別の選択肢を探そうとする」。

その実社会での例としてユドカウスキーが挙げているのが、統計学者のR・A・フィッシャーだ。彼は（疫学的に、喫煙者の方が肺がんになる割合がはるかに高いという証拠が提示されたあとで）喫煙が肺がんの原因になるとは限らないと主張した。そして「遺伝型仮説」として知られるようになる別の案を説き、人は遺伝的な傾向によって喫煙をし、そうした遺伝的傾向を持つ人が、がんにもなりやすいのだと言った。[3]

フィッシャーは「無意識に動機づけられて」自分の研究を続けようとしていたのかもしれない、とユドカウスキーは指摘する。フィッシャーはタバコ会社から科学コンサルタントとして雇われていたのだ（公平を期すために言っておくと、伝記２冊を読むかぎりフィッシャーは金に惹かれていたわけではなかったはずだ。「これでは彼を誤解してしまう」と伝記のひとつは記している。「もちろん彼は労働に対する経済的な報酬を受け取っていたが、それは彼が清教徒的な禁欲主義に不信を抱き、毛嫌いしていたからにほかならない。それに、その仕事に就いていたのは、いつもタバコが個人的な慰めであったからだろう」[4]。とはいえ、だからといって意思決定に影響を与えた無意識のバイアスがなかったという証明にはならない、とユドカウスキーは言うだろうし、私もそう思う。それから、フィッシャーによる仮説の展開は経済的な動機ではないかもしれないが、私心のない真実の追究とも言えない）。

これも、あらゆる知能に見られる特徴ではなく、人間の知能特有の欠落だ。完璧なベイズ的思考のＡＩに、こうした不備はないだろう。より現実的で不完全なＡＩなら、これらの欠落や思考の特性もあるだろうが、ＡＩが人間と同じような特徴を持つと想定する根拠はどこにもない。

27 最も重要なバイアス

バイアスはほかにもたくさんある。より詳しく知りたければ、丸ごと一冊バイアスをテーマにした本も数多く存在する。

ダニエル・カーネマンの『ファスト&スロー』（早川書房）は素晴らしい一冊だ。ダン・アリエリーの『予想どおりに不合理：行動経済学が明かす「あなたがそれを選ぶわけ」』（早川書房）もある。あるいは、ユドカウスキーの大著『Rationality: From AI to Zombies（未邦訳）』を何ヶ月か腰を据えて読んでみてもいい。心からお勧めする一冊だ。

ユドカウスキーが言及しているほかのバイアスのひとつは、「透明性の錯覚」だ。[1] 自分の言葉の意図は自分でわかっているため、相手にも伝わるだろうと錯覚してしまうことを指す。

たとえばある実験では、被験者はある人物が友人の勧めでレストランへ行ったこと、そしてそのレストランの料理は①ひどかったか②美味しかったかのどちらかを聞かされる。その人物は、友人の留守電にこんなメッセージを残したという。「お勧めしてくれたレストランで食事をしてきたよ、美味しい料理だった、本当に美味しかった」。[2] 料理はひどかったと聞かされた被験者のうち、55パーセントがこのメッセージは皮肉であるだけでなく、留守電を聞いた友人もこれが皮肉だとわかるだろうと回答した。一方で、料理は美味しかったと聞かされた被験者のうち、このメッセージが皮肉だと感じたのはわずか3パーセントだけだった。

似たように、「後知恵バイアス」[3]は、「物事が起こったあと」に、それがどれほど不可避なものであったかを過大評価してしまうことだ。人は、答えを知っている場合に、その物事がいかに当然のことかを過大評価したりしてしまうことだ。人は、たとえば社会科学が導きだした結論を指して、それは当然のことだと言ったりする――しかし実験によれば、その結論がどんなものであれ人は「当然のことだ」と言うことがわかっている。たとえば、被験者の半分に次のことを伝えたとする。

社会心理学者たちによれば、友人や恋人の選択は、自分とは違う特徴を持つ相手に大きく惹かれるという。「正反対のものは惹かれ合う」という昔からあるフレーズには人類の叡智が詰まっているようだ。

そしてもう半分には、次のように伝える。

社会心理学者たちによれば、友人や恋人の選択は、自分と似た特徴を持つ相手に大きく惹かれるという。「類は友を呼ぶ」という昔からあるフレーズには人類の叡智が詰まっているようだ。

すると「どちらの言葉を伝えられたとしても、ほぼすべての人がその内容に『驚きはしない』という結果になった」[4]。

「損失回避」は、「手に入るもの」よりも「持っているもの」に重きを置いてしまうバイアスである。

だから人は3ポンドが手に入るかもしれないコイントスに、1ポンド賭けることを拒否したりする。

「感情ヒューリスティック」は、何かの一面がよければ、すべての面でいいと思ってしまう傾向のことを言う。「原子力の利点について聞かされた被験者は、原子力のリスクを低く評価する傾向が高い」とユドカウスキーは記している。

「株式アナリストは馴染みのない株を評価する際、全面的にいいものか、全面的に悪いものか（ローリスク・ハイリターンか、ハイリスク・ローリターンか）に判断する。それは通常の経済理論に反している。リスクとリターンは正の相関関係にあるべきだとされている」[5]

「ハロー効果」は、社会的に「感情ヒューリスティック」が働いた場合を指す。ハンサムな人を見ると、その人は知的で道徳的でもあると考えてしまう傾向にある。[6]

バイアスが複合すると……

しかし最も留意するべき重要なバイアスは、いくつかのバイアスが複合したものと言える。「バイアスについて知ると、よりバイアスがかかる可能性がある」という点だ。ユドカウスキーは言う。

かつて私は母親に「専門家補正」の問題について伝えようと思って、こう言った。「専門家が99パーセントの確信があると言うとき、それが起こる確率は70パーセントくらいしかない」。反応がなかったから、話している相手は母だったと気づき、急いで付け加えた。「もちろん、こういう懐疑的な態度は公正に適用しなければいけない。自分自身に対してもね。賛成できないものへの反論に毎回使うのは——」。

すると母は言った。「それ本当？　すごいじゃない！　いつでも使ってみる！」[7]。

各種のバイアスが意味しているのは、多くの情報を得るほど間違う可能性が高まる場合があるということだ。たとえば確証バイアスや反証バイアス、そしてそれらに似た現象がそうだ。新しい情報が入ってきても、人間の素晴らしい脳は気に入らない部分を無視して、気に入った部分にフォーカスするための素晴らしい方法を見つけだす。

特に有害なバイアスもある。「洗練効果」だ。「政治をよく知る人びとは、矛盾した事実や意見に対して反論するための材料をたくさん持っているため、（これらの）バイアスによりかかりやすくなる」[8]。つまり、「人はみなバイアスを持っていて、私たちが信じている物事は間違っていることが多い」といった新しい情報は、容易に「私に向けられた反論は間違っているし、その理由についても指摘できる。私は人間のバイアスについて深い知識を持っているからだ」と変換されうる。ユドカウスキーは、これを「まったくもってありがちな反論」と呼んでいる。誰だって「確証バイアスだ」と言えば、気に入らない意見をおとしめ、斧で叩き壊すことができる。私たちが「バイアス」と呼んでいるものの多くは、自分が気に入らない意見に貼りつけるラベルとしてきわめて便利なものだ。

しかし大切なのは、自分自身のバイアスを責めることである。自分自身こそバイアスがかかっている（私こそバイアスがかかっている）。あなたはおそらく、システム的に自分の信念に過剰な自信を抱いている。

間違いなく私はそうだ。Good Judgment Projectでキャリブレーション検査を受けたら、何を隠そう、私は経済、地理、歴史、国際政治の分野で自分の知識に過剰な自信を抱いていた（ちなみに一般教養に対する自信はバランスが取れていて、ヨーロッパに関する知識については過小評価していた）。バイアスがあるかどうかの目は、他人にではなく自分自身に向けてみる必要がある。

ポール・クローリーは、この点について冗談めかして教えてくれた。ユドカウスキーの「シークエンス」を読み始めたときのことについて、彼はこう言った。

「読み始めて、言ったんだ。『これは素晴らしい！　ぼく以外の人たちが間違いを犯してしまう理由が書かれてる』。それでもう少し読み進めると、ふむ、このバイアスのいくつかは自分に当てはまるかもしれない、と思い始める。他人の小さな欠点の方が見えやすいものだね」

ユドカウスキー／レスロング／合理主義者たちがやっているのは、自分の欠点を認識する手助けをし、ベイズ主義的な最適解を踏まえてより合理的に行動できるようにすることだ。

PART 5

理性の水位を上げる4つの方法

28 確率的に考える

合理主義者たちのプロジェクトの大きな目的のひとつは、あなたの合理性を向上させることだ。つまり、脳や多くのバイアスという制約がありながらも、ベイズ的思考に則った最適な選択に近づけ、真の確信を保ち続けることだ。ユドカウスキーは、「シークエンス」の大部分を、この「合理性の総合格闘技」に捧げている。

ベイズ主義や功利主義の章で見てきたように、合理主義者たちは、たとえ推定にすぎないとしても物事を数値化することを好む。彼らの運動の多くは、何がどれほどの確率で起こるかを具体的な数値に変換することに注がれている。

２０１５年、『超予測力：不確実な時代の先を読む10カ条』（早川書房）という本が出版された。未来予測についての本で、合理主義者のポール・クローリーは、その内容に胸を躍らせた。「ぼくたちが過去10年主張してきたすべてが証明されたような感じがしたよ」と彼は言った。『超予測力』はフィリップ・テトロックとダン・ガードナーによって記された本で、ペンシルバニア大学政治心理学教授であるテトロックの研究をまとめたものだ。

１９８４年、終身雇用の教授となったばかりのテトロックは、米国科学アカデミーの新しい専門委員会での仕事を打診された。その委員会の目的は、核戦争の阻止に尽力することだった。当時は2つの超大国間の緊張関係が高まっている時期だったのだ。「絶滅の危機」の章で紹介したスタニスラフ・ペトロフによって核戦争が回避されたのも、ほんの数ヶ月前のことだった。

テトロックは委員会でほかの著名な社会学者たちと肩を並べ、両国の衝突の可能性を減らす最適な方法について議論した。のちに、彼はガードナーにこう語っている。

「私はだいたい座って話を聞いていることが多かった……特にリベラル派と保守派はソ連について大きく異なる評価をくだしていた。保守派は、ソ連を封じ込めて抑止することができるという考えだった。リベラル派は、(ホワイトハウスの)保守派の動きによってソ連では共産党の強硬派たちの影響力が増しているという考えだった」[1]

数ヶ月後、ミハイル・ゴルバチョフがソ連の最高指導者となり、比較的リベラルな政策を実施し始めた。誰も予想していなかった展開だったが、リベラルと保守のどちらも、自分たちが正しかったと主張し始めた。「保守派は、ソ連の手を引かせたのは自分たちだと主張した」とテトロックは言う。「一方で、(リベラル派の主張では)ソ連のエリートたちは経済の凋落《ちょうらく》に懲りていたのに、アメリカの保守派の動きのせいで、ソ連は失敗から学び変化することが遅れていたのだと考えていた」。

専門家の予想はチンパンジーのダーツ以下

テトロックは、専門家たちが自身の予測の正誤を判断する際に、「実際に何が起きたか」はほとんど影響しないのだという結論にいたった。専門家たちは、起こったことを説明するにあたり、自分が予測が正しかったように聞こえる筋を立てるのだった。彼はこの現象に興味をかき立てられ、実験をおこなうことにした。さまざまな分野の専門家(ジャーナリスト、経済学者、政治学者たち)数百人を集めて、匿名で予測をしてもらった。

人は予測を立てるとき、解釈の幅のある言い方をすることが多い――たとえば「緊張関係が高まることはありえそうだ」といった、特定の結果と紐づかない内容が多い――ことにテトロックは気づいていた。そこで彼は、ハッキリと時期を定め、明確な答えが出る質問に回答してもらうことにした。「これから1ヶ月後に、ドルはポンドに対して価値が上がるでしょうか、下がるでしょうか、それとも変わらないでしょうか？」

「この2年内に、北朝鮮とアメリカは戦争に突入するでしょうか？」

そして専門家たちは、その確率を具体的な数値、たとえば30パーセントの確率で、75パーセントの確率で、99パーセントの確率で、といったように、具体的な数値で示すよう求められた。

彼は284人の専門家から、およそ3万近くの予測を集めた。そして数週間、数ヶ月、場合によっては数年間待ち、それらの予測を現実と突き合わせ、どれほど予測が現実に沿っていたかを確認した。75パーセントの確率で起こる事象を確率75パーセントと予測し、90パーセントの確率で起こる事象を確率90パーセントと予測していた場合などは、「よく較正《こうせい》されている（well-calibrated／ブレが補正されている）」ということになる。

彼はさらに、正確であった人にはボーナスを付与した。どの回答についても「確率は50パーセント」と答えたとしたら、全体の較正という意味では大きく外れることがないだろう。しかし予測者としては役に立たない。人が求めているのは「これは起こるだろう」とか「これは起こらないだろう」と言ってくれる人だ。そのため、99パーセントの確率だと答えて、それが実際に正解した場合、60パーセントの確率だと答えて正解した人よりもボーナスを高く付与したのだった。

数年後に出版された研究結果は、とても有名なものだ。専門家による予測の平均的な正確さは、テトロックの言葉を借りれば「ダーツを投げるチンパンジー」と変わらない。当てずっぽうに等しいということだ。だが興味深いのは、より細かく見たときのことだ。ある専門家たちは、チンパンジー並の正確性だったどころか、それ以上にひどい結果だったのだ。当てずっぽうに答えていた方が正確性は上がっていただろう。

しかし、はるかに正確性の高い結果となった専門家たちもいた。「ものすごく幅が広いんだ」。テトロックはガードナーに語った。「ある専門家たちはまったく現実から乖離《かいり》していて、妄想に限りなく近い。そのほかの専門家たちは、ほんの少し現実から乖離している。そして少数の専門家たちは驚くほど細やかに現実を把握し、よく較正されている[2]」。

正確な予測をしていた専門家は、政治信条も、学歴も、業界での経験もバラバラだった。共通しているのは、その思考法だった。ひどい結果の専門家は、すべてを説明し尽くすような偉大なアイデアが存在すると信じていた。世界はシンプルであり、シンプルに理解することが可能で、どんな状況にも偉大なアイデアを当てはめることができると考えていた。

正確な予測をした専門家たちは、そのような偉大なアイデアの存在は信じておらず、世界を複雑なものとみなし、さまざまな異なるソースから情報をとってきて、進んで自己批判をおこない、ミスから学ぼうとする。テトロックは前者を「ハリネズミ」、後者を「キツネ」と呼んだ。アイザイア・バーリンがエッセイのなかで引用したギリシアの詩人の言葉「狐はたくさんのことを知っているが、ハリネズミはでかいことを一つだけ知っている[3]」を踏まえてのことだった。

数年後、テトロックは国防総省のインテリジェンス高等研究計画活動（ＩＡＲＰＡ）と協力して、優れた予測者を見つける競技会を開いた。優れた予測者たちは、機密情報にアクセスできないにもかかわらず、ＣＩＡの捜査官たちよりもはるかに予測力に長《た》けていた。〈優れた判断力プロジェクト〉

から『超予測力』の本が生まれ、そこで優れた予測者たちは「超予測者」と呼ばれた。

アメリカと北朝鮮が戦争する確率を正確に計算してみると

ポール・クローリーが喜んでいた理由は、それがまさにユドカウスキーや合理主義者たちが主張してきた思考法だったからだ。生粋のベイズ主義的な思考だったのである。「ほら、確率に基づいて考えることは、物事を正確に予測するのにすごく重要なんだ！」彼は満足げに言った。「超予測者たちはまさにベイズ主義者だよ。事前確率を使っているし、証拠をもとに予測をアップデートするんだ、ベイズ的な方法でね」。

たとえば次の1年以内に北朝鮮とアメリカのあいだに戦争が起きるかどうか予測しろと言われたとする。両者間の舌戦を見て（私がこれを書いているのは、ドナルド・トランプ大統領が金正恩のことを「ロケットマン」と呼び、「チビでデブ」という言葉を用いてなじった数ヶ月後だ）、戦争はなかなかありえるんじゃないかと感じたとする。そしてその感情を数値化し、「30パーセント」の確率で起こりそうだと言う。

しかしベイズ主義者（超予測者）は、事前確率を探ってから、そのほかの証拠を探す。

たとえば北朝鮮とアメリカが戦争をする事前確率を探るべく、第二次世界大戦以降に両国間で起きた戦争の回数を調べたとする。戦争があったのは70年間で1回であるため、任意の1年における戦争の事前確率は低く、およそ1・5パーセントだ。これは、数章前に説明した「がんの通常罹患率」と同じくらいである。

それから、トランプが世界のリーダーたちに対して攻撃的なツイートをした回数を調べるとする。そしてたとえば彼は、自身が攻撃的なツイートをした国とは1年以内に90パーセントの確率で戦争に突入し、攻撃的なツイートをしなかった国とは1年以内に15パーセントの確率でしか戦争をおこなわないとする。

しかしあなたは、北朝鮮とアメリカのあいだで戦争が起こることは非常に稀であることも知っている。100年ごとに、両国間で起こる戦争は1・5回程度だ。1年のうちに新しい戦争が起こる確率に換算すると、約1・5パーセントとなる。

こうした数値を、がん検査の例と同じく公式に当てはめてみる。戦争の発生率は0・015。つまりトランプが1年のうちに世界の君主100万人にツイートした場合、そのうち1万5000人に戦争が宣告される計算になる。

検査（「トランプは攻撃的なツイートをしたか？」）によって、1万3500人には攻撃的なツイートをしていたことが正しく抽出される。そして戦争が宣告されなかった98万5000人のうち、83万7250人は戦争の標的になっていないことが正しく伝えられる。しかし14万7750人には（間違って）戦争に突入すると告げられる。これが偽陽性率だ。

合計16万1250件の陽性判定（好戦的なツイート）があり、そのうち1万3500件が真、14万7750件が偽となる。なのでトランプが金正恩に対して好戦的なツイートをしたとして、北朝鮮との戦争になる確率は8パーセント強という計算になる（一方で、1500人のリーダーたちは、トランプから「偉大な男だ！」といったツイートを受け取りながらもミサイルの標的になって驚くことになる）。

しかし実際には、このようにハッキリとした数字を出せることはない。任意の1年で戦争が起きる事前確率は明確に出せるが、トランプのツイートやトランプの戦争に関する膨大なデータベースがあるわけではない（本書を読んでいる人の多くはドナルド・トランプを嫌っているかもしれないが、少なくとも執筆時点で、彼は多くの戦争を起こしていないからである）。

しかしテトロックの言う「キツネ」たちは、最も精度が高いと推測される数字を用いて、ベイズの公式に必要な各数値を算出するだろう。それからさまざまな情報源にあたって数値を上下に調整し、証拠が差し示す位置へと確率の予測値を動かすだろう。ベイズの定理を用いて算出しているとは限らないが、似たような思考をおこなうはずだ。

そして、重要なのは「自分が正しかったかどうかを確認すること」だ。もちろん、それには難点もある。あなたは戦争が起きる可能性が8パーセントだと予測していたとしよう。その数値は、戦争が起こらないと言っているわけではない。起こる可能性は低いが、それでも12分の1の確率で起きる可能性もあるということだ。だから実際に戦争が起きた場合、「起こらないとは言ってない」と主張して、自分の予測は正しかったと判断してしまうことだってある。

超予測者はどうやって情報を探しているのか

これを避けるには、たくさんの予測をして、そのうちどれくらいが当たるかを確認することだ。この手法は2012年のアメリカ大統領選挙で特に有名になった。政治予測ブログ「FiveThirtyEight.com」を主宰するネイト・シルバーが、50州すべての選挙結果を正しく予測したのだ。彼はまさにベイズ的な思考法を活用していた。事前確率を出し、それを新しい世論調査からもたらされる証拠をもとにアップデートした（世論調査があるたびにアルゴリズムを使ってデータベースに追加することで、人間のバイアスをある程度排除した）。そのサイトは、予測した出来事それぞれに予測値を付けている。あとから振り返って、予測を評価するためだ。

それはまさに合理主義者たちがおこなっていることだ。「スレート・スター・コーデックス」のスコット・アレクサンダーも、毎年おこなっている。彼は毎年1月に予測を立て、翌年の1月にその正確性を評価する。

たとえば、2017年のはじめに彼は60パーセントの確信を持って、アメリカが兵士100人以上の犠牲者を出す新たな大規模戦争に巻き込まれることはないだろうと予測し、95パーセントの確信を持って、北朝鮮の政府が「大規模な内戦／反乱なく1年間存続するだろう」と予測し、90パーセントの確信を持って、「アメリカで100人以上の死者が出るテロ攻撃はないだろう」と予測した。

彼はこの種の予測を104個おこない、2018年のはじめにそれらの結果を振り返って、自身の予測を評価した（結果は上々だった。たとえば60パーセントの確信を持った予測は64パーセントの確率で当たり、70パーセントの確信を持った予測は62パーセントの確率で当たっていた）。

さらに、合理主義者たちはおおむね誰もが、この種のことを得意としている。ハリネズミよりもキツネが多いのである。私はテトロックの〈優れた判断力プロジェクト〉で仕事をしている超予測者のマイケル・ストーリーに取材し、超予測者について話を聞いた。

予測者のサンプルは2万人ほど集められているという。「それほどの数の予測者のうち、150人が超予測者です」と彼は言った。あなたもそのうちの1人ですか、と尋ねると「実を言えばそうです」と、どこか気恥ずかしそうに答えた。

マイケルによれば、アクセス解析をすることで、『ガーディアン』紙のウェブサイトからなのかグーグルからなのかなど、どこを経由して〈優れた判断力プロジェクト〉にたどり着いたかがわかるという。

「超予測者たちの多くがLessWrong経由で来ていました。その数は嘘みたいに大きな割合を占めていて、多くの人が似た道をたどっていました。こういうことに関心を持った経緯をもしも聞いてみたら、多くがLessWrongや、それに関連したブログ、たとえば（タイラー・コーエンの）Marginal Revolutionや（ロビン・ハンソンの）Overcoming Biasから来たと答えるでしょうね」

彼の印象では（彼は念を押すように、これは自身の印象にすぎないと言っている）、超予測者たちと合理主義者たちは多くの点で似ているという。

「私の印象では、超予測者とLessWrongを好む人たちは、オープンな議論が常識であるという点が似ていて、個人的な性格としても、特に自分の意見とは違う見解や情報を前にしたときの姿勢に共通点があるように思う。私は超予測者のデータしか持っていないから直接比較はできませんが、同じような特徴が数多く現れていると思います」

マイケルは長らく合理主義コミュニティのファンだと言う。彼はこれまでに言及してきた合理主義者の多くに会ったことがあり、オックスフォードやそのほかの場所でおこなわれるパーティなどにも参加していた。そして合理主義者が予測に長けている理由は、このコミュニティが言論の自由を常態としていて、奇妙な意見や突飛な意見、そして攻撃的な意見さえも受け入れるからだろうと考えている。そうした姿勢は、何より、世界を説明できる「ひとつのでかいアイデア」にすがりつくよりも大変なことだ。

「AIは世界を滅ぼすかもしれない」

合理主義者たちは、世界がＡＩによって滅ぼされるかもしれないという考えを持っている。この考えに対してありうる反応は2通りだ。

ひとつは、これが合理主義者たちの予測した結果であり、予測に活用する材料ではないのだと強調して賛同することだ。合理主義者はどの状況にも材料として当てはめるようにして、「フランスは今後18ヶ月のうちに最高税率を引き下げるだろう、なぜなら世界はＡＩによって滅ぼされるからだ」などと言ったりはしない。これは予測を経た結果なのである。「世界はＡＩによって滅ぼされるかもしれない」と予測している人物の多くが超予測者であるという事実も、その仮説に賛成する根拠だと言える。

もうひとつの反応は、マイケルと同じように、その主張が合理主義者たちの弱点となりうると認めることだ。

さまざまに異なる政治信条を許容できるという点において、合理主義者たちは超予測者と基本的にはとてもよく似ている。さらに両者とも人が怒ってしまうくらい多様性に欠けている（ほとんど白人の男性である）だけでなく、個人的な性格も似ている。オタク気質で、自閉症的であることが多く、几帳面、生真面目、内向的といった特徴を持つ傾向にある。

そして、そうした点は「危険」をはらんでもいるとマイケルは言う。

「これは私の懸念です。もし全員が似すぎていたら悪い文化を招きやすいうえ傷つきやすい。生物学と同じで、もしすべてが均一の植物ばかりだったら、ひとつのウイルスがすべてを殺してしまいます」

ＡＩが世界を滅ぼすという考えが彼らにとっての「悪い文化」だと思うか尋ねると、彼はわからないと答えた。しかしそう懸念する価値はあります、と言った。

「全員の性格的な特徴がスイスチーズの穴のように一様であったら、悪い文化を取り込んでいながらも、それに気づかないという可能性があるでしょう」

29 信念に家賃を払わせる

本章と次の章では、自分の信念が正しいかどうかを確認する別の方法も紹介しておこう。自分が抱いている信念をチェックする方法は、前章で語ったように後から予測を振り返ることだけではない。その信念が実際には何を意味し、どんな予測に基づくものであるか改めて考えてみることだ。ユドカウスキーは、これを「(先にある予測を間借りするため)信念に家賃を払わせること」と呼んでいる。

たとえばこうだ。もし森で木が一本倒れたら、音はするだろうか？　読み進める前に、答えを考えてみてほしい。

「音がしない」と思った人は、「音」を誰かが何かを聞く感覚、クオリアのことだと考えているからではないだろうか？　そして「音がする」と思った人は、「音」を何かやかましいことが起きたときに発生する空気中の圧力波だと考えているからではないだろうか？

これは哲学の歴史においても長らく議論されているテーマのひとつであり、「針の上で天使は何人踊れるか」という問題に並ぶほど有名なものだ。

ユドカウスキーは、アルバートとバリーという架空の人物同士の会話を記している。

アルバート：音がしないって、どういう意味だい？　木の根が折れ、幹がどさっと落ちてきて地面にぶつかる。これが振動を起こし、地面と空気を伝わっていく。そうして倒れた時のエネルギーが、熱と音になる。人が森にいないとき、木はエネルギー保存の法則に従っていないとでも言うの？

バリー：でも誰にも何も聞こえないじゃないか。もし森に人がいなければ、あるいは、この議論に即して言うなら、「聞く」ことができる複雑な神経系を持つものが周りにいなければ、その音は誰にも聞こえない。[1]

しかし、アルバートもバリーも、この出来事が引き起こす現象について実は全面的に同意している、とユドカウスキーは指摘する。2人とも木が地面に倒れて、森にエネルギーの波を広げていると考えている。そして2人とも実際に人間の耳には聞こえないという点でも意見を共にしている。

意見が分かれているのは、その現象を指して「音がする」と呼ぶべきかどうかの1点だ。たとえば2つの異なる用語（ユドカウスキーは音の振動を「albergle アルベルグル」、聴覚の経験を「bargulum バーグルム」と呼ぶことを提唱している）があれば、議論は終わることだろう。「そうですね、アルベルグルは発生するけれど、バーグルムは発生しませんね」と言えばいいだけだ。

驚くほど多くの議論が、この形に陥っているようだ（現在のイギリスのネット界で議論されているもののうち約40パーセントは、人Aまたはグループ B がマルクス主義者／社会主義者／ナチス／右翼／女性差別主義者／トランスフォビック／トランスを排除するラディカルフェミニストであるかどうかという話に終始しているようで、ある人やグループが何らかの定義に含まれるか含まれないか、さまざまな理由を持ちだして意見を戦わせている）。

しかし、こうした議論はユドカウスキーや合理主義者にとっては不毛なものだ。制約つきの予測でないからである。何らかのモデルですべての結果を説明できるということは、逆に言うとどんな結果についても特に説明になっていないということだ。

もし私が「音」を「聴覚経験」ではなく「音響振動」と定義すべきだと主張しても、森のなかで木が倒れたらどうなるかについて、私の予測は変わらない。もし私がイギリス労働党の元党首ジェレミー・コービンを「社会主義者」ではなく「マルクス主義者」と定義すべきだと主張しても、彼の労働党が政権に選ばれた場合、彼が何をするか、私の予測は変わらない。

もし私が「木が倒れたのは、根っこが抜けたのではなく、幹が折れたからだと信じている」と言えば、それは事象に対する制約つきの信念となる。そして実際に木を確認しに行き、根っこが抜けているのを目にすれば、自分の信念が間違っていたことが判明する。

「ジェレミー・コービンが政権に就いたら1年以内に英国の鉄道システムを再国有化すると信じている」と言えば、事象に対する制約条件を伴った信念となる。もしコービンが再国有化しなければ、私は自分の信念が間違っていたことを知る。しかし「ジェレミー・コービンはマルクス主義者である」という言葉は信念を制約するものではないため、予測の材料として使うことはできない。コービンが鉄道を再国有化しなかったとしても、彼がマルクス主義者である可能性はあるし、その逆もありえる。

「事実に関連する問いについて議論をするときは、たがいに戦わせている予測の差異をつねに意識する必要がある」とユドカウスキーは言う。

「予測される結果に違いが見当たらない場合、表現の仕方の違いで争っているだけかもしれない。とにかく、何を信じているかではなく、何を予測しているかを尋ねよう。信念についての質問は予測についての質問から派生したものであるべきであり、予測についての問いこそが中心であるべきだ。誰かの信念を推測する場合は、その人の具体的な予測を推測することから始めるべきだ。予測がつねに先にあって、信念はそこに家賃を払って入るものであり続けるべきだ。もし信念が予測を無視して家賃の支払いをしないなら、立ち退かせよ[2]」

30 違和感を抱いたら立ち止まる

また、自分の予測とは異なる状況が発生した場合、立ち止まってみることも必要だ。

科学に関する古いジョークを、ユドカウスキーは学びの機会に変えている。研究室にヒーターがある。その隣にタイルがある。教師は生徒たちに尋ねる。

「どうしてこのタイルはヒーターに近い側の方が冷たくて、ヒーターから離れた側の方が温かいのでしょう？」（もしよければ、読み進める前に答えを考えてみよう。強制はしない）

学生は口ごもりながら答える。「えー、もしかしたら熱伝導が原因ですか？」。

教師は答える。「いいえ、みなさんが入ってくる前に私がタイルを裏返したからです」。

ひどいジョークだが、有益なものだ。「熱伝導が原因」という言葉は、もっともらしい説明に聞こえる、とユドカウスキーは言う。説明されている状況に合いそうだし、科学的な用語も使われている。しかし、前の章を思い出してほしい。「熱伝導が原因」という信念は、どんな予測から来ているだろうか？

それを厳密に考えるなら、フーリエの法則やエネルギー保存の法則に関連するいくつかの計算式が必要になる。しかし何よりもまず推定できるものがある。温められたタイルは温かくなり、熱源から遠い方が冷たくなるという点だ。
学生はまず、ヒーターに近い方が温かくなるはずだと予測し、そうでなかった場合に驚く。ユドカウスキーは言う。「『熱伝導が原因』と言えば熱源に近い方が冷たくなることの説明になるというのなら、何だってそれで説明できるということになる[1]」。何だって説明できるモデルは、何の説明にもならない。

自分の信念から予測されるものとは違うことが起こったときは、「困惑すべき」である。自身の混乱を見つめなければならない。なぜなら予測と違っている場合、自分の信念が間違っているか、たとえばタイルが裏返されているといった想定外の何かが起こっているかのどちらかだからだ。

ユドカウスキーは、ある人物とチャットしたときのエピソードを教えてくれた。その人物の友人は、体の不調に関してアドバイスを求めていた。

「彼の友人は突然胸が痛くなったため救急車を呼んだという。救急車は来たが、救急隊員は何も問題はないと言って去っていった。それでも胸の痛みはどんどんひどくなっている。この人はどうするべきだろう?」

ユドカウスキーは、救急隊員ならそんな対応はしない（救急車を呼ばれたなら救急処置室に連れていくだろう）と感じたが、その違和感を疑うことをしなかったと言う。そうするかわりに彼は、「少しの違和感を感じつつも、自分の既存の思考モデルを用いて説明を試みた」。

そして、こう返信した。「まあ、救急隊員が何もないというのなら、本当に何もないはずだ――ごくわずかにでも深刻な病気の可能性があったら、救急車で連れていっただろう」。のちに、この話はチャットをした相手によるでっち上げだったことが判明した。

「自分が感じた混乱こそがカギだった」とユドカウスキーは言う。「私はそのカギを投げ捨ててしまったんだ。ずっと残っていた少しの違和感にもっと注意を払うべきだった。それは真実を探るにあたって最も重要な感覚のひとつであり、合理主義者が持つ長所のひとつだ。この違和感が、音の大きな警報や、『お前のモデルが間違っているか、話自体がでっち上げかのどちらかだ』とギラギラ伝えてくるネオンサインのようではなく、意識の奥でかすかに感じる程度だなんて、脳の設計上の欠陥だね」

より合理的な人間になりたければ（より良い合理主義者になりたければ）、どこか合点がいかないちょっとした物事に耳を澄ます必要がある。

31 「間違っていた《ウップス》」と言うことの重要性

これまで紹介してきた「バイアス」のなかで覚えておくべきポイントは、「自分の思考を変えるのは本当に難しい」という点かもしれない。確証バイアス、動機づけられた推論、損失回避バイアスなど、私たちの思考の大部分は、頭のなかにすでにある考えをそのまま押し進めていこうとする。聞きたくないことを聞かされたとき、それを信じないでいるための方法をいくつも見つけだす。だからこそ「レスロング（LessWrong）」のプロジェクトの主な目標が、「自分の思考を変える方法」を学ぶことなのだ。

「スコット（・アレクサンダー）は、ぼくからすればこのプロジェクトの核心をつくような指摘をしたことがある」とポール・クローリーは私に言った。

「金がたくさんあるほどいいのと同じように、証拠もできるだけたくさんある方がいい。しかし自分の持ち金で何とかやっていくことが大切であるのと同じように、手持ちの証拠をもとにできるだけ正確に推測できる力も大切だ。世界はたくさんの証拠を与えてくれないときもある。手持ちの証拠をもとにして、できるだけ正確に推測することが必要な場面もある」

それはつまり、自分のアイデアが証拠に反していそうなとき、可能な限りそのアイデアにすがりつくのではなく、そのアイデアを手放すことを意味している。自分が信じるアイデアも、信じていないアイデアも、証拠という観点から公平に検討するべきだ。

　合理主義者の多くには宗教的な背景がある。そのため合理主義者としての人生においては、重大な局面を迎えることになる。自分の宗教をサポートする証拠が得られないため、信仰をあきらめる瞬間がやってくるのだ。

「自分にそういう瞬間はなかった」とポールは笑いながら語ってくれた。「無神論者に育てられたからね。でも似たような経験はある」。彼の両親は共に社会主義者で、彼もその信条に従っていた。「１９８９年や１９９０年のぼくは、プラカードを持った革命的共産主義者だった」と彼は言った。「それから、民主主義による社会主義の達成を目指すといった、典型的などっちつかずの社会主義者タイプになっていった。だいたいいつも、自分を弁護できるような立ち位置を探しながらね」。その後、「シークエンス」を読んでいたとき、「『間違っていた《ウップス》』と言うことの重要性」と題する投稿に行き当たった[1]。

　彼は社会主義の信念から心が離れつつあったものの、後ろにさがって「後衛として運動をしていた」という。

「だけどあれを読んで感じたんだ。もはやこれが意味のないことであり、もうこれ以上この運動を支持し続けることはできないと自分でも気づいているんだとね。読んだときは、何てこった、と思ったよ。後ろに引っ込んで戦っているくらいなら、戦うのをやめた方がいい。立ち止まって、見つめなおすんだ。『自分は大きなミスを犯してしまった』と認めるべきときもある」

　いまの自分を守ってくれそうな意見を探すのではなく、証拠が指し示すものは何かと問い、公平に検討するのだ。

　ユドカウスキーは、そういう検討を少しずつ繰り返して、「シンギュラリティがすべてを解決する」

という立場から、「ＡＩが本当にすべてを破壊するかもしれない」という見解にゆっくり変わっていった。

「ようやく自分の間違いを全面的に認めたあとで、ひどい認識へといたることになった道のりを振り返った」と彼は書いている。「そして自分が小さく、本当に最小限しか間違いを認めず、しぶしぶ何ミリかずつしか譲歩せず、自分が耐えられるほんの小さな間違いだけを認めてきたのだということがわかった。もっと早く意見を変えることだってできていたはずだ、シンプルに『間違っていた！』と声を上げておけばね[2]」。

　こうしたテクニックは、人間のいいかげんな思考を純粋なるベイズ主義の思考に変えるようなものではない。しかしユドカウスキー（と合理主義者たちのプロジェクト）の願いは、そうした方法を活用することによって、人が個人レベルでも社会レベルでも、より良くアイデアや意思決定を評価できるようになることだ。

PART 6
衰退と離散

32 瀕死に陥った「聖地」レスロング

「合理性」とは何か、いわゆる「人間の思考」とはどういうものか、そしてそのふたつがどう違うかを説明したうえで後者を前者へ近づけていくというユドカウスキーのプロジェクトは、ＳＬ４とオーバーカミング・バイアスから派生し、シークエンスとレスロング、そして合理主義者コミュニティに発展していった。

長いあいだ、レスロングは合理主義コミュニティの中心として機能していた。しかし２０１２年以降、レスロングは死に始めた——完全にではないが、サイトの訪問者数は劇的に減少していった。２０１２年はじめのピーク時には１ヶ月で１００万ほどのページビューがあったものの、２０１６年半ばには１ヶ月35万ほどに減少した。[1]

この減少には多くの理由があるものの、主な理由は2つだ。

ひとつは、ピークの2年ほど前、２０１０年の終わり頃に、エリエゼル・ユドカウスキーが「シークエンス」に見切りをつけたからだ。ブログの更新をやめたのである。

もうひとつは、２０１３年に、レスロング上でイヴァン（Yvain）として知られ、おそらく同サイト上でユドカウスキーの次に存在感のあったブロガーのスコット・アレクサンダーが、自身のブログ「スレート・スター・コーデックス（Slate Star Codex）」を始めたからだ。

理由はほかにもある。ロビン・ハンソンによれば、あらゆる物事で起こるように、合理主義者たちが別の場所で新しいものをゼロから始めようとしたからでもあったという。

サイト「レスロング」は、ブログにとどまる存在ではなかった。カスタムデザインされたコミュニティのハブであり、掲示板サイト「Reddit」のような投票システムを備えていた。投稿やコメントを気に入ったら「↑（アップ）」の矢印を押し、気に入らなかったら「↓（ダウン）」の矢印を押す。サイトのアルゴリズムでは、ダウンが多いものに比べ、アップが多いものが優先的に表示される。このシステムが、悪意の餌食となってしまった。スコット・アレクサンダーは言う。

「ユージーン・ニーアというオルタナ右翼の原型のような男が、サイトのシステムを悪用して、オルタナ右翼を嫌う人（つまりコミュニティの98パーセント）を妨害する方法を見つけたんだ。サイトの監視システムは十分でなく、誰も何も対処できなかった」[2]

自分たちですべてを作り直すことができると考えるのは、合理主義者たちが広く持つ特徴のひとつだ、とハンソンは言う。「賢くて明晰で、物事をどう変えるべきかいろいろなアイデアを持っている。それらすべてを実行したいと願っているうえ、ほかの人が前に試して失敗したからといって、それで実行を思いとどまるような人たちではない」。合理主義者たちはこの見解に同意しないだろうが、ここにはいくらかの真実が含まれている。

合理主義者たちは、「合理性の技巧」（混乱を認識することや確率論的に考えることなど、ユドカウスキーが教えていた「ベイズ式総合格闘技」）を学ぶことによって、人の思考を誤らせる「非合理」という落とし穴を回避し、新たな輝かしいものを生みだせると信じていたのだ、とハンソンは言う。

「合理主義者たちは、よりよいテクノロジーを生みだせると信じていた。レスロング制作によるソフトウェアとかね。スタートアップとも関わっていたし、ポリアモリー（複数恋愛）によって恋愛観を作り変える方法を知っているとか、自分たちのダイエット方法でダイエット観を作り変えられるなどと考えている。合理主義者たちは何に対しても首をつっこむんだ」

すべてを周りと違うやり方でおこなおうとした弊害

その様子は、彼が１９８０年代に世界初のハイパーテキスト開発プロジェクト「ザナドゥ計画」で関わってきたシリコンバレーの人間たちや、ナノテクノロジーに関心を持っていた人びとを思わせると言う。

「スタートアップやテクノロジーで世界を救おうともくろむ理想主義的な若者がたくさんいた。だいたいそういう人たちはＳＦや、未来や、世界の劇的な変化なんていう考えに夢中で、すべてを周りと違うやり方でおこなおうとしていた。ザナドゥ計画では、すべてを周りと違うやり方で進めなければならなかった。自分たちなりの違うやり方でミーティングを設け、デスクの配置も変え、違ったタイプのマネージャーを雇うなど、すべてを周りと違う形でやりたがったが、それは彼らがクリエイティブなタイプで、うぬぼれが強かったからだ。合理主義になりだしたのは、そういうタイプの人びとだ」

そしてスコット・アレクサンダーも、２０１７年にRedditのスレッド上でサイトの衰退について自説を語っている。そのうちのひとつとして、彼はユドカウスキーには『つまらないメインストリーム』と『変わり者だと感じるような突飛さ』をうまく避ける才能があった」と指摘している。

多くのブロガーも、それを目指していた。それは自分たちがつまらないか変わり者だったからであり、あるいは実際には変わり者ではないのに、変わり者と見られてしまっていたからだ。

その一方で、ユドカウスキーは自分を「かなり変な人間だと認識するようになり、コミュニティがより成熟したいま、変な代表がいない方がコミュニティのためになると考えたのだろう」とスコットは語っている。

そうして合理主義のコミュニティは「物理学の博士号を取得してスタートアップ企業を3つ掛け持つグーグルのエンジニアと、学校に馴染めず、ここが自分の居場所だと感じたIQ140の混乱した自閉症の14歳児が奇妙に混ざり合った」ものになっていったとスコットは言う。しかも両グループを結びつけるような「最低限の共通項」を見つけることは難しかったという。

その結果、「合理主義コミュニティ内でレスロングは投稿には適さない場所という評価になっていき、サイト内で一目置かれていた人たちはそれぞれ自分のブログを持ったり、Tumblrに移ったり、Facebookに移ったり、あるいは外からはわからないローカルな知識に依拠したことをやるようになった。一方で、レスロングというサイト自体は手がかりのない新参者にとって輝く大きな灯台であり続けた。そのため、そういう新参者ばかりが投稿するような状況に陥ってしまい、『レスロングとは距離を取ろう』という雰囲気に拍車がかかっていった」。

レスロングが瀕死となっているのは事実であり、そこに関わっていた人びとはネットのあちこちへと散らばっていった。スレート・スター・コーデックスは、1日およそ2万ビュー、1ヶ月で60万ビューほどになっている。レスロングのピーク時には及ばないものの、それでも大きな数字だ。

33 彼らは実社会でどうコミュニティを作っているか

そうした動きと歩みを合わせて、現実世界でのコミュニティも広がっていった。合理主義者たちのミートアップは世界中で開催されている。さっとFacebookを検索してみただけでも、ミュンヘン、オランダ、イスラエル、モントリオール、ロンドン、レディング、バース、シドニー、デンバー、ワシントンDC、キャンベラ、エディンバラ、ダルムシュタット、フェニックスのグループなどが作られている。それ以外にもメルボルンやベルリンにもグループがあることを知っているし、マンチェスターにもできたばかりだ。ベイエリアとニューヨークには最大規模のコミュニティがある。

メンバーの全員や過半数がそうだというわけではないが、グループが所有する家に住んでいるメンバーも多い。しかしこうした暮らし方は、トップたるエリエゼル・ユドカウスキーがカルトリーダーとして実行させたものではない。

「グループハウスという現象は、ベイエリアの住宅事情から必要に駆られて生まれているにすぎない」とポール・クローリーは言う。「リバタリアン／フューチャリスト／バーナー（奇祭バーニングマンの常連）の仲間内は、エリエゼルがこっちに移ってくるよりもずいぶん前から、名前つきのグループハウスに暮らしていた。１９９０年代の大学でぼくはＳＦサークルと親しくしていたんだけど、誰もがグループハウスに暮らしていた」。

20代前半のイギリス人ベン・ハリソンはブロガー「グワーン（Gwern）」の書くものを読んで合理主義者へと足を踏み入れ、レスロング／スレート・スター・コーデックスを追いかけるようになった。その彼はグループハウスについて「大学の宿舎のようだけど、それよりは少しキッチンがきれい」だと教えてくれた。

イギリスのマンチェスターにある彼のグループハウスは、ベイエリアの代替地を標榜して用意されたものだった。ベイエリアは多くの合理主義者を引きつけているが、前にも触れたように居住コストが高いハードルとなっている。グループハウスのなかには、ポリアモリー（複数恋愛）が実践されているものもあれば、そうでないものもある。

雑談なき集い

実社会のコミュニティを見てみたいと思い、いくつかのミートアップに参加した。バークレー滞在中にはスコット・アレクサンダーや、当時スコットと複数恋愛関係にあったAI研究者のカーチャ・グレースほか数人とピザ屋で会った。

そうして受けた印象は、実社会でのコミュニティも、オンラインのコミュニティと同じように、ちょっとした雑談が得意でなく、大きなアイデアに関心を持つ少し変わった人たちの集まる場所であるということだった。そこで記憶に残っていることが2つある。

ひとつは、しばらくのあいだ誰がカーチャだか判断できなかったことだ。なぜなら彼女が赤ん坊を膝のうえに乗せていたからである。私はカーチャに子供がいないことを知っていたので、赤ん坊を連れた女性はカーチャではないと判断してしまっていた。よくよく見てみると、その赤ん坊はアメリカの高校が子育ての大変さを理解させるために10代の生徒たちに与える人形だった。

最初、これは変わった愛情の形態なのかと思ったが、かなり繊細な実験の最中であることが明らかになった。カーチャとスコットは子供を持つことを検討しており、彼女は自分の人生にもたらされる混乱がどのようなものかを知りたがっていた。そこで、ひとりで放置したら泣きだし、夜には何度も目を覚まし、オムツの交換などが必要な赤ん坊のロボット人形を手に入れて、母親業が自分に向いているか確かめようとしていたのだった。

実験中、彼女にとっては予期せぬことが起きた。道端で人が「わあ、かわいい赤ちゃん！」と話しかけてくるのだ。これを予期していなかったというのは、あらゆる面で合理主義者らしいと感じる。彼女は気まずい思いをしながら、実はこれ、赤ちゃんじゃなくて、実験用のロボット人形なんです、と説明しなければならなかった。

この実験で、彼女たちが育児に関する何らかの知見を得たことを願う。私は自分の経験から、新生児の育児と超活動的な幼児期の育児はほとんど別物で、それ以降の子育てはさらに別物になっていくと感じていたので、あまりこの実験を参考にしすぎないようにと伝えることを心がけた。

もうひとつ記憶に残っているのは、ほとんど雑談がなかったことだ。私は繊細な話し手なので会話に間があると埋めたがってしまう。しかしそのコミュニティでは大きな議題について喋《しゃべ》るか、無言かであった。そして会話は、その論理性に注意を払っている。（みんなが大なり小なり私を訝《いぶか》しんでいたので）この本を書くというアイデアを正当化しようと試みて、私は矛盾し合うような理由を挙げながら非論理的なおしゃべりを繰り広げた。すると、特にカーチャはその非論理性に気づいて指摘してきた。

ピザの勘定の頃合いになると、全員でおかしなゲームをした。ランダムに数字を発生させる携帯のソフトを使い、0から合計料金までの範囲内で数字をひとつ表示させる。そしてその数字から順番に各自の料理の代金を引いていき、数字がゼロになった人が全員分を支払うのだ（たとえば私とスコットの2人でやったとして、レシートに私のピザが10ドル、スコットのピザが10ドルと表示されていたとする。引き算をする順番が私からであれば、ランダムに発生させる数字が0から10以内だった場合、私が支払うことになる。数字が10・01から20のいずれかであれば、スコットが払うことになる）。

そのときはカーチャとなり、彼女が全員分を支払った。申し訳なくて自分の分を払おうとしたが、MIRIで働くバック・スレゲリスが私を止めた。「負けてたらきみが全員分払うことになってたんだから。これが公平だよ」。

それから8ヶ月が経ち、これを書きながら振り返ってみると、あれは賢いシステムであったのだと感じる。誰が何を食べたか確認して会計するのは時間がかかり、退屈で間を持て余す。かといって全員きっちり同額で割ることにすると、高い料理を注文した方が得だという気持ちになる。

しかしこのシステムは実に手早かった。電卓で割り勘にするのと同じくらいの早さだった。しかもより高いものを頼んだ人の方が全額を支払う可能性が高くなる。80ドルのロブスターテルミドールを頼んだ場合、自分の番で数字がゼロになる確率がずいぶん高くなる。平均すると、通算で支払う金額は、自分が実際に頼んだ金額とちょうど同じくらいになる（もちろん、平均値にならされるまで何十回も食事に行く必要はある）。とにかく、このシステムは賢いものであり、すごく合理主義者らしいものだと感じた。

ロンドンのミートアップにも行ったが、こちらは面白いくらい英国的だった。パブで開かれ、私以外はアルコールを飲んでいた（スコットらと過ごしたカリフォルニアでは、私がビールを1杯飲んだ。周りは全員ダイエット・コーラを飲んでいた）。

店には16人いた。ほとんどが男で、あるテーブルには8人ほどが集まっていた。大半の時間はかなり「総会」といった感じの話し合いに費やされ、議論の進め方や、トピックを設定すべきかどうかや、課題図書を設けるべきかなどが熱心に検討されていた。

ずいぶん長く続きそうだったうえ、議論がやむ気配もなかったので、私は比較的普通に見える人を追ってバーカウンターに向かい、このコミュニティの気に入っている部分を尋ねてみた。

彼はロンドン郊外に暮らしていて街に出てくるには30ポンドかかるため、あまり頻繁には来ないそうだが、「ここに来て普通じゃない存在になれるのが嬉《うれ》しいんだ、そのあとは家に帰って普通に戻る」と言う。どういう意味？　と尋ねた。変わったトピック（ＡＩや、トランスヒューマニズムや、人類の危機や、バイアスなど、あらゆるオタク的なトピック）について話すことができ、こんな話をしても変だと思わない仲間と安心して過ごせるのが嬉しいのだという。

「それに、ちょっといやな奴にもなれるしね。すごく物議を醸すようなことを言うのが好きなんだ。みんな気分を害するどころか、身を乗り出して『詳しく検討してみよう』と答えてくれる」

実際彼は、あの総会風の会話がひと段落して静かになるとすぐに、トランスジェンダーの権利についてかなり物議を醸すような意見を提示したが、私の記憶が確かならば、周りは本当に乗り気になって真剣に議論を始めた。

「ウィキペディアをよりよくしたもの」

レスロングに関わる人びとは、実社会でさまざまな取り組みを始めてもいる。サイトが衰退し始める頃には機械知能研究所（ＭＩＲＩ）の前身となる「シンギュラリティ・インスティテュート」が存在していたし、２０１２年にはアナ・サラモン、ジュリア・ガレフ、ヴァレンティン・スミス、そしてアンドリュー・クリッチが応用合理性センター（ＣＦＡＲ）を創設した。

そのほかのプロジェクトも、レスロングから離散する形で生まれていった。「ミールスクウェアーズ」という食品会社は、健康にとって「最適な」食事を手軽に提供することを目的としている。あるいはビーマインダーは、「チクッと刺されるようなリマインダー」であり、それを使って目標を達成しているかぎり無料だが、目標が達成できなかったときに初めて料金が発生する。たとえば1週間10キロのランニングをしたいと思った場合、スマートウォッチをビーマインダーに同期させておけば、1週間10キロ走らなかった場合に料金が発生する。本当に賢い方法だ。

すべてがうまくいっているわけではない。「MetaMed」という医療コンサルティング会社は、レスロングの合理主義的な手法を医療診断にも活用すべくマイケル・ヴァッサーによって創設され、スコットもしばらくそこで仕事をしていたが、残念ながら数年後に失敗に終わった。

その原因を検証する「検死解剖」[1]のページをオンラインで何個か読んだが[2]、失敗の原因はロビン・ハンソンが言っていたことにかなり近いものだった。クリエイターたちはヘルスケアの分野をゼロから作り直すことができると思っていたものの、ヘルスケアとビジネスにはどちらも、言語化されていないローカルな知識が膨大にあることに気づいていなかったのである。

決してからかっているのではないが、原因を分析した記事の内容は結局、「マーケティングが重要であることがわかる」とか「AIがすべてを解決する輝かしい未来について考えることも大事だが、目の前の仕事をやることも必要」といった点に要約されるようなものだった。全員賢くて明晰で、どんなことでも従来の方法よりうまく実行できるという自信を持ちながら、従来の方法がどのようなものか実際には確認していない、というロビンのコメントは、ここではかなり当てはまっていたようだ。

それから、「Arbital」という、誰も厳密にはどういうものかわからない数学版のWikipediaらしきプロジェクトもあった。そこにはベイエリアの合理主義者数人と共に、エリエゼル・ユドカウスキーも関わっていた。

このプロジェクトも、大きなアイデアを取り込みすぎて、いま目の前でやるべきことへの理解が足りなかった。「Arbitalについてや、それがほかとどう違い、なぜ必要かが記された55ページの文書」がユドカウスキーによって書かれていた。Arbitalは「Wikipediaをよりよくしたもの」であると同時に、ブログであり、議論をおこなう掲示板であり、Redditのように↑の矢印が押されてほかのユーザーから投稿を支持されるとポイントがもらえるようなシステムがあり、さらにはレーティング制度も備えてYelpなどのサービスに取って代わることもできる。

レスロング内の「検死解剖」のページでは、こうした内容をすべて説明したうえで、こう漏らしている。『「Arbitalならそれも解決してくれるだろう」という揶揄《やゆ》が生まれた理由もわかるのではないだろうか。（中略）Arbitalとは何かについて、適切で簡潔な説明を持ち合わせていなかったのだ」。

2017年、Arbitalは正式にスタートする前に幕を閉じた。

合理主義者たちのスタートアップ

これらについて、あまりとやかく言いたくはない。スタートアップの多くは失敗するものだし、その事実は合理主義者なら特によく認識しているはずだ。「シークエンス」のなかで紹介されていたバイアスのひとつに、人は自分が成功する可能性を過大評価してしまう、というものがある。「内部情報」に焦点を当てると、多くの人が自分のビジネスは成功すると考えるものだが、「外部情報」を見てみると、新しい会社のおよそ半分が最初の5年で失敗している。「早く失敗せよ」という精神のシリコンバレーのスタートアップに限ればその数字はさらに跳ね上がり、研究によってまちまちではあるものの60〜90パーセントが最初の5年で失敗している。

だからここで取り上げた合理主義者たちによる4つのスタートアップのうち2つが最初の数年で失敗していることも何ら恥ずべきことではない。私からすれば彼らの失敗はかなり想像通りのものに見えるが、それは後知恵バイアスだとユドカウスキーなら指摘するだろう。

もちろん、すべての合理主義者が実社会でのコミュニティに顔を出しているわけではない。かなり中心的なメンバーであっても、仲間とほとんど会わない人もいる。ジム・ミラーは、マサチューセッツ州スミス大学の法律学と経済学の教授だ。オーバーカミング・バイアスに集まっていた最初期のメンバーのひとりであり、2007年の時点でロビン・ハンソンのウェブサイトに記事を寄稿してもいる。

Skypeで取材をすると、彼はこれまでほかの合理主義者と実生活で対面したことは一度もなく、数週間前に偶然スウェーデンでの会議で出会ったのが初めてだったと言う。

「もし自分が大学生だったら、ベイエリアに移ろうと本気で考えていたかもしれない。結婚だとか諸々がなかったらね。だがいまの人生の段階で移ろうとは思わない（彼は50代前半で、結婚して子供がいる）」そして彼は思い出したように付け足した。「それに、バークレーの家の狭い一画で暮らすというのも尻込みするね。寮に暮らしていた頃は良かったけど、いまからそういう暮らしに戻るっていうのは……」。

しかしオンライン上だけであっても、ユドカウスキーを発端としたプロジェクトはミラーの人生に大きな影響を与えていた。そのひとつが、彼のキャリアだ。彼ははるか未来の経済について教え、授業では認知バイアスについて語り、汎用人工知能が台頭する可能性について記した『Singularity Rising』（未邦訳）という著作を出版している。

「（レスロングに出会う）以前は、伝統的な経済学者だった」と彼は言う。「合理性が完璧だと思っているわけではないが、考え方は良いモデルであり、それ以上のことは必要ない。レスロングに出会って、経済学者は認知バイアスについて意識的であるべきだと思い知らされたよ」。

　彼は日々の意思決定についても変化した部分があるという。最も大きく変わったのは、ごくシンプルな理由から、延命に力を入れ始めた点だ。もしシンギュラリティが起きたら、その前の年に死ぬのと、そのあとの年に死ぬのでは計り知れない違いがある。

「シンギュラリティに到達して無限の延命へと動きだしたらすぐに実現するだろうから、いま私がもう何年か寿命を延ばすことで得られる期待値はとてつもなく大きい」

　たとえば、その延びた数年のうちに輝かしい未来が実現する可能性が0・1パーセントだったとして、その輝かしい未来では主観的な人生で換算して百万年生きられたとする。すると確率が0・1パーセントであっても、期待値としては1000年も寿命が延びることになる。

　彼は多くの合理主義者と同じように人体冷凍保存に申し込んでいるうえ、人体冷凍保存に取り組む最大手のひとつ「アルコー（Alcor）」社の取締役会の顧問を務めている。食生活も変え、糖尿病治療薬メトホルミンは「がんの発症を抑制するため寿命が延びる」証拠があるとのことで、その薬を処方してほしいと医師に頼んだという。それは確かな証拠なのかと尋ねた。

「害がないということと、良い効果があるかもしれないという点では確かだ。多くの人が摂取しているから、深刻なマイナス効果があったら知れ渡っているはずだ」（重要な警告：これは読者への医学的なアドバイスだと受け取らないでほしい）

　彼のようにオンラインのみでコミュニティとつながっているのが一般的だと言える。2016年の調査では、[3]ミートアップに「定期的に」参加すると答えたのは回答者のうちわずか8パーセントで、「1～数回」行ったことがあると答えたのは20パーセントだった。

そしてレスロング・コミュニティのメンバーたちとの「物理的交流」に関する質問（たとえば、「コミュニティメンバーと暮らしていますか?」「ほかのメンバーと親しい友人関係にあり、よく一緒に出かけたりしますか?」など）では、そうした交流が「しょっちゅう」あると答えたのは7・6パーセントで、「ときどき」と回答したのは12・5パーセントだった。

少なくともこうした調査からは、コミュニティの大半がほかの合理主義者と対面した経験がないということになる。スレート・スター・コーデックスによる2018年の調査でも同様の結果だった。ミートアップに行ったことがあると答えたのはわずか10パーセントで、定期的に行っていると答えたのは、そのうちのわずか24パーセントだった。[4]

しかしなかには、世界でおそらく数百人か数千人、ほかの人たちよりも深くコミットしている筋金入りの合理主義者たちがいる。ミートアップに参加し、グループホームに暮らし、（多くの場合）ＭＩＲＩやほかの合理主義グループを経済的にサポートし、複数恋愛に勤しんでいる。世間一般とは異なるタイプの人びとであり、少数のカリスマ的な人物を中心として活動している。このことが「カルト」だという非難を呼んでいる。だが、本当にそうなのだろうか?

PART 7

ダークサイド

34 彼らはカルトなのか？

「彼らはセックスカルトだ」とアンドリュー・サビスキーは言う。サビスキーは興味深い男だ。彼はマイク・ストーリーと同様の「超予測者」で、インターネット上では合理主義者たちと同じ界隈に出没している。しかしマイクとは違い、彼は合理主義者たちの敵、あるいは少なくとも目の上のこぶのような存在と見なされている——合理主義者の最も痛烈な批判者のひとりなのだ。

合理主義者を何かしらのカルトだとする見方は珍しいものではない。ユドカウスキーやスコット・アレクサンダーはこのテーマについてたびたび文章を記しており、カルトと見なされることを警戒しているように見える。実際に、ユドカウスキーはカルト性を排除しようとするあまり「カルト」について何度も言及してしまったため、グーグルにLessWrongと打ち込むと「カルト」とサジェストされ始めたほどだった。

これは最適ではないことなので、彼らは（とても合理主義者らしく）仲間たちに投稿内で「カルト」という言葉の代わりに、シンプルな代替用語を使うよう依頼した。それぞれの文字をアルファベット順で13個先の文字に置き換え（つまりA→N、B→Oといった形で変換し）、「cult」を「phyg」と記すようにした[1]（この方法に効果は見られていないようだ。私の検索履歴が影響しないようシークレット・ウィンドウでlesswrongと打ち込んだところ、「less wrong cult」が2番目の候補として出てきた。とはいえ、いいアイデアであったとは思う）。

彼らがカルトの表面的な特徴を多く備えているという点は指摘しておくべきだろう。カリスマ的な先導者に、幹部的な内輪のメンバーたち。中心となるテキストがあり、メンバーたちはそれを読んでいることが前提となっている。そのテキストには中心となる「信仰」が記されている。正統ではない性習慣がある。人類が滅びるという差し迫ったメッセージを発している。永遠の命が到来すると考えている。そして人類の滅亡を回避し、楽園を作り上げるべく資金を寄付している。

サビスキーは言う。「ユドカウスキーと彼の妻やガールフレンドたち。彼は昔、生粋の童貞のようだった。それから有名になって、セックスカルトを始めた。すごく狭い仲間内で有名になって、ほかに何をするって言うんだ？　彼の生みだしたものを見てみると、主なものといえばハリー・ポッターの二次創作だ。それは儲けるためのものではなくて、明らかに人を自分の世界へ惹きつけようとするものだ。それこそが奴らのポイントだ」。

「カルトを形成していないなんて言うなら、ものが見えていないに違いない」と、対立する別派閥として「RationalWiki」を運営するデヴィッド・ジェラルドも指摘する。「彼らはカルトにならないよう気をつけていた。カルトっぽくなっていないか自分たちで点検しようとしていたし、それはいいことだが、結局はそうなってしまっている」。

信条を持つこととカルトとの違い

ポール・クローリーにもカルトに関して尋ねると、彼はわずかに怒りをあらわにした。「本当にうんざりだよ！」と彼は言った。「ぼくたちはその点ではすごく良くやってる」。彼の言う「その点」とは、「カルトにならない」という点だ。「でも『我々はカルトではありません』と主張することはできないんだ。だってそうやって否定するのはカルトっぽいからね」。

彼は合理主義者の運動が「変わったもの」であることは認識している。「それを否定するすべはない」。しかし、彼らには信条があり、その信条とは非友好的なＡＩから世界を守ることだ。そのため多くの人の参加を求めている。

「誰もがやってることだろ？　気候変動が問題だ！　と思ったら、気候変動が問題だという考えに人を引き入れる必要がある。あるいは、民主党が間違った方向に進んでいると思ったら、道を正す取り組みに知り合い全員を引き入れようとする。信条を持つと、周りを引き入れて関心を持ってもらいたくなるんだ」

ポールによると、信条を持つこととカルトであることの違いは、カルトだという批判がタブーになっているかどうかだという。「危険を感じるべきは、批判的思考を攻撃しだすときだ」と彼は言った。「たとえば陥りがちなのが、自分たちの教えを疑うのは道徳的に間違っていると主張することだ。誰かが『これは正しいのだろうか』と言ったら、周りは『そんなこと問うなんて、お前はダメな人間だ』と反応する。そんなところから危険が始まっていく。この点に関してぼくたちは驚くほどうまくやっていると思う！　ぼくたちの反応は、それとはまったく正反対のもので、そういう質問をする人を歓迎している」。

こうした点については、ユドカウスキー自身も考えていたようだ。彼はカルトっぽさとは「システムがおのずと向かっていくエントロピーの高い状態であり、人間の心理を引きつけるもの」だとしている。つまり、高邁《こうまい》な信条を持っていると、どんなグループもおのずとカルトのような状態へと向かっていくという意味だ。

「普通でない目標（それが良いものでも、悪いものでも、愚かなものであっても）を持っているグループは、みずから努力して抵抗を続けない限り、カルトへと向かっていく。家を外よりも涼しい状態に保ち続けることはできるが、そのためにはエアコンを動かし続けておかなければならず、ひとたび電源を切ると――エントロピーに逆らうことをやめてしまうと――もとの状態に戻ってしまう」[2]

掲げる信条が、合理性だろうが科学だろうが内省だろうが関係ない、とユドカウスキーは記している。「高邁な信条に『合理性』と名をつけたとしても何も自分を守ることにはならない。自分の家に『冷風！』という看板を立てても何にもならないのと同じだ。エアコンを動かす必要がある――自然とカルトに向かっていくことに抵抗するべく、相応の時間とエネルギーを費やさねばならない。重力を信じているからといって空を飛べるようになるわけではないように、合理性を信じているからといってまともだと言えるわけではない」。

彼は多くの時間とエネルギーを割き、それなりの長さの投稿を複数回おこない、カルト性を取り除こうと試みてきた。問題は、その試みがどの程度成功しているかだ。

それでも合理主義者はカルトではない

レスロングに集まる多くの人は、実際にある程度ユドカウスキーを英雄視している。投稿のトーンから、それはわかる。それはあまり驚きではない。彼はサイトの読者が関心を抱くあらゆる物事の中心にいるうえ、そこに集まる人間の多くは誰かを信奉しがちな若者や10代の少年たちが多い。ある女性は、効果的利他主義のコミュニティにいることが多いが、合理主義者のコミュニティとも付き合いがあると言い、（匿名で）こう教えてくれた。

「合理主義者のコミュニティは、少なくとも部分的には、ある種の人を何でもできるスーパーヒーローのように英雄視するという問題を抱えていると思う。たしかにエリエゼルをそんな風に見ている人はいるけど、彼自身がそれに取り入ろうとしているかはわからない。そして（別の有名な合理主義者）は、自分のことをそんな英雄だと考えている」

合理主義者たちは、世界が滅びるのを防ぐためにＭＩＲＩへの寄付を募っているという事実もある。これはかなり、終末論を唱えるカルト的だ。まずは、このお金の面から見ていこう。

２０１０年、世界を救う手助けをしたい人へのアドバイスを求められ、ユドカウスキーは次のように答えた。

「自分がいちばん得意なものを見極めよう。もし人工知能に関する新たな仕組みを考えだすことが得意なら、シンギュラリティ・インスティテュートに働きに来よう。もしいちばん得意なことが投資銀行業務なら、ウォール街で働いて、あなたの思考と意志が許す限りの金額をシンギュラリティ・インスティテュートに送金しよう。その金銭はほかの人間たちによって使用される」[3]。一見すると、あまりよろしくない、ですよね？

「世界の滅亡を防ぐために、金持ちになって出せる金はすべて出せ」と言っているに等しい。そして実際に寄付をする人びとがいる（典型的な終末論カルトと違うのは、この寄付が、自身の救済を買い取るものというより、「すべての人」を救うことが目的である点だ）。

とはいえ、当時のシンギュラリティ・インスティテュート、現在のＭＩＲＩは「騙されやすい人間たちから寄付を吸い上げる組織だ」という意見に対する大きな反証がひとつある。それは、ユドカウスキーが寄付の呼びかけを止めたという点だ。

彼は２０１８年前半に収録された思想家サム・ハリスとのポッドキャストのなかで、次のように述べた。

「主に暗号通貨ブームのおかげで――不思議なことに、早い時期から暗号通貨に投資していた人間たちの多くが我々の寄付者であり――機械知能研究所（ＭＩＲＩ）はいまや現金を必要としているというよりも、エンジニアリングの人材を必要としている」

彼は、ＭＩＲＩが手にした資金を使用するためのエンジニアスタッフを増やす必要があると感じている。「もちろんもっと資金を集めて使うことだってできる」と彼は私に答えた。「でも組織の考えは、もっと多くの研究者やエンジニアを見つけることにシフトしていったんだ」。

さらに、ウェブサイトで確認可能な彼らの財務状況によると、２０１７年には年収総額58万５０００ドルを10人のリサーチスタッフが分け合っている。[4] ユドカウスキーとエグゼクティブ・ディレクターのネイト・ソアレスがそれなりの割合を占めているだろうが、ほかの８人がバークレーの基準ではかなり少ない４万ドルだったとしても、２人は13万ドルずつを受け取っているという計算になる。もちろん結構な金額だが、優れたソフトウェア・エンジニアと同じくらいだと言える。

信念がカルトへと変わっていってしまわないようたえず努力を続けている彼らを、私はカルトだとは思わない。いや、言い方を変えよう。彼らのことをカルトと呼んだって構わない。しかしその場合の「カルト」とは、私たちが警戒を抱く要素を取り除いたものになる。

ポリアモリーは合理主義者に限らない

しかしサビスキーは、単なるカルトではなく「セックスカルト」だと批判した。グループハウスで暮らしたり、ＣＦＡＲやＭＩＲＩで働いたり、オックスフォードのＦＨＩに集まってくるような、合理主義者として仕事や生活をしている人の多くが男女問わずポリアモリー（複数恋愛）を実践しているからだ。ユドカウスキーも、そのうちのひとりだ。彼には妻のほかに2人のパートナーがいて、全員がポリアモリーとして生活しており、それぞれほかにパートナーがいる。

サビスキーの基本的な見方は次のようになる。「最も地位の高い男たちを中心に物事が回っていて、その男たちが好きなものをつまんでいるように見える」。

しかし、こうした見方はよく言っても不完全なものであり、ともすれば完全な誤解だと指摘することもできる。ひとつ例を出すならば、ポール・クローリーは合理主義者でありポリアモリーだが、彼は合理主義者になる何年も前からポリアモリーだった。彼はずっとポリアモリーだったのだ。

スコット・アレクサンダーのように、合理主義者になってからポリアモリーになった人も当然いるが、合理主義のコミュニティはポリアモリーの考え方を植え付けているというよりは、ポリアモリーの人を引きつけていると言った方が近いように感じる。

また、ポリアモリーが合理主義者たちのなかでの規範であるわけではない点も指摘しておくべきだろう。ほかの場所より多く見られるものではあるが、想像よりは少ないはずだ。

スレート・スター・コーデックスによる２０１８年の調査[5]では、ポリアモリーを実践していると答えたのは８０００人の回答者のうち10パーセントを少し下回るくらいであり、２０１４年のレスロングによる調査[6]では、およそ15パーセントとなっている。

総人口における比率については確かな数字がないものの、ある「独立研究者[7]」の見解を引用した「Psychology Today」内の記事によると、アメリカの「およそ１２０万から２４０万」組のカップルが「性的にモノガミー（一夫一婦制）でない関係を実践している」といい、「ほかに恋人を持つことを許している」カップルを含めると約１０００万組に上るという。

アメリカには男女それぞれ約１億２０００万の成人がいる。およそ4分の3が何らかのパートナー関係にあるとすると、定義にもよるがすべてのカップルのうち2～10パーセントがポリアモリーということになる。

ある研究では、21パーセントの人が、どこかの時点でポリアモリー的な関係を試みたことがあるという。[8] 法律業界の雑誌『Advocate』の記事では、参照元がないものの、「多くの研究者は、アメリカ人のおよそ4～5パーセントが、モノガミー的でない関係を築いている」と紹介されている。[9] それらを踏まえると、アメリカ人の5パーセントがポリアモリー的な関係を選択していると言っても差し支えないだろう。すると、10パーセント近くだという合理主義コミュニティ内の比率も、そう桁外れに多いものでないことがわかる。

私の見解はこうだ。私は合理主義者のコミュニティをセックスカルトだとは思わない。しかし、その外側の人びと、たとえば私のような異性愛者で一夫一婦制で、結婚して落ち着き、2人の子供とワンボックスカーを持っているような世界の人間たちは、合理主義者コミュニティのあらゆるものをかなり変わったものだと感じるだろう。そして多くの人にとって「変わっている」ということと「道徳に反する」ということは区別することが難しいのだ。

35 心理分析は真実を教えてはくれない

また別の観点から言えば、合理主義者のコミュニティがカルトだろうが宗教だろうが、何であろうが関係はない。

宗教的な特徴を持つほかの運動の例を挙げてみよう。たとえば環境主義だ。環境問題を懸念している人びとは、気候変動という形で忍び寄る終末について警告を発している。カリスマ的な預言者たち（ジョージ・モンビオやアル・ゴアなど）がいて、差し迫る破滅を警告している。そしてその破滅を防ぐための決まりのようなものがある（リサイクルや、プリウスを運転することなど）。

この例はスコット・アレクサンダーから拝借している。彼はある人物への応答として、環境主義は宗教だと指摘した。[1] そしてまた、リベラリズムも、保守主義も、リバタリアニズムも、社会正義運動も、共産主義も、資本主義も、オブジェクティビズムも、Appleも、UNIXオペレーティングシステムも、すべて宗教だと指摘した。何をもって「宗教」とするかは、線の引きどころ次第でほとんど何でもそこに含むことができる。

環境主義が本当に宗教と同じような心理的特徴を備えていたとしよう。たとえば、環境問題に熱心な私の両親が地元オックスフォードで関わっている二酸化炭素排出量の少ない社会を目指すグループやサイクリングを推進する活動は、心理的な機能で言えば、教会へ通うことや伝道活動と100パーセント重なるものだ。2015年にパリで開催された国連気候変動会議は、カトリックにとっての第2バチカン公会議に等しい。

こうした指摘は、環境主義の主張が正しいかどうかを判定するものだろうか？　主張の真偽については何も語っていないに等しい。

地球が温暖化しているかどうかは、大気や海にどれほどの熱エネルギーが含まれているかの問題だ。それとは別に、ある人が、地球が温暖化していると信じるかどうかは、その人の脳の問題だ。「環境保護に熱心な人たちの心理を分析したところで、世界が温暖化しているかどうかは確かめられない」。ポール・クローリーは不満そうに言った。「それを確かめるには衛星データや二酸化炭素濃度なんかを見なきゃならない。宗教かカルトかなんていうのは、究極的には大いに現実から目を背けているにすぎない。世界について知りたいときに、心理学は役に立たない」。

エリエゼル・ユドカウスキーも、かつてシンギュラリティ主義を「科学的というより宗教的なビジョン」[2]だと語った科学ジャーナリストのジョン・ホーガンからインタビューを受けた際、次のように語っている。

「あなたは人びとの心理を分析することによって経験的事実を導き出そうとしている。それは決してうまくいかない。AIをより賢くしていく作業において、人間と同じレベルの作業ができるAIが生まれたとする。つまり、そのAIはみずから微調整をおこない、コンピュータ科学を知り、みずから新しいアルゴリズムを生みだすことができる。そのAIは自分を向上させることができる。そうすると何が起きるだろう——どんどん賢くなり、さらなる向上を重ね、途方もないレベルにまで急速に性能を上げていく？　あるいは特に刺激的なことは起こらない？」[3]

この問いに答えるためには、実際にコンピュータ科学を知らなければならない、とユドカウスキーは言う。実際に情報を検討する必要がある。どちらかを信じている人を観察して、その人たちのことを好きかどうかや、その人たちが変わっているかどうかを考えたところで、答えは得られない。

そのため「合理主義者のコミュニティはカルトか？」という問いは、合理主義者になると寄付で現金を失ったり、巧みにセックスに誘われたりするかもしれないという警告としては価値がないわけではないが、奥に潜む根本的な問いについて考えるものではない。その根本的な問いとは「人類はうまく制御されなかったＡＩに滅ぼされてしまうのだろうか？」である。

この問いは、知能とは何か、それを作り上げることができる確率はどれほどなのか、もしできるなら、どのような特徴を持つことになるか（あるいはどのような特徴を持たせることになるか）といった問題を含んでいる。それが決して起こりえないと考えるに足る根拠はたくさんあるだろう（同じように、想定より早く実現するかもしれないと考えるに足る根拠もたくさんある）。しかし「レスロングの奴らはちょっとカルトっぽく見えるから」というのは、そうした根拠にはなりえない。

36 合理主義とフェミニズム

もうひとつ、言及しておくべきテーマがある。合理主義者たちは科学的な思考をもった人種差別主義者で、トランプ支持者で、オルタナ右翼で、女嫌いで男の権利を主張する活動家なのだろうか。

前にも記したように、私は合理主義の人間たちは好きだ。善意で動いている興味深い人たちだと思う。だから先の問いに対し、私が端的に「ノー」と答えたとしても読者は驚かないだろう。しかしもう少し長く答えるなら「ノーだけど、あなたがそう考える理由もわかる」となる。そしてものすごく長く答えるなら、次のようになる。

合理主義者たちはオタクだ。たいてい、物事の仕組みに強い関心を抱く人たちだ。レスロングとスレート・スター・コーデックスの調査によると、比率は明らかに男性の方が多く、自閉症スペクトラムやそれに近い人の比率が明らかに高い。自閉症とは通常社会性に問題を伴うものであるため、合理主義者には大なり小なり社会スキルに欠けた人が多い。

そして聞いても驚かないだろうが、多くは女性と話すのが得意ではない。愛やセックスや親密さや愛情というのは人間の生活において重要なものであり、これらが欠けているとたいていは幸福度が下がる。これはまさに現実の人間が直面する現実的な問題だ。さらに、オタクはいじめられがちで、オタクであることで罵られたり、大きな痛みを伴ったりするつらい状況に置かれることがある。

これと関連するのが、「科学、技術、工学、数学（STEM）分野の女性」をめぐる問題だ。このSTEM分野でキャリアを歩む女性がかなり少ないのは事実である。その傾向は工学とコンピュータ科学の分野で顕著だ。

1998年のデータを調査した研究では、アメリカのテック業界で働く人のうち女性はわずか26パーセントだった[1]（この数字はそれ以降低下して20〜23パーセントだとする研究もある）[2]。この状況には単なる男女差別以外の要因もあるのではないかと示唆したことで、合理主義者は問題視された。シリコンバレーの技術者たちは、純粋に女性たちを締め出しているわけではないと指摘したのだ。

シリコンバレーに女性が少ないのは差別が理由ではない

スコット・アレクサンダーは次のように訴えた。シリコンバレーに女性が少ない主な要因が性差別主義なのだとしたら、高校でコンピュータ科学に取り組む女子生徒はたくさんいるのに、シリコンバレーでの仕事が得られないという状況が生まれるはずだ。しかし、現実はそうではない。アメリカの高校でコンピュータ科学の授業を取っている生徒のうち、女性はおよそ20パーセントだ[3]（コンピュータ科学の授業で優を取るイギリスの学生のうち、女性はおよそ8パーセントだ）[4]。1989年の研究でも、中学校レベルで似たようなパターンを示している[5]。

また、性差別的な固定観念によって女性が自分たちはコンピュータ科学の分野で男性より劣っていると信じ込んでしまい、コンピュータ科学の授業を取らなくなっているわけでもない、と彼は指摘する。女性は、自分たちがコンピュータ科学の分野で男性より劣っているなど信じていないことが調査によってわかっている[6]。

そのため、シリコンバレーに女性が少ない主な要因は、シリコンバレーが女性を求めていないからではなく、女性がシリコンバレーを求めていないからではないか、と彼は言う。

メタ分析によると、[7]女性は「物重視」のキャリアより、「人重視」のキャリアに関心を持っている。「ここで言う『物』には機械のような物理的な物質も、複雑で抽象的なシステムも含まれる[8]」とアレクサンダーは言う。「こうした研究からわかった別の発見も補足しておくと、男性の方がリスクを取り、危険を好む。そしてここで言う『人』にはコミュニティ、会話、補助、子供、動物などが含まれる」。

この視点で見ると理解しやすい、と彼は言う。たとえば、かつて医学はまさしく男性の特権の砦《とりで》だった。それが現在はアメリカの医学部生のうち50パーセントが女性となっている（彼はこの数値の出典を示していないが、イギリスのデータで言えば、２０１５年における医学部生のうち55パーセントが女性で、[9]２０１６～２０１７年度の医学・歯科学生のうち56パーセントが女性だ[10]）。

しかし、興味深いことに、より細かく見ていくと、医学のなかでも「物重視」の分野――あまり患者とは話さず、患者にメスを入れたり、麻酔をかけたり、放射線を当てたりして、人というよりも物やシステムとして扱って処置をおこなう分野――は顕著に男性の方が多い。（アメリカにおいて）外科は男性が59パーセント。麻酔学は63パーセント。放射線医学は72パーセントが男性となっている。

そして「人重視」の分野――精神医学の57パーセント、小児科75パーセント、家庭医療58パーセント、産科／婦人科85パーセント――は女性が多くを占めている。[11]コンピュータ科学はかなり物重視なので、その分野で仕事を得ようとするのは男性が多くなると想像がつく。状況はイギリスでも似ている。英国医事委員会によると、イギリスにおける産科／婦人科の専門医は50パーセント以上が女性（40歳以下では66パーセント、研修医では78パーセント）で、外科医における女性の割合は12パーセントだという。[12]

もちろん、こうした男女の関心の違いが、幼い頃からの社会化によって引き起こされているという可能性は残っている。それに関する研究は数多く進められており、果てしなく議論が繰り返されている。この点について立ち入ることはしないが、アレクサンダーは次のように語っており、私も同意する。

「おそらく私たちの古い友人である遺伝子と文化が相互に影響しあい、生まれつきの小さな違いが社会における役割として固定化されることによって、その差異が飛躍的に大きくなっていったのだろう」[13]。

しかし（可能性は低いように思えるが）たとえ遺伝子による差異がなかったとしても、幼い頃からの社会化が原因なのだとしたら、シリコンバレーやオタクたちを全面的には責められないはずだ。

37 新反動主義者たち

合理主義者たちはオルタナ右翼とつながっているという批判もある。そういうつながりがあるのではないかと批判者たちに思わせる確かな理由がある。実際につながっているのだ。「新反動主義者」として知られるオンラインのグループがある。合理主義者の運動から派生したとも言える、中世の統治形態を理想とする変わったオルタナ右翼の一群だ。彼らはレスロングを去り、「モアライト（More Right）」という名の、自分たちのウェブサイトを立ち上げた（「できるだけ間違えないように」を意味するレスロングに対し、「もっと正しく」を意味する名前にしている点に注目）。

新反動主義の生みの親メンシウス・モールドバグは、レスロングと分裂する以前のロビン・ハンソンのブログ「オーバーカミング・バイアス」にいくつか投稿をしていた。新反動主義でもうひとり有名なマイケル・アニシモフは、2013年までMIRIのメディアディレクターだった。「Konkvistador（コンキスタドール）」と名乗る人物も、よくスレート・スター・コーデックスにコメントしている。

彼らは小さくて奇妙なサブカルチャーを形成している。マイク・ストーリーは、こんな風に考えるとよいと教えてくれた。「レスロングは穏やかで、高機能自閉症やオタク的な人たちのソーシャルクラブのようなものだ」。しかしそのなかにも違いがあるという。「社会性に欠けたろくでなしと、そうした欠落を持ちながら善意のある人たちに分かれる」。後者が効果的利他主義を形成し、前者が新反動主義を形成する。それぞれ同じくらいの数がいるとは誤解してほしくない。合理主義者の20パーセントが効果的利他主義者で、新反動主義者はわずか0・92パーセントだ。[1]しかし新反動主義者は、ごく少数とはいえ実際に存在し、合理主義者コミュニティの動向に影響を与えている。

新反動主義者たちによると、世界はこの数百年着実に「左」へと動き続けてきたが、それと歩みを合わせるように安全性や幸福度や知性が低下し、「左」の規則にある程度従わなければ自由に意見を語ることもできなくなっている。

さらに彼らは少数民族の厳しい生活状況（教育、収入、犯罪、精神衛生など）について、それが少数民族の遺伝子的および文化的要因によるものだと信じている。そして女性は伝統的な「性差別的」社会の方が幸せに暮らすことができると信じていて、発展途上国からの移民については、異なる劣った価値観を持つ人間の流入によってアメリカの状況を悪化させていると信じている。

そして何より特徴的なのが、民主主義については、選挙によらない全能の王による統治に取って代わられるべきだと信じている点だ。

新反動主義者たちは合理主義者と完全に分かれているわけではない。スレート・スター・コーデックスのコメント欄を見ていると新反動主義者たちもよく現れている。

1パーセントの人たちの暴走

状況を私なりに整理してみよう。まず、コメント欄は文字通り最悪だ。インターネットには「1パーセントの法則」なるものがある。どんなインターネット・コミュニティであれ、きわめて活動的な1パーセントの人間が、そこのコンテンツ（コメントや、Wikipediaの編集や、YouTubeの動画投稿）の大部分を作っていて、残りの大半はただ読んだり見たりするだけという法則だ。

実際に、レスロングの閲覧者への調査では前年に週1度以上コメントしていたと回答したのはわずか1・2パーセントで、残りの84パーセントは1度もコメントしたことがないと回答した。[2] スレート・スター・コーデックスの調査でも似たような結果が出ている。そしてもちろん、旺盛に活動する1パーセントのなかには、かなり思想の強い人間たちが高い比率で含まれている。そのため、スレート・スター・コーデックスのサブレディットの醜悪なコメントをもってして、合理主義者たちのことを判断するのはかなり不公平だ。

次に、合理主義者たちはある困難を抱えている。自分とは意見が異なる主張を真剣に検討することこそ、彼らの運動であるからだ。アレクサンダーはそれを、「慈善の原則」と呼んでいる。それはスレート・スター・コーデックスの思想にも組み込まれており、「どうしてこの人は、こんな愚かなことを信じてしまうのか理解できない場合」、それはその人ではなく、こちらが悪いと考えることになっている。[3] たとえば、差別的な「人種科学」の主張をしたい人がいたとする。その人が合理主義者のウェブサイトに行って主張を展開しても、すぐにブロックされたりしない。そこの人びとはブロックするのではなく真剣に向き合い、議論を始めるのだ。

これはあらゆる点で立派で素晴らしいことだ！「敵」がどれだけひどいかを糾弾し、「自分の味方たち」から喝采を浴びようと思えば、ネットなら簡単にできる。しかし合理主義者のコミュニティは、まったく意見の異なる相手と落ち着いて語り合いながら、相手を説得しようと試みることができる（もちろん、こちらが説得される可能性もある）。

すると残念なことに、まったく呆れてしまうような意見を主張する人間も招き入れることになる。

しかしイギリスやアメリカや世界の多くは、どんどん分断されつつある。その国の保守とリベラルは、まったく違う世界に住んでいるかのようで、向こうはどれだけひどいかと仲間内で語り合っている。

合理主義コミュニティのように両者が語り合える場所は保護され推奨されるべきであり、非難されるべきではない。（合理主義者たちの考えが正しければ）世界全員に影響を与える可能性があり、差し迫る不可避の脅威であるＡＩの危険を語るにあたっては、こんな風に気兼ねせずに意見を交換しあえる場所があるのは特に良いことに思える。

スレート・スター・コーデックスによる２０１８年の調査では、[4]回答者の29パーセントが登録民主党員で、登録共和党員はわずか9パーセントだった（36パーセントはどの政党にも登録しておらず、21・6パーセントは非アメリカ人だった）。「政治的スペクトル」に関する質問では、自身の政治的立場を１（極左）から10（極右）のどこかに位置づけてもらったところ、いちばん多い26パーセントの回答を集めたのが3で、その次は4で21パーセントを集めた。

合理主義者たちはTwitterやTumblrで左翼がおこなっているイメージがある「社会正義運動」をよく批判している。合理主義者がオルタナ右翼で、女性嫌悪者で、人種差別主義者であるのなら、彼らからの批判などリベラル左翼は簡単に無視できる。しかし合理主義者たちがリベラル左翼の多い集団で、その彼らが主流派のリベラル左翼の思想を具体的に批判しているのであれば、無視するのは難しくなる。

また、合理主義者の多くがする中心的な主張は、そう遠くない未来にうまく制御できなかったＡＩによって人類が滅ぼされるリスクがある、ということだ。真実を求めるという観点から言えば、合理主義者が女性嫌悪者であるかどうかは関係がない。前にも語ったように、心理分析をしたからといって真実にたどり着けるわけではないのだ。

PART
8
より効果的に善をなす

38 効果的利他主義

合理主義者について語るなら、その双子のような存在である「効果的利他主義」運動について言及しないわけにはいかない。かなりの面で重なり合っているため、私はこの2つを同じような意味で使ってしまいがちだが、実際には明確な違いがある。

効果的利他主義の基本的な考えは、自分たちが持つリソースのなかで最大限の善をなすべきだというものである。慈善事業に寄付をするなら、その効果を最大化する慈善事業に寄付をするべきだ。もし自分が世界の向上にキャリアを捧げたいと思うのなら、自分のキャリアをどのように費やしていくか（データを活用しながら）入念に考えるべきだという思想である。

この運動の精神的な生みの親はピーター・シンガーだ。1972年に『飢えと豊かさと道徳』[1]というエッセイを出版したオーストラリアの倫理学者で、プリンストン大学で教えている。彼は功利主義者で、20世紀に大きな影響力を持った人物のひとりである。

彼が1972年に提示したのは、一見シンプルな2つの主張だった。ひとつは「食料や、住まいや、医療の不足による苦しみや死は良くないことだ」。そしてもうひとつは「何かすごく悪いことが起こるのを、大きな道徳的犠牲を伴わずに防げるのであれば、私たちは、道義上、それを実行するべきだ」。

彼は例を挙げている。

「浅い池を通りかかって、子供が溺れているのを見かけたら、池のなかに入っていって子供を助け出すべきだ。服は泥だらけになるが、そんなことは重要じゃない。その子供の死はきっとすごく悪いことだろうから」

これは私にとっては、特に議論を巻き起こすような考えには思えない。しかしこの考えには、動揺を誘う深い含みがある。

彼が執筆していた1971年には、ベンガル飢饉によって900万人が難民となっていた。彼は、援助という点でほかよりも寛大なイギリスとオーストラリアの両国であっても、（イギリスの場合）超音速旅客機「コンコルド」のプロジェクトにかけた金額のおよそ30分の1しか援助しておらず、それから（オーストラリアの場合）シドニー・オペラハウスの建設に費やした資金の12分の1しか援助していないと指摘した。もっと多くを出せば、もっと多くの命が救われていたことだろう。

「自分が救える相手が10ヤード先の隣人の子供だろうと、1万マイル離れた名を知ることもないベンガルの人であろうと、倫理的には何ら違いがない」と彼は書いている。命は命であり、可能な限り多くを救うべきである。慈善団体に寄付をするのは良いことだと言っているのではない。このような援助は倫理学でいう「義務を超えた善行／超義務」でもなく、単なる義務である。豊かな先進国に暮らしている人は誰もが、稼ぎの少なからぬ割合を慈善団体への寄付か、税金を通しての海外援助に充て、途上国の人びとの暮らしを向上させるべきだ。

ではいくら？

では、いくらくらい？　彼は具体的な金額は提示していないが、こう語っている。

「今日の消費社会は人々が飢餓救済に寄付するのではなく、取るに足らないものにお金を費やすことによって成り立っているが、我々はその消費社会が衰退し、そして、おそらくは完全に消え去るのに十分なぐらい寄付をしなければならないだろう」

シンガーがこのエッセイを書いてから38年後、トビー・オードと道徳哲学の教授であるウィリアム・マッカスキル（かつて世界最年少で准教授になった。いまでもまだ32歳）を中心として、イギリス・オックスフォードの少数の学者たちが、シンガーの考えを取り入れつつ、それをより実践的かつ精緻《せいち》なものにしようと乗り出した。

２００９年に「ギビング・ワット・ウィー・キャン」という慈善団体を創設し、世界でどこより効果的な慈善団体を見つけだし、それらに寄付できるよう尽力した。彼らは、会員に収入の10パーセントを効果的な慈善団体へ寄付することを誓約するよう促しもした。

２０１１年、マッカスキルは「80,000アワーズ」という慈善団体も立ち上げ、世界に最もポジティブな影響を与えるためのキャリア選択を手助けするようになった。たとえば世界に違いをもたらしたいと思っている聡明な若者にとっては、国境なき医師団の医師になることが理にかなった選択に思えるかもしれない。しかし知名度は低いがより給料の高い会社に勤めて、給料の大部分を慈善団体に寄付する方が効果的かもしれない（彼らが挙げているのは、年収６万５０００ドルの非営利組織のＣＥＯよりも、年収25万ドルのソフトウェア・エンジニアのキャリアを選んだ男の例だ。その彼が年間12万５０００ドルを慈善事業に寄付すれば、理論上、少なくとも２人のＣＥＯを金銭的に支えることができる）[2]。

一方アメリカでも、2人の若者が同じようなアイデアを思いついていた。２００７年、アイビーリーグの大学を卒業し、ヘッジファンドで働いていたホールデン・カーノフスキーとエリー・ハッセンフェルドは、自分たちが突如として稼ぐようになったそれなりの大金をどこに寄付するのが最善かを知ろ

う と考えた。

「それを調べるのは、プリンターを買うときのような感じだろうとしか思っていませんでした」とホールデンは教えてくれた。「どこかのサイトに行って、いちばん安い金額でいちばん良いプリンターを買えばいい」。

しかしそんなサイトは存在しなかった。「『どうすればいいんだ？　人を助けたいのに。どうすれば自分が出せる金額内で人を手助けすることができる？　難しすぎて見つけられない』。それでいろんな慈善団体に電話をして聞いてみました。『すみません、何か効果の測定基準はあるんでしょうか？　どれくらいの人を救ってきたか、データはありますか？』　エリーとぼくには8人の仲間がいたから、手分けして電話をかけました」。

次第に、そうしたデータを手に入れるのが簡単ではないこと、そしてそれはかなり大きな問題であることが明らかになってきた。「はじめはめんどくさいものでした。休暇中なのに、データをもらうために慈善団体へ電話をかけてばかり。それからだんだん面白くなっていきました。そこには大きな溝があって、つまり世界に生じている問題があって、本当に全力で取り組めば、それを解決できるんじゃないかと思えたから。それでぼくたちは仕事を辞め、仲間たちから資金を募って『ギブ・ウェル』（のちのオープンフィル）を始めました。ある意味ではものすごく普通のスタートアップの物語ですね。欲しいと思ったものが見つからなかったから始めた」。

慈善事業は比較する必要がある

「人を助ける」ことを、どう測定するのかと思う人もいるだろう。たとえば、ある教育プログラムの効果と医療プログラムの効果は、どのように比較することができるだろう？　そうやって比較することは公正で、意味のあることなのだろうか？

「異なるタイプの慈善事業を比較することは公正であるだけでなく、必要不可欠なことだ」とマッカスキルは言う。「その比較によって、どの慈善事業が費用対効果が高いかが見えてくる」。

たとえば、アメリカやイギリスでもう1年教育を受けさせるために資金を募る慈善事業なら、1人につき数万ドルの費用が必要になるかもしれない。それだけの金額があれば、サハラ以南のアフリカの子供たちに殺虫剤を染み込ませた蚊帳を提供し、マラリアを何百件も防いでいくつもの命を救うことができる。どれほど教育に価値を置くとしても、西洋人ひとりの1年分の教育に比べて子供たちの命を救うことの方がかけがえがないのは明らかだ。

これが、よくあるパターンだ。「発展途上国の人びとを支援する慈善事業の方が、先進国を支援するものよりもはるかに費用対効果が高くなる傾向にある」とマッカスキルは言う。「ぼくはこれを『100倍の法則』と呼んでいる。裕福な国に暮らす人間は、自分や地域社会のためにできることの少なくとも100倍のことを、他人のためにできると考えるべきだ」。

ギブ・ウェルとギビング・ワット・ウィー・キャンは、ともにアゲンスト・マラリア基金（Against Malaria Foundation）への寄付を推奨している。貧しく、マラリアの発生しやすい地域に暮らす家庭に蚊帳を届ける慈善事業だ。

また、寄生虫の駆除を安価でおこなえるよう支援することで子供たちの未来に大きな影響を与えている「Deworm the World Initiative」や、携帯から少額を発展途上国の貧しい人びとへ直接送金できる「GiveDirectly」などの団体も勧めている。

そのほかに、この2つの組織が勧めている慈善団体には、「住《じゅう》血《けつ》吸《きゅう》虫《ちゅう》症《しょう》対策イニシアティブ」「No Lean Season」「ヘレン・ケラー・インターナショナル」「マラリア・コンソーシアム」「END Fund」

などがある。
こうした事業に共通しているのは、貧しい国々への支援であるという点だ。また、多くは比較的治療しやすい病気に対する安価な医療を提供している。ギビング・ワット・ウィー・キャンのウェブサイトでは、こうした共通点がある理由が次のように推測されている。

「目が見えずに苦しんでいる人を支援したいと思ったとする。先進国では、盲導犬とその新しい飼い主の訓練に4万ドルほどの支援が必要になる。発展途上国では、トラコーマによる失明や視力低下に苦しむ人が100万人以上いるものの、わずか100ドルほどの安全な手術で失明や視力低下を1〜30年遅らせることができる。1人を助けるための盲導犬1匹を訓練するのにかかる金額で、400〜1万2000年分の失明を防ぐことができる計算になる」[3]

極端で、比較することが難しい物事もある。5年の延命は、目の見えない子供の治療より価値があることだろうか、それとも価値がないことだろうか。現状では、驚くほど無根拠な形で寄付がおこなわれることがほとんどで、友人のハーフマラソンを支援したり、街頭で乞われるようにして寄付をしたりしている。

「エビデンスに基づかない形で支援をおこなう先進国の寄付者は、自分たちのコミュニティにいる人びとを支援する事業に寄付をおこなう傾向にある」とマッカスキルは言う。「こうした慈善事業は、貧しい国の人びとを支援することに焦点をあてた事業に比べて効果は100分の1かそれ以下だと考えられる」。

マッカスキルの推測は正しい。本書の執筆にあたって調査したところ、アメリカの慈善寄付のうち、「国際問題」に向けられたものはわずか6パーセントだった。つまりアメリカ人がおこなう寄付の94パーセントが国境を越えていないということであり、私はそれを知って驚いた。[4]

効果的利他主義運動は、基本的に、世界に少しの違いを生む慈善事業を扱っているのではない。効果的利他主義の考えでは、でたらめに寄付して温かい気持ちを買い取るのではなく、あなたの資金を最大限効果的に使いたいならば、周りに比べて明らかに効果の高い慈善事業が存在する。

「人類の危機」をテーマにする慈善事業団体

合理主義と効果的利他主義のつながりは、ほとんどその誕生にまで遡る。オードとマッカスキルは、2003年にオックスフォードでニック・ボストロムに出会った。オードは言う。「人類の危機に関するぼくの仕事はニックに大きく影響を受けている。ニックに影響されていなかったら、(効果的利他主義運動は)これほど強く人類の危機という点にこだわっていないだろうね」。特定のひとりが周りに影響を与えた、という形ではないとオードは言う。「似たようなことを考えていた人びとが影響を与え合いながら、やりとりを通して考えを発展させていったんだ」。

たしかに、効果的利他主義運動による支援の大きな割合をレスロングの合理主義者たちが占めている。

2014年の調査では、この運動について初めて耳にしたのはレスロングを通してだったと答えたのは、回答者のうち31パーセントに上った。[5] 2017年にはこの数字は15パーセントにまで低下しているが、それは効果的利他主義の規模が大きくなったと同時にレスロングの規模が縮小していったことにも原因があるだろう。しかし、これに加えてスレート・スター・コーデックスを通して知ったという人びとも7パーセントいた。[6] そしてレスロングからの分派の多くが、効果的利他主義者である。

2016年におこなわれたレスロングの離散に関する調査では、回答者の20パーセントが効果的利他主義者であると答え、22パーセントが効果的利他主義でなかったら「しなかったであろう寄付」をしたことがあると答えた。[7]

オープンフィルで働くヘレン・トナーとアジェヤ・コトラの2人も、レスロングを通してか、ほとんど同じ時期に2つを知ったという。ある効果的利他主義者のブログ「The Unit of Caring」は、ユドカウスキーのブログの投稿（「Money: The Unit of Caring（金：思いやりの単位）」）から取られている。スコット・アレクサンダーは繰り返し効果的利他主義について書き、ギビング・ワット・ウィー・キャンが効果的な慈善事業に対して収入の10パーセントを寄付することを「誓約」させていることをブログで強く擁護している。[8]

また、効果的利他主義者は人間的にも合理主義者と似ている。全体的にオタク気質だ。新しい経験にオープンである（効果的利他主義者のうち、どれほどがポリアモリーかはわからないが、オックスフォードでもベイエリアでも珍しいことではない）。感情よりも数字を重視する。そうした数字から奇妙な意見が導きだされることも多い。たとえば、ある効果的利他主義者は、もし私たちが苦しみの軽減を目指しているのなら、動物の苦しみも重要な要素ではないかと指摘していた。

そしてオープンフィルが特に力を入れている分野のひとつが――これも表面上は奇妙に映るだろうが――人類の危機だ。

オープンフィルはギブ・ウェルとグッド・ベンチャーズによって作られた。グッド・ベンチャーズは、フェイスブックの共同設立者ダスティン・モスコヴィッツと、彼の妻カリ・ツナが立ち上げた慈善財団だ。ギブ・ウェルは小さく、再現性があり、（多くの場合）確かな事業（たとえば蚊帳や送金の事業）に特化し、オープンフィルは、規模の大きな、ハイリスク・ハイリターンの事業に特化している。そうして取り組んでいる分野のひとつは、たとえば刑事司法制度改革や、移民政策といった、政府の政策だ。そして動物福祉にも取り組んでいる。

カーノフスキーと彼が率いるチームの話を聞きにサンフランシスコを訪れたとき、広報責任者のマイク・レヴィーンは地元のバーガー屋のランチに連れていってくれた。それは私が『ターミネーター』に出てくるスカイネットのロボットのようなＡＩが世界を滅ぼすと考えていないかどうか、合理主義者たちをバカにするばかりの本を書いたりしないかどうか、やんわりと探るためでもあったようだ。

私たちは「インポッシブル・バーガー」を食べた。植物性代替肉を使ったバーガーで、オープンフィルが一部出資して作られたものだった。[9] 肉の使用を減らすことで、動物の福祉を向上させ、温室効果ガスの排出を減少させることが目的である。本当のバーガーのような味で、とても美味しかったし、人気になりつつあるようだ。アメリカでは数百カ所で展開されており、イギリスにはライバル企業が上陸した（イースト・ロンドンにできたDalstonだ）。[10]

しかし本書に最も関係のあるオープンフィルの取り組みは、ＡＩによる世界の危機への対策だ。

39 AIと慈善事業

アジェヤ・コトラはオープンフィルのリサーチアナリストだ。彼女とオーストラリア出身の同僚ヘレン・トナーは、なかでもAIの危険性についての研究を集中的におこなっているが、2人とも仕事内容について人に説明するのに苦労するという。

「高校生だった頃に、ギブ・ウェルと効果的利他主義のことを知って、レスロングと合理主義者コミュニティのことも知った」とコトラは言う。はじめ、彼女は世界の貧困を減らすことに関心を持っており（「両親にアゲンスト・マラリア基金へ寄付させようとしていた」）、AIのことは気にしていなかったという。しかしカリフォルニア大学バークレー校で効果的利他主義についての講義シリーズを担当する機会がめぐってきた。

「その準備のためにじっくりと（人類の危機に関する）議論を振り返ることになった。それ以来、世界的な惨事が起こるリスクに特化した仕事をするようになっていった」。大学でコンピュータサイエンスを専攻していたため、AIの技術面への理解があったことも、その仕事に役立ったという。

そうした研究に取り込むことは、社会的な犠牲も伴うと彼女は言う。「たとえば両親なんかには、自分のやっていることを説明するのが普通より難しい。でもこれが重要な問題である理由は、かなり簡単にわかると思う。人工的な知能というものが次の20〜30年で実現するかもしれないと多くの専門家が考えている。そして人間の知能は、いい意味でも悪い意味でも、これまでに世界を大きく変えてきた」。人間より優れた知能ができたらもっと大きく世界を変える影響力を持つ、と想定しない理由はない。「その知能は、私たちが気にかけているようなこと、たとえば病気の治療、新たな形の監視、富と貧困と格差なんかも含めて、さまざまなことに影響を与えるはず」。

トナーも同意する。ならず者のAIに世界が滅ぼされるのを阻止しようとしていると説明するよりも、マラリアを防ぐための蚊帳の普及に関わっていると言う方が人に伝えやすいという。彼女のキャリアも、世界の貧困や国際開発に関心を持ったことから始まっていた。「でも議論を重ね、効果的利他主義について深く知るようになり、そのコミュニティに1年や2年関わっていると、AIの問題にこそ携わるべきかもしれないと思うようになった」。

効果的利他主義の考えによると、寄付すべき取り組みには3つの鍵となる要素があるという。

1つ目は、その問題の重要度だ。その問題は、どれほどの規模であるか。その問題が解決されたら、世界がどれほど良くなるか。

2つ目は、扱いやすさ。その問題を解決する容易度はどれほどか。

3つ目は、放置度。すでにその問題に多くの人が取り組んでいるのなら、そこに付け加えられる善は少なくなる。そう考えると、マラリアは素晴らしい寄付先だ。その問題解決はとてつもなく大きな影響（重要度）があり、蚊帳を使って安く容易に防ぐことができるのに、世界での取り組みや資金援助はまだまだ少ないからだ。

世界が滅びるリスクとしてわかりやすいのは気候変動だ。途方もなく重要であり、解決は容易ではないができることはもちろんある。しかし気候変動は混み合った場所だ。たくさんの政府や慈善組織が参入しているので、オープンフィルがその分野に資金を投入しても影響は小さくなる。

その代わりにオープンフィルが焦点を当てているのが、パンデミック、特に遺伝子組み換え病原体によるパンデミックと、ＡＩだ。「何がより大きなリスクだろうかと長い時間をかけて何度も考えてきました」とホールデン・カーノフスキーは言った。「（人類が滅亡するとしたら）何が原因かと尋ねられたら、その２つがトップで、その少し下に来るのが核兵器でしょう」。

そして、第２章で語ったように、人類が絶滅してしまうかどうかはとても大きな問題だ。ニック・ボストロムは、この先10^{58}もの数の人間らしき生命が生きられる可能性があると説いている。この計算は30桁規模で間違っている可能性もあるが、そうだとしてもこれまでの人類の総計よりもはるかに多い数だ。もしそうした未来の生命の倫理的価値を少しでも尊重するとしたら、未来の生命は現在の私たちの倫理判断に大きく影響を与えることになるはずだ。

そうした考えに賛同しない人であっても、いま生きている人びとを絶滅させてしまう可能性がほんのわずかにでもあるとしたら、それは気にかけるべき大きな問題となる。

たとえば、21世紀の半ばまでに地球の総人口は１００億人に達すると予想されている。何かが人類すべてを殺してしまう可能性が3パーセントでもあるとすると、その何かは3億人の命を脅かしているに等しい。その数は、慈善団体「80,000アワーズ」によると、「マラリアなどを含む貧困が原因の病気による次の１００年の予想死者数を超える」[1]。

もし未来の生命を尊重するべきだという考えに賛同するのなら、考えるべきは現在の多くの命を奪いうる物事だけではない。数章前に話したように、遺伝子操作されたウイルスとＡＩは今後の人類にとっての大きなリスクだ。これはＡＩについての本であるため、そちらに焦点を当てよう。

ホールデン・カーノフスキーは言う。ＡＩのリスクは、（絶滅のリスクがあるから）とてつもなく重要度が高く、かなり放置されていて（その問題に取り組んでいるのはＭＩＲＩやＦＨＩなど、数えるほどしかなく）、問題としてはまずまず扱いやすい。

ＡＩの安全性問題は費用対効果の高い慈善事業

だからＡＩのリスクは、「慈善事業の類いまれな機会」ということなる。カーノフスキーは最初からこのように考えていたわけではなかった。レスロングのなかで最も読まれている記事のひとつはカーノフスキーが書いた長文だが、それは慈善事業の投資先としてＭＩＲＩが良いとは思えない理由について記したものだった。

そんな風に見解が変わった理由について、彼は次のように語っている。それまでは「革新的なＡＩが生まれる頃には、ＡＩに対する主要なアプローチも現在とはまったく変わっているだろうから、いまの技術で何かをやってもほとんど意味はないと思っていたんです[2]」。しかしいまは「今後20年以内に革新的なＡＩが生まれる確率は微々たるものではない、つまり10パーセントはあるのではないかと考えています」。

問題はますます扱いやすくなってきている。ＡＩを取り巻く環境は、ここ数年で劇的に変化してきた。２０００年代の前半には最先端の専門機関が持つようなテクノロジーだった音声認識や顔認証は、いまや携帯アプリで利用されている。DeepMind社のアルファ碁は、（まだ限定された範囲とはいえ）以前より汎用性のある超知能を機械学習が作りだせるということを、見事に、そして少し空恐ろしい形で提示している。それらは、人があっという間に新しいものに慣れて驚くことがなくなることを示している。

しかしいまのところ、オープンフィルの主要な取り組みは技術に関連したものではない（もちろん技術的な取り組みを支援してもいる)。オープンフィルが力を入れているのは、トナーの言葉を借りれば「分野開拓」だ。彼女は老年医学の分野を例にして説明してくれた。

「１９８０年代に、老年には若い頃とはまったく違うスタイルのヘルスケアが必要であることが認識され始めた。若い人は当該箇所を治療して帰してやれば済むけれど、老年の場合さまざまな病状が絡まりあっていて、長期の入院が必要になることもある」。それは当時30代~40代だったベビーブーマー世代が、やがて年をとり、老年層が大きく増えることが意識され始めた時期でもあった。

そこで、ジョン・Ａ・ハートフォード財団は、ほとんどすべてのリソースを注いで老年医学という分野の開拓に取り組み、医師たちを育て、研究に資金を提供し、新しい拠点を作っていくことに決めた。「そして(ベビーブーマー世代が)老年になる頃には、老年医学はまったく当たり前の分野となっていた」とトナーは言う。

オープンフィルがやろうとしているのは、そういうことだ。トナーは言う。

「社会的地位が高く、優れた技術を持った機械学習のトップ研究者たちに声をかけてきた。『ＡＩの安全性について取り組む気はありませんか? 大学院生に取り組んでもらうことに関心はありませんか? どのような分野なら関心がありますか?』」

２０１７年、オープンフィルはバークレーとスタンフォードの機械学習部門に３００万ドルの補助金を出し、ほぼ同額をＭＩＲＩにも提供した(1年前には50万ドルを出資する一方で「ＭＩＲＩの研究には強い疑念を抱いている[3]」と表明していたにもかかわらず)。そしてそれよりはるかに多い３０００万ドルを、イーロン・マスクが設立した非営利研究組織「オープンＡＩ」に提供している。[4]

目的は、ハートフォード財団がやったように分野を開拓することだ。たとえいま、世界を変えるのみならず世界を破滅させる可能性のあるＡＩについて心配することが「奇妙」に映ったとしても。

「世間一般からあまり賛同を得られていないことを考えると、この取り組みを初めて知った人は、『なんだこれ？　初耳だな。自分がいつも考えていることとは違っていて、奇妙なものだ』という反応になるのが自然でしょう」。しかし、この分野が成熟して知名度が上がっていくうちに、「これは自分にとってとても重大な問題だ。気候変動と多くの共通点がある。ＡＩの危険ははるか先のことかもしれないけど、本当にはるか先かはわからないし、とても大きな問題になりうることだから、いまから気にかけておく価値はある」と考えるようになってほしいとカーノフスキーは願っている。そしてまた、この本でそういう考えになる人が少しでも増えることを願っているという。

　周りからの批判は、レスロングが金を巻き上げているという内容ではなく、合理主義者や効果的利他主義運動が、科学、技術、工学、数学（ＳＴＥＭ）分野に関心を持つコンピュータ・サイエンスを学んだオタクたちで大部分が構成されているという点だった。ニュースメディア「Vox」でディラン・マシューズは２０１５年に次のように記している。

「はじめ、効果的利他主義は、もっぱら世界の貧困問題に取り組む運動だった。いまでは、人工知能に起因する世界の終わりを未然に防ぐため、どんどんコンピュータ・サイエンスの研究に資金をつぎ込むようになっている」[5]（合理主義者で効果的利他主義者のベン・クーンがブログで紹介していた話を思い出す。彼は効果的利他主義者たちが集まるイベントに参加した。一緒に行ったパートナーは初めての参加だった。彼女は、出席者のひとりにどんな人たちが集まっているのか尋ねた。『ああ、いろいろなタイプの人がいるよ！』質問された人物は答えた。『数学者とか、経済学者とか、哲学者とか、コンピュータ・サイエンティストとか……』。その人物には、彼らがみな基本的には同じタイプの人間だとは思いもよらなかったようだ[6]）。

イーロン・マスクもピーター・ティールも資金を提供

キャロライン・ファインズも、同じようなことを語ってくれた。キャロラインは、たしかなエビデンスをもとにした寄付を奨励し実現する組織「ギビング・エビデンス（Giving Evidence）」のディレクターを務めている。彼女はギブ・ウェルや、そのほかの効果的利他主義運動を長いあいだ見てきており（ピーター・シンガーの慈善組織「あなたが救える命（The Life You Can Save）」の取締役でもあり）、こうした活動をけなしたいわけではないものの、ある種の思考の画一性に懸念を抱いているという。

「人は自分が理解できるものに引き寄せられていくものだから、この人たちがこの問題に引き寄せられたのは、そこが居心地よくて自分の力を発揮できる場所だからかもしれない」

イーロン・マスク、ピーター・ティール、ダスティン・モスコヴィッツらビッグネームは効果的利他主義運動に資金を提供しており、こうしたソフトウェア業界の大物たちがみな、世界を救うための優れたソフトウェアが必要だと考えているとしても驚きではない。そして、この本を書いているあいだ多くの人から言われたことだが、こうした大物たちは、自分たちのソフトウェアが生みだしている問題（プライバシー、監視、フィルターバブル、フェイクニュース、アルゴリズムバイアスなど）のことは、あまり語りたがらないようだ。先を見越しているかのような立派な意見を述べて、やがてくる技術的な危機を警告するのは気が進むが、いま自分や仲間たちがやっていることに対する批判に向き合うのは気が進まないことだ。

ギブ・ウェルとオープンフィルは慈善事業の投資先となりうるほかの主要な分野を取り上げていない、とファインズは指摘する。

「ギブ・ウェルが推薦する慈善事業リストは、本当の世界の優先事項を反映したものではないと思うし、たとえば50ブレイクスルー・レポートやコペンハーゲン・コンセンサスといったほかの専門家たちが示した優先順位のリストが反映されたものでもない。戦争に関するものも、気候変動に関するものもない。唯一、つい最近になって、飢餓問題に関するものと水や下水処理に関するものが追加されただけ。食べ物やきれいな水やトイレにアクセスできない人が20億人もいるっていうのに。そういう問題がリストに挙がってこないのはおかしいと思う」

それからグローバル・ガバナンスや法の支配に関する取り組みもリストにない、と彼女は付け加えている。「そうした取り組みは、私や、きっとジョージ・ソロスのような慈善家にとっては、お金をたくさん持っているなら寄付をしてしかるべき活動に感じられる」。

ギブ・ウェルは「とても確実で、再現可能で、立証されたものに取り組む――次なる蚊帳がもたらす影響や、コストや、利益をしっかりと把握している」。一方で、オープンフィルはバイオテロや超知能AIといった遠大なテーマに取り組む傾向にある。

「だけど、(たとえば法の支配の問題を訴えていくなど)明らかに重要に思える物事が放置されたまま山積みになってる。AIが重要じゃないと言いたいわけじゃない」とファインズは言う。「でも、グローバル・ガバナンスや気候変動や戦争については何も聞かないのに比べて、彼らからAIの話を聞く分量は明らかに多い」。

この2つの組織が、こうしたテーマのことを完全に無視していると言うのは公平ではない。オープンフィルの広報責任者マイク・レヴィーンは、たとえば気候変動の問題は、同じように重要なほかの問題と比較して放置度も低いうえ、扱いやすいものでもないことを認めている。

「でも、こうした問題に関心を持っていないと言われるのは困る。気候変動のなかでも何より重要度や放置度が高く扱いやすい気候工学の研究やガバナンス、そして(強力な温室効果ガスであるハイドロフルオロカーボンの消費規制を目指した)モントリオール議定書に関連した取り組みやすい活動に資金を提供してきた。気候変動に関しては何百万ドルも支援してきた――それは私たちが土地利用の改革や、マクロ経済の安定や、移民政策に関連した取り組みに費やしてきた資金よりも多い。気候変動については、慈善家たちの協力が必要なきわめて重大な問題だとみなしているし、もっと取り組んでいきたいと思っている」

「変わり者ポイント」の罠

しかし、メディアや世間からしてみれば、オープンフィルのこうした中庸な問題への取り組みよりも、ＡＩ問題への力の入れように注目が集まってしまう。

それは、見方によってはオープンフィルのせいとも言い切れない。オープンフィルは最も効果的な寄付先を考えることに集中すればいいだけだし、表面的なところを見ている人は放っておけばいい、と言ってしまうこともできる。

しかし「変わった活動だと見られる」ことが、活動の効率に影響を与えるのも事実だ。ウィル・マッカスキルは、ＡＩの危険性に関心を持つ人には「たしかな症例」があるという。

そういう人は「証拠を純粋に理論的な側面から思弁的に捉えてしまうんだ。（中略）人類滅亡の脅威を減らすことに専念するべきだという主張は、物議をかもす哲学的な仮定を多く伴うものなのは当然とも言えるんだけどね」。たとえば、未来の生命の価値は現在の生命の価値と比較できる、といった仮定のことである。

マッカスキルによれば、そこには次のようなリスクがあるという。「思弁的な議論にとらわれすぎると、効果的利他主義運動を弱体化させる恐れがある」。ＳＦ的なことを心配している人たちだとみなされた場合、思弁的な要素が少ないもの――蚊帳や送金の取り組み――に寄付をしなくなるかもしれない。本来同じ運動であるはずの、そうした取り組みに対してカーノフスキーの言う「他者化」が起こる可能性がある。

合理主義者の世界には、「変わり者ポイント（weirdness point）」なる概念がある。社会は、こちらが「変わり者」の度を越してしまうと、こちらの意見を真剣に受け止めなくなるという考え方だ。

一定のポイントを使い切ってしまってはならないため、本当に気にかけているものについてしか自分の変わった面は見せない方がいい。マイク・ストーリーによると、だから合理主義者たちは自分がポリアモリーであることをあまり語ろうとしないのだと言う。

「ポリアモリーを広めようとしないだけじゃなく、それについては沈黙を続けるんだ。スコット（・アレクサンダー）はポリアモリーであることにとてもオープンだけど、基本的にはみんな、普通に見られていた方が自分たちの目標にとっては良いのだと考えている」

ポリアモリーのことで変わり者ポイントを使ってしまうと、効果的利他主義運動や、ベイズの定理の重要性を説く際に、ポイントが足りなくなってしまうかもしれないのだ。

実際、ＡＩの危険性を説くと、多くの変わり者ポイントを消費してしまうことは指摘しておかねばならない。ＡＩの危険性という問題が何より大切なことだと思うのなら、そうしたポイントを使ったとしても主張する価値がある。そこまでの重要性があると思わないなら、この主張は効果的利他主義運動を変わった運動に見せるだけであり、アフリカの子供たちに蚊帳を提供することを難しくしていると指摘すればいい。

未来に救える命の数をどう計算するか

だから結局のところ、問題はオープンフィルや似たような組織の思想をこちらが信じるかどうかだ。いくつかの見解を紹介しておこう。

ひとつ目はVoxに寄稿した記事におけるディラン・マシューズの反対意見だ。効果的利他主義カンファレンスに出向いた彼は、期待価値をめぐるお決まりの議論を持ちかけられた。

「未来に10^{52}もの人間が生きられる可能性をほんのわずかにでも上げることができれば、それはこれまでの貧困撲滅の取り組みで救ってきた命よりもはるかに多くを救うことになる」

しかしマシューズは、この「ほんのわずか」が何を意味するかがポイントだと反論している。「ＭＩＲＩに１０００ドルを寄付することが、ＡＩによる人類の滅亡の確率を10^{-17}減らすことにつながるとする。あるいは、確率は10^{-66}ほどしか減らないかもしれない。後者が正しかったとしたら、あまり賢くない寄付だということになる。10^{52}で掛けてみると、10^{-13}人の命を救う計算になるが、これはあまりに非効率だ。しかし前者が正しかった場合、素晴らしい寄付だったということになり、およそ10^{34}人の命を救う計算になる」。

これは、とても筋の通った意見に思える。「こうした確率値は単なる仮定にすぎない」とマシューズは言う。「ＡＩのリスクに関しては、その寄付が人類滅亡の確率を10^{-17}減らすとか、わずか10^{-66}ほどしか減らないといった正確な数値で表せるなんてまったく信じていない。議論をするために、便宜上こんな風に数値化しているだけだ」。

さて、これが反論になっていないとする意見については、スコット・アレクサンダーに説明を託そう。10^{-66}と10^{-17}は、どちらもとてつもなく小さな数に聞こえるが、まったくそんなことはない。

10^{-17}は、いつか実際に使うことだってあるかもしれない数字だ。80年の人生は、およそ2,522,880,000秒。人口はおよそ70億人なので、ある人の80年の人生のあいだに、人類は合計して１・７×10^{19}秒を生きることになる。これはつまり、80年のあいだに、１秒につき10^{-17}の確率でしか起こらないようなこと（記事で読んだことがあるような、隣人が実は出生時に生き別れた兄弟だったといった、滅多にないような物事）が、およそ100回起こる計算になる。
しかし1秒につき10^{-66}の確率でしか起こらないようなことは、記事でも読んだことはないはずだ。スコットは言う。「竜巻に巻き上げられる可能性は1秒につき10^{-12}の確率だ。隕石が直撃するのは10^{-16}の確率。爆破テロに会うのは10^{-15}の確率。次の選挙がサンダースvsトランプになるのは10^{-4}の確率。大統領選が引き分けに終わるのは10^{-2}の確率。10^{-8}の確率で当選する宝くじ「パワーボール」に2回連続で当選するのは10^{-16}の確率。これらすべてが起こる確率が10^{-65}になる」（「次の選挙がサンダースvsトランプ」という表現があるが、彼がこれを書いたのは2015年のことだ）。

何を言っているかというと、マシューズの10^{-66}の推測が正しかった場合、MIRIへの1000ドルの寄付がAIによる危険を防ぐ確率は、ある人物が竜巻に巻き上げられ、隕石が直撃してテロリストから爆撃された日に、宝くじの2週連続での当選が決まり、トランプとサンダースが大統領選の選挙人投票で引き分ける確率の10倍低いということになる。「10^{-66}の確率でしか起こらない」という仮定は、かなり無理があるということだ。

今後10^{58}の人間が生きられる可能性があるというボストロムの推測がある程度正確なものだとしたうえで、未来の命も現在の命と同じくらい価値があるという考えに同意するなら、たとえAIによる人類の滅亡がごくごく小さな確率であったとしても、功利主義的な観点から言えば、ものすごく重大な問題だということになる。

もちろん、現在の命と比べたら未来の命が同じ価値を持つとは言えないという考え方もある。マッカスキルによると、このテーマについては道徳哲学において大きな議論となっており、明確な答えがあるわけではない。ピーター・シンガーと話したとき、彼は「未来の生命」と「存在するかもしれない生命」には違いがあると指摘した。

「100年後の未来に地球で人間が暮らしている可能性はかなり高く、気候変動によって生活はいまより厳しいものになるだろう。こうした命については、生まれるのが100年後だからといってないがしろにするべきではない」

しかし、生存しているかどうかもわからないはるか先の生命となると、「未来に存在する人間の苦しみについての話ではなくなる。何世代もあとの非存在についての話になる。このテーマは、さまざまな議論や意見を呼ぶ哲学の問いとなっている。とても優れた哲学者たちが、このテーマに向き合ってきた。デレク・パーフィットは哲学におけるキャリアの大部分でこの問題に取り組んできたが、めぼしい結論にいたることができなかった」。

もちろん、この問題をここで解決しようとしているのではない。しかし、シンガーは、どちらかに決める必要はないのだという。どちらかはわからないのだ。はるか先に存在するかもしれない生命はいまと同じくらい重要かもしれないし、まったく取るに足りないのかもしれない。でも確証がないということは、価値がゼロとも言い切れないということだ。

「わからないのだから、少なくともいくらかは尊重するべきだ。『そうした存在は大切ではない！』と言い切ってしまうのは、間違っている可能性があると認めざるをえない」

ボストロムの話に戻ろう。シンガーは言う。

「もしボストロムが言うほどの数が生きられるのだとしたら、それより99パーセントや99・9パーセント少ない数を想定したとしても、まだまだ大きな数字であり、大きな重みを持つことになる。難しい問いではあるが、たしかに、存在するかもしれないというだけの生命の利益にもいくらか配慮するべきだ。種の絶滅は、その時点までに累積されたすべての死より悪い出来事だと考えるべきだ」

効果はわからなくても、検討に値する

もちろん、未来に存在するかもしれない途方もない数の人間の命の価値を認め、それゆえ人類の絶滅を防ぐことに価値があり、AIは絶滅の原因となる可能性の高いもののひとつだから安全性の研究に資金を投じることにも価値があると認めたとしても、だからといってオープンフィルによるMIRI（やFHIやオープンAI）への評価が正当なものであるとは限らないことは、指摘しておく必要がある。

MIRIに対しては大きな批判がいくつかある。たとえば、MIRIが発表している科学論文は大学院生1人分よりも少ない（MIRIの目的は新しい分野の開拓であって、既存のジャーナルに論文を寄稿することではないため、この批判は公平ではない、という反論もあるが、これについてはさまざまな見解がある）。

さらに、効果的利他主義者による判断のいくつかにも、懐疑的になる原因がある。ギブ・ウェルが特に力を入れている慈善事業のなかには、寄生虫の駆除を支援するものが複数ある。

こうした支援の根拠となっているのは、主に2004年に発表された研究だ。[7] その研究では、大規模な寄生虫駆除をおこなうと（感染者だけでなく、学校で子供たち全員に虫下しの錠剤を与えると）、その学校の子供たちの感染を防げるだけでなく、ほかの離れた場所にある学校への感染拡大も防ぐことができ、それによって健康や学業や出席率に改善が見られることが明らかとなった。

何より驚くべきは、そうした子供たちが成長したあとの収入も劇的に向上しているようであることだった。きわめて安価な支援で、とてつもなく大きな結果が得られるようだった。

しかし、のちの研究でこれらのデータが検証され、いくつかの深刻な欠陥があったことが判明した。専門的だが重要な統計において間違いが見つかり、研究結果の信頼性が大きく低下することとなったのだ（研究者たちの意図的な操作でなく、技術上のミスであったことは付け加えておかねばならない。彼らは検

証を受けるため立派にもデータをきちんと差しだした)。

　医療の分野における研究の信頼度を調査する組織「コクラン共同計画」は、集団駆虫について3度検証してきた。[8] その結果、学業や出席率には何の影響もなく、ほかの健康指標にも良い影響を与える証拠は見当たらなかった。

「コクラン共同計画の検証に反した事業を続けるなんて本当にどうかしてる」と、キャロライン・ファインズは言う。「みずから寄生虫学を研究するポール・ガーナーは、コクラン共同計画で長年検証に努めてきた。このテーマについて長く懸命に考えてきた人びと――場合によっては、彼らが生まれる前から駆虫を研究してきたような人びと――が事業に反対しているのに、ギブ・ウェルがもっと耳を貸さないなんて驚きね」。

　駆虫は効果がないかもしれないだけではない――有害ですらあるだろうと考えられているのだ。「何十年もアフリカでの駆虫を研究してきた寄生虫学者と話した」とファインズは続ける。「その人は、集団駆虫については薬剤耐性の拡大に関して十分な検証がされたことがないため、薬への耐性を持った菌を増やすばかりで、有害な可能性があると言っていた」。

　ギブ・ウェルも、こうした批判は認識している。ギブ・ウェルでリサーチアナリストを務めるキャサリン・ホランダーは、データを検証したところ頑健(robust)とは言えないものの、この事業はおこなう価値があるものと判断したのだという。ものすごく安価であるうえ、きわめて効果的な事業となる可能性を秘めていたからだ。

「ほとんど効果がないという可能性を差し引いたとしても、私たちが大切にしている費用対効果の高さは変わらない」と彼女は言う。「あらゆる不確定な要素は、ものすごく大きく差し引いて考えている。それくらい差し引いても、『Deworm the World』の取り組みは、ギブ・ウェルで2番目に費用対効果が高い送金の取り組みに比べても10倍の費用対効果がある」。

もちろん私は駆虫が良い寄付の対象であるかどうかを合理的に評価することはできないし、AＩの脅威の根拠となる数字についてボストロムやオープンフィル以上の説得力を持って検証することはできない。しかし、ファインズによる批判は考慮に値すると思う。

これらの批判は、効果的利他主義に基づく組織が勧めるものを大手を振って受け入れることに警戒感を持たせてくれる。そして前にも記したように、計算としては合っているのに、何かがおかしいと感じる場合は、その違和感に注意を向けるべきだ。

ディラン・マシューズはVoxに寄稿した記事で、効果的利他主義者のことを、文字通りすべての慈善事業が人類の滅亡を防ぐ目的でなければならないと思っているように見えると語っている――そんな世界だとしたらとても恐ろしい状況だ。

しかし現状は、そうではない。世界中の慈善事業のうち、AＩの危険性を減らす取り組みに費やされている金額は、おそらく5000万ドルよりも少ない。多く感じるかもしれないが、規模の大きな事業をなかばランダムに選んでみると、たとえば自然保護団体「グリーンピース」の2014年の年間収入の8分の1相当だ[9]（オープンAＩの創設者たちは、みずからの組織に「10億ドルを投入してきた」が、組織は「これから数年はそのうちのわずかな額を使っていく」予定だという[10]）。

AＩの危険性に対する取り組みが、ほかの慈善事業を締め出すわけではない。効果的利他主義運動のなかで独占的な地位を占めているわけですらない。オープンフィルによる2017年の支援金のうち30パーセントがAＩの危険性に対する取り組みに充てられているとはいえ、オープンフィルはそうした取り組みを支援する複数の組織のひとつにすぎない。

また、存命の倫理哲学者として最も名を知られているといっても過言ではなく、効果的な慈善事業という分野の生みの親でもあるピーター・シンガーは、（警告付きではあるものの、基本的には）ＡＩのリスクに資金を費やすことに賛成している。

「間違いなく、検討するに値する。一定の金額を投じる価値があることは間違いない。たとえ実際に起こる可能性がきわめて低かったとしても、その被害が甚大でありうることを考えると、より可能性を減らしていく試みに力を注ぐことには価値がある」

PART 9

滅亡の基準率

40 ＡＩによる滅亡を防ぐためにしていること

数章前に、ＡＩが危険である理由について語った。そこでは複数の組織を取り上げてきた。主にＭＩＲＩについて語ってきたが、当然ボストロムのＦＨＩや、マサチューセッツ州ケンブリッジにあるマックス・テグマークのＦＬＩ（生命の未来研究所）、イギリスのケンブリッジにあるＣＳＥＲ（Centre for the Study of Existencial Risk／生存リスク研究センター）、イーロン・マスクのオープンＡＩなどもそこに名を連ね、そうした組織はＡＩの危険性を減らそうと大なり小なり尽力している。

合理主義者たちで構成された組織もあれば、さまざまな人が手を組んでいる組織もある。しかし本書では、こうした組織が実際に何をしているかについては、まだ語っていない。

もちろん、各組織が何をなしうるかは現時点ではわからない。ＡＧＩが生まれるまで、まだ何年も、おそらくは何十年も、もしかしたら何百年もある。DeepMind社に所属するマレー・シャナハンは、まだこの分野が十分に成熟しておらず、いまの取り組みがＡＧＩの誕生時に大きな効果を発揮するとは考えにくいと語っている。

「私の個人的な意見を言うとすれば、この問題における私たちの現在の取り組みが現実に役立つものになると大いに自信を持って言うのは時期尚早だと思う」。効果がないと言っているのではないが、取り組みへの評価は慎重だ。「ＡＧＩがどのようなものになるのかや、それを生みだす方法を考えだせるのか、考えだせるとしたらいつなのかについては何もわからない」。

ＡＩに自己改善をさせながらも報酬関数には修正を加えさせないシステムに付随する論理問題などを検証しているというＭＩＲＩの取り組みは、「とても魅力的であると同時に、数学的に難しいもの」だ。ＭＩＲＩの取り組みは、いかなるＡＧＩもきわめてロジカルでベイズ的な確率論に基づいて動くという前提で展開されているが、シャナハンによればまったく違う形のＡＩだって生まれうるという。「巨大な進化プロセスを持たせることでそういうＡＩを生めるなら、ただ進化に任せればいい。また、巨大な深層ネットワークに強力な情報処理能力および誤差逆伝播学習法を持たせたＡＩの場合、（ＭＩＲＩの取り組みを）応用しようがないかもしれない。独自に進化するＡＩは、どのように動いているかを論理的に説明することが難しいだろうからね」

彼がそう言ったので、たとえばアルファ碁のようなプログラムのことかと尋ねてみた。アルファ碁は、「囲碁に強くなる」という目標を与えられ、報酬系が実装され、強くなるまで自身のプログラム内で無数に対局を繰り返した。

すると、実際に囲碁においては信じられないほど強くなったが、なぜ強くなったかは開発にかかわった誰にもわかっていない。データと学習メカニズムがブラックボックスに投げ込まれ、しばらくのあいだかき混ぜられると、欲しいものができ上がっていたのである。

「ああ、まさにそうだね」。シャナハンは言う。「あなたはまだ、意図せぬ結果や『偏屈なインスタンシエイション』を招かない報酬関数――ペーパークリップ・マキシマイザーのような人類を危機に晒す副作用を伴わない設定が可能だとする立場かもしれない。しかし私はこうしたＡＩを生みだす最先端に携わり、ＡＩをどんどん強力なものにしてきたが、現在の形からどうやってＡＧＩが生まれていくのかを推測したり、生まれくるＡＧＩの形態について確信を持って答えたりすることは難しいと感じている」。

ＡＩのシステムは開発者に理解されていなければならない

ＭＩＲＩのロブ・ベンシンガーは、自分たちの取り組みが役立つだろうという見通しについて、もう少し楽観的だ。

「いまの世界には取り組むことができる問題が実にたくさんあると思う。取り組める問題にはすべて取り組んでしまったと考える特別な理由はない。いまはまだ見えていない問題というのもたくさんあるだろうし、今後システムを検証しながらそういう問題を探っていくことも必要だけど、いま取り組めることもたくさんある」

実際にＭＩＲＩが取り組んでいることのひとつが、まさにシャナハンが言及していた「中が見えないブラックボックス」状態を避けることだ。

「誕生するＡＧＩは、開発者たちがそのシステムをよく把握できている状態にしておきたいんだ。そしてできる限り少ない前提条件で自信を持って安全だと言えるシステムにしておきたい」とロブは語った。

しかしそれは、たとえば数学の証明や公式を理解するだけの、それ以外は何もできないようなシステムを作ると言っているようにも聞こえる。そうしたＡＩはとても限定的なものだ。

「そもそもＡＧＩを作ろうとしている理由は、有益な作業をしてもらいたいからだ。病気の治療や、人の手助けなんかをね。数学の証明を理解するＡＩというのは、世界に真の違いをもたらす類いのものではない」

だから、どのように動いているかが見えるＡＧＩが必要だということになる。「すべてが事細かに見える必要はないけど、大まかには見える必要がある」とベンシンガーは言う。「この部分はどうなってる？　このシステムは何をしてる？」。

彼はそう語りながらホワイトボードに図を描いた。いくつかの箱を書いて矢印でつないだフローチャートのような図だ。

「それぞれの箱の中を見て、何に最適化されているかを見ることができ、良くない手段的目標を持っておらず、こちらが求める特徴を持ち合わせているか確認することができる。ＡＧＩは現在のシステムよりもっと複雑だろうから、この工程ももっと複雑になるだろう。しかしＭＩＲＩが考えているのは、最初に真の力を持ったＡＧＩを作る開発者たちが、そのシステムを把握し、なぜシステムが良い形で動くかを説明できるような、きれいにモジュール化された設計にできるよう支援することだ。つねに不確かさはあるものだから、完璧な説明にはできないだろう。でも『なぜかはわからないけどとにかく安全だと自信を持つべきではない』と言うしかない状態であったり、それどころかなぜ安全だと自信が持てるのかすら説明できなかったら……」

彼はそこで言葉を切ったが、続けて言いたかったのは、「それはいいことじゃない」という言葉だろう。

「ブラックボックスのシステムからは、そうした説明を取りだすこともできない、と彼は言った。「アウトプットだけを得てから、『まあ、安全に動いているようだし、いまのところ悪いことは起きていない』というのは説明になっていない」。

そのため、シャナハンが語ったようなタイプのＡＩに、ＭＩＲＩは大きな懸念を抱くことだろう。実際、アルファ碁はそのようなＡＩである。

「システムを理解しているといっても、ＡＩが実際におこなっている作業から大きくレベルが隔たった理解である場合、まずい状況だと言える。アルファ碁のようなＡＩでは、抽象的なレベルで説明することはできる――モンテカルロ木探索を活用していて、バリューネットワークがあって、といった抽象的なレベルでは説明することができる――その結果、優れた囲碁のプレーヤーができあがっている。しかし実際には、アルファ碁が盤面を有利に導くにあたりどのように考えているかの説明にはなっていない」

どのように作られているかの説明はしているが、実際に何をしているかの説明にはなっていない。もしDeepMindが彼らの作るＡＧＩのベースとしてアルファ碁を活用するとしたら、ＭＩＲＩはとても動揺するだろう。

しかし、「どう動いているか見えるものを作れ」というのは、安全なＡＩを作るにあたってのかなり大雑把な方針だ。ＡＩがなぜ危険かを説明した章を思い出してほしい。こうした無害に思える命令をしても、おかしな結果が生じうる（それが「偏屈なインスタンシエイション」と呼ばれている）。ペーパークリップ・マキシマイザーと、『ファンタジア』のほうきがその一例だ。

最初のＡＧＩが誕生したときに、そのＡＧＩがさらにチェスに強くなろうとして太陽系を情報処理用のハードウェアに変えてしまうといった可能性を減らすことを目指して、もっと具体的な何かに取り組んでいる人はいないのだろうか？

そうした取り組みは、いくつかある。主な取り組みのひとつは、「ＡＩの安全性」の分野では何が問題になっているのかを見事に整理している。グーグル、オープンＡＩ、バークレー、スタンフォードのチームが発表した論文「ＡＩの安全性における具体的な問題（Concrete Problems in AI Safety）[1]」は、おそらくこのテーマに関連する最も有名な論文だ。

その論文のなかでは、たとえばネガティブな副作用をどのように定義してＡＩに伝えるか、といった問題が議論されている。ＡＩに何らかの目標（たとえば「かめを満杯にしろ」）を与えた時、やらない方がいいことをひとつ残らずリストにするのではない形で、ＡＩに伝えるにはどうすればいいだろう？

論文内では解決策のひとつとして、ＡＩが周りの環境を一定量しか変化できないようにする——世界への影響を制限したり上限を設けたりする——ことが提案されているが、その方法を定義することもまた、おそらく同じように難しい問題だと考えられる。

「報酬のハック」

ＡＩの安全性における問題としてほかに挙げられているのが「報酬のハック」だ。目標を実際には達成していないのに、達成したと見せかけるショートカットを見つけだしてしまう問題である。「人間を核兵器で消滅させることでがんの問題を終結させる」というのは極端な例だが、論文ではもう少し普通の例も紹介されている。ゴミが見当たらなくなったら止まるよう指示されていた掃除ロボットは、自分に装着されたカメラを切ることでゴミを見えなくして止まった。論文では、このロボットがきちんと目標を達成したか判定することを目的として設計された別エージェントを用意することが、良い解決策になるのではないかと指摘している。

問題をシンプルに整理していくだけでなく、解決策の発見を目指す取り組みもおこなわれている。オープンフィルの創設者ホールデン・カーノフスキーは、DeepMindの創設者のひとりシェーン・レッグとオープンＡＩのポール・クリスティアーノらによる「人間の選好に基づく深層強化学習（Deep Reinforcement Learning from Human Preferences）[2]」という論文について、熱心に教えてくれた。

この研究は、シンプルな定義ができない目標にどう対処するかが焦点となっている。カーノフスキーは、物理演算エンジンソフトウェア「MuJoCo」が作りだす3Dシミュレーション環境の動画を見せてくれた。プログラマーたちは、ロボットの動きをテストするためにMuJoCoを活用している。

彼はまず、そのシミュレーション環境内にいる3つの「ロボット」を見せてくれた。どのロボットにも、「歩き方を学べ」というタスクが与えられていた。どのロボットも、相応の進化を遂げていた。ひとつはヘビのようにクネクネと進み、もうひとつは一本足で跳ねるように進み、最後のひとつは二本足でヒューマノイド風に歩いていた。

「ロボットたちには、一定の短い時間内で多くの距離を進むという目標が与えられていました」とカーノフスキーは言う。

「ロボットたちは足になるような棒状のものと関節を持っている。ロボットたちはまずランダムに動き回り、次第にある種の動きがほかの動きより多く進めることを理解していき、最終的に歩行を学んでいく。同じアルゴリズムをさまざまな形態のロボットで試しても、学びながらそれぞれ独自の形で歩けるようになります」

なぜ歩けるようになるかといえば、「歩行」や少なくとも「前進」というのは、数学的にきれいに簡単に定義できるからだ。「X座標をとる。そして単位時間あたりのX座標からの移動距離が長いほど、うまくやっているということになる。成果が測定可能なんです」。

しかし、そうした測定スコアが実際の目標に沿った良質なフィードバックであるかどうかに学びは左右される。基本的に、「このロボットはどれほど歩くのがうまいか」は「一定時間内に起点からどれほどの距離を進めるか」という定義でかなりうまく良し悪しを判断することができる。

ところが実世界で動くＡＩを考えると、そううまくいくとは限らない。カーノフスキーは、より進化したＡＩを例に出している。

「関節を動かせるだけじゃなくて、Ｅメールを送ったり、ビジネス上の決断をくだしたり、この世のさまざまなことができるＡＩ。そういうＡＩがいたとすると、『ねえ、この銀行口座の金の量を最大化してくれないかな』と頼むことだってできます。わかりやすく、シンプルで、数値的に定義されたタスクだけど、そのタスクがどんなひどい事態を引き起こしうるかは誰にもわかりません」

誤りがすぐに判明しないタスクの方が、定義は難しくなる。

「『ほかのＡＩが口座の金を最大化するために悪さをするのを止めて』と頼むこともできるけど、それは悪いタスク（の例）になるでしょう。ぼく自身だってそのタスクが何を意味してるのかわからないんだから」とカーノフスキーは言う。「『口座の金を最大化』はよく定義された目標です。『私たちを安全にして』『人類の繁栄を手助けして』『世界をもっと平和にして』といったタスクは、漠然と定義された目標と言えます。自分すらそういうタスクが何を意味しているのかわからない」。

クリスティアーノらが論文で試みているのは、こちらがうまく定義できないようなタスクを、「現在の」ＡＩでも遂行する方法を学ぶことができるのか検証することだ。「そこで人間からのフィードバックが必要になります」とカーノフスキーは言う。「ＡＩがランダムに動き、実際の人間が２つの動画を見比べて、『こっちだ。こっちの方が思っていた動きに近い』と伝えるんです」。

MujoCoの論文で、チームはこの手法を「後方宙返り」の動きで試した。後方宙返りを数値として厳密に定義するのはきわめて難しいうえ、独習させてみるとどのロボットも絶対に後方宙返りとは言えないぎこちない動きで終わっていた。

しかし人間が「そのランダムな動きの方がちょっとだけ宙返りっぽく見える」といったフィードバックを与えると、あっという間に見事な宙返りをするロボットに進化していった――９００回繰り返しただけで、1時間もかからず進化した。

ロボットが学習したもうひとつのタスクは、「エンデューロ（Enduro）」と呼ばれるビデオレースゲームの操作だ。ただプレイして勝つだけではない。

「周りの車とペースを合わせることを目標にしたんです」とカーノフスキーは言う。「このビデオゲームは、ペースを合わせることに報酬は設けられていません。それに対するスコアもない。ただ人間が見て、『それがやりたかったことだ』と伝えるだけです」。

まだまだ始まったばかりであり、限定された状況での学びだ。それに完璧ではない。別の実験では、マニピュレーター（ロボットアーム）で箱をつかむタスクを学ぶはずだったが、AIは箱とカメラのあいだにマニピュレーターを置くようになってしまった。その位置は、オペレーターからは箱をつかんでいるように見える角度なのであった。だがこうした研究から、複雑な目標を持つ強力な機械に『世界からがんをなくせ』、でも人間を全員殺してしまうという形ではなく」といった人間の価値観を外挿しうる道筋は見えるのではないだろうか。

いちばん有望な対策

AIの安全性に関連した別のステップとしては、シンプルに各国の政府やIT企業が協定を結び、いかなるAGIであっても起動させる前に設計を外部に精査してもらう方法もある、とカーノフスキーは付け加えている。

企業が嘘をつくかもしれないため厳格にはいかないだろうが、「何もしないよりはずいぶんマシです。それに最初の革新的なAIが誕生する際は、巨大なプロジェクトである可能性が高い」。たとえば関係者が1000人もいれば秘密にしておくことはほとんど不可能であるはずなので、こうした協定の存在は安全性の確保にかなり効果的かもしれない。

いちばん有望な対策は何だろうかと、ニック・ボストロムに聞いてみた。「広く言えば、人間の価値観や選好を推測したり学んだりするＡＩの知能を活用した対策だろうね。超知能なら、人間の指示が何を求めていて、何を意味しているかはわかるはずだ。私が相手に質問をしたり、相手の選択を観察したりすることで、だいたい相手の望んでいるものが理解できるのと同じようにね」。

より具体的な例として、ボストロムはクリスティアーノが提案するまた別のタイプのＡＩに言及した。「能力増幅」[3]というアイデアだ。

ボストロムは言う。「人間が気にかけることすべてをカバーした効用関数を持つＡＩを作ろうとするのではなく、その都度、いくつかの可能な選択肢のなかから、目下の目標に対して人間が最も賛同しそうだと思うものを選ぶエージェントにするんだ」。飛躍して半年先のことを考えたりすることなく、たとえば選択肢ＡとＢのどちらかを選び、それからＢ１とＢ２のどちらかを選ぶ、といった形だ。「すべての動作を人間が監視していなければならないＡＩは、あまり大きな力を発揮できない。だから、うまい方法を考える必要があるんだ。人間が超知能に期待する作業を自動で大規模に実行してもらいながらも、制限のついた安全なシステムにする方法をね」

しかし、まだ黎明期《れいめいき》だと彼は言う。「ほかのアイデアもたくさんあるし、最高のアイデアはまだ出てきてすらいないかもしれない。あるいはすでに解決策は出ているけれども、まだまだ未知の部分があるため、その策が機能すると自信を持って言うことができないのかもしれない。この問題の難易度については不透明なところがたくさんある」。

特にＭＩＲＩの取り組みに関して、その有効性に多くの疑問が付されている点は指摘しておかねばならない。ＭＩＲＩには複数の研究者がいるにもかかわらず、発表された論文はごくわずかで、しかもほとんど引用されていない。

それは前にも言ったように彼らが新しい分野の開拓を目指しているからかもしれないが、現段階では、論文が少ないせいで彼らの取り組みがどれほど重要なものなのかがわかりにくくなっている。FHIのトビー・オードは、MIRIが遠い未来のアイデアに力を入れすぎているため、その研究には多少懐疑的であると語った。

「ぼくはもっと、現在のAIの延長線上にあるような取り組みに関心があるんだ。いまAI研究者たちが取り組んでいるものの次のステップとなるようなものにね。研究者たちが話を理解してくれ、プロジェクトを手伝ってくれる可能性も高い」

もちろん、AIを安全なものにするための研究論文だけが、合理主義者たちの活動の良し悪しを測る尺度ではない。2000年頃にこのテーマについて考え始めた若きエリエゼル・ユドカウスキーのことを覚えているだろうか。彼はこのテーマにおける先駆者だったと言える。

当時、人びとは「シンギュラリティ」について語り合い、I・J・グッドは「知的爆発」を予見したが、AIが「ならず者になる」とか「悪に変わる」とか「自意識に目覚める」のではなく、ひたすら厳密に指示に従い続けることによってとてつもなくひどい間違いを犯しうるという具体的な問題については、SL4のウェブサイト上でのボストロムやユドカウスキーの意見とともに広がっていったように見える。悪く思わないでほしいが、それは、インターネット初期にたくさんいた若くて偏屈な男たちの、気ままな空想だった。

それがいまや、複数の有名大学で教えられ、有名な知識人たちに議論されるテーマとなっている。マーティン・リース、故スティーブン・ホーキング、ビル・ゲイツ。グーグルの子会社DeepMindは、AIの危険性を明確に懸念している。共同創設者のシェーン・レッグとデミス・ハサビスも、この問題を深刻に捉えている。

ターニングポイントとなったベストセラー本

「驚くほど早く進化している」とオープンフィルのアジェヤ・コトラは言う。「ＡＩの安全性に関する専門的な話は、２０１４年といまを比べると、まるで別世界のように感じる」。

　ボストロムの著書『スーパーインテリジェンス』がターニングポイントだったという。『ニューヨーク・タイムズ』のベストセラーリストに名を連ね、この分野に学術的な重要性を与えた。

「２０１４年には、外部の少数のフューチャリストが、ＡＩの安全性は真剣に考慮すべきテーマであることをＡＩコミュニティにわかってもらうべく努力していた。多くの研究者は真に受けなかった。メディアがよく、過剰に恐怖を煽《あお》って商売に利用するのを見ていたから。そこに『スーパーインテリジェンス』が登場した。その本は多くの人が読んですっかり説得されてしまうものというより、本格的な研究者が自説を徹底的に説明するようなものだった。これは反応するに値すると感じた人も多かったけど、懐疑派が展開した反論は、かならずしも説得力のあるものではなかった」

　こうした見解は、ホールデン・カーノフスキーとほぼ一致している。

「２０１２年の段階では小さなコミュニティ内の問題にすぎず、一般に知られた人物のなかで、この問題を認識している人を見つけるのはきわめて難しいことでした」

　彼もまた、『スーパーインテリジェンス』の刊行や、ＭＩＴのＦＬＩ（生命の未来研究所）に所属するマックス・テグマークが主催した２０１５年プエルトリコでのＡＩの安全性をめぐる大きなカンファレンスがターニングポイントだったと指摘している。

「そのときの公開書簡はＡＩに大きなリスクがあることが語られたもので、多くの人が署名しました。

そういう人たち全員が（ユドカウスキーらが想像する形でのＡＩのリスクを）認めたとは思いません。でも確実に、ＡＩにはリスクがあるという考えについて議論することがより一般的なことになっていきました」

いまや「DeepMindやオープンＡＩやグーグル・ブレインといった最先端のＡＩ研究所の取り組みを見ると、彼らがＡＩのリスクについて真剣に考えていることがわかります」とカーノフスキーは言う。

「ＡＩの安全性における具体的な問題」と題された論文は、この3つのグループによる共同研究だ、と彼は指摘している。「この論文は、タイトルに安全性という言葉があって、3つの研究所から一流の研究者たちが集まっていて、グーグルで検索すれば出てくる。かつてよりもはるかにメインストリームのテーマになっています。それを否定することは難しいように思う」。

これらが意味しているのは、分野の開拓という観点からすればユドカウスキーらは大きな成功をおさめているということだ。

「名を知られ、敬意を集める機械学習の研究者たちも参加するようになってきている」と、オープンフィルでアジェヤ・コトラと共に働くヘレン・トナーは言う。「この分野を確立するためには、若い人たち――仲間になって世界を救いたいと目を輝かせている合理主義者だけでなく、自分の専門分野を探している若く才能ある機械学習研究者たち――が気兼ねなく参加できるものにしていくことが必要になる。たしかバークレーで聞いたんだけど、学生と、その学生のスーパーバイザーは、それぞれＡＩの安全性というテーマに関心を持っていたのに、2人とも『きっと変だと思われるから、自分のスーパーバイザー／自分の学生には伝えられない』と思っていたなんてことがあったみたいだから」。

「ＡＩの安全性における具体的な問題」や、オープンフィルによる一流の機械学習研究グループへの資金援助は、そうした語りづらさを切り崩し始めている、と彼女は言う。「私たちはそういう面をなくしていこうと努力しているし、その試みは成果をあげていると思う」。

ポール・クローリーも、嬉しそうに語った。「最高だよね！ ほんとに、関わり始めた頃は、周りが真剣に議論するテーマになるなんて思ってもいなかった――頭のおかしな奴らだと思われると考えていた。少数の人が議論する変わったマイナーなテーマにしかならないと思っていたんだ」。

41 内なる2つの核

本書のまさに冒頭で、「あなたの子供たちが老化で死ぬことはないと思う」というポール・クローリーの言葉を紹介した。そこでは、私がその言葉を信じたかどうかは記していなかった。私は、それが実現する可能性の方が高いと思っているだろうか？

ただ回答を伝えるよりも、バークレーでの経験を記したい。ポールに会ったすぐあとで、私はCFARのアナ・サラモンと話し、ポールの発言を伝えた。

困惑しました、と私は言った。合理主義コミュニティのすごく良いなと思う点は、そこの人たちが数字や推論を信じ、それらが導き出す結論がたとえショッキングなものであったりおかしなものであったりしても、その結論を捨ててしまわないところです。

私は続けた。でもおかしいんです。個別の見解——AIを人間の価値観に沿わせることが難しい理由や、とても賢いAIがひどく愚かな行動をとってしまう理由、それから自分の子供が生きているうちに超知能AIが誕生すると考えたっておかしくはないということ——は問題なく理解できるのに、それらを総合して、かなりギョッとするような結論に同意しようという段になると、それがなかなかできない。

アナの名誉のために言っておくと、彼女は多くの人と違い、自分が中心となっている運動の基盤となる理念に私が疑念を向けても、それを簡単にはねつけたりはしなかった。そうする代わりに、彼女はそういう戸惑いを持つのは悪いことではないと言った。

彼女自身は、シンギュラリティと、それに伴うあらゆる破滅や楽園的要素は、今世紀中に現実のものになるだろうと信じている。しかし私が、理屈は理解できるのに、その結論を本能的に拒絶してしまうと語ったとき、彼女は肩をすくめて、「それはそうですよね」と言った。

「でも間違ってるとも言い切れないでしょ？　最初に代数学の授業を受けたとき、誰かが私に2＝1という式の証明を教えてくれた――ゼロで割ると証明できるというものなんだけど――私としては、その証明のすべての過程が正当なものに感じられた」。でも複雑な物事を考えていて、妙な答えが出てきたら、過程が間違っているのかもしれない。「いまするべきなのは、どちらかを否定してしまうことではなくて、問題を考え続けることだと思う。私はそうやってしばらく考え続けたすえに、ＡＩによる大きなリスクという主張はかなり説得力があると思えるようになった」。

それから彼女は聞いてきた。「あなたは信じる？　自分の子供たちが老化で死ぬことはない？　自分も老化で死ぬことはないかもしれない？」。

私はわからないと答えた。頭では理解しつつも、アナにとっての「ゼロで割る」と同じような、すっきりと腑に落ちるものは自分にはなかった。一方で、直感的には、老化で死ぬことはないという結論が正しいとは感じられなかった。いまでも私は、最近祖父がそうであったように、自分も年老いて死ぬと思っている。そして、考えたくないことだが、自分の子供たちもいつかそうなると思っている。自分の脳が2つに分かれ、たがいにせめぎ合っていた。

「じゃあ試してみない？　『内なる2つの核（internal double crux）』っていうＣＦＡＲの面白いテクニッ

クがあるから」とアナは言った。

意見の食い違いを見つけ、探る方法

通常の「2つの核」というテクニックは、2人の意見が食い違っている理由を探るために合理主義者たちが使うものだ。「それは2人の意見が食い違っている核心的なポイントがどこにあるかを見極めるために使われる。ここで言われている『核』というのは、それをあなたが切り崩せば、結論の根拠が崩れ、2人のどちらかが意見を変えることになるようなポイントのこと」。

レスロングで挙げられている例は、学校の制服に関する2人の議論だ。[1] 人物Aは「生徒は制服を着るべきだ」と考えている。人物Bは着るべきでないと考えている。核を探すために、2人の信念が何を意味しているか、どういう予測のもとに成り立っているのかを検討していく。

人物Aは制服を着ることで裕福な子と貧しい子の見分けがつきにくくなり、いじめが減ると考えているとしよう。人物Bは、そんなのバカげていると考えているとする。そこで実際に制服が一定量いじめを減らすというデータを見せたら、人物Bは意見を変えることだろう。同じように、制服がいじめを減らすことはないというデータを見せたら、人物Aが意見を変えるはずだ。

このテクニックは、いちばん上に置かれた大きな主張から、細かく具体的な例へと徐々に降りていき、論点が分かれる箇所を探っていくものである。

これはとても有用で賢明なテクニックだと思うが、「内なる2つの核」は、もう少しややこしい。それは、自分のなかで見解が分かれているときに使われる。

たとえば、「あなたの子供たちが老化で死ぬことはないでしょう」という意見に自分の一部は同意していて、また別の部分は突飛な意見すぎて信じられないと感じているとする。「この方法はすごく変わってるの」とアナは警告してくれた。「自分の頭のなかに入っていくことになるし、そこで少し変わったものを発見する場合もある。でも私が実演しながら教えてあげるから」。

それで数日後、私はふたたびCFARのオフィスを訪ねた。

アナは、たとえ話のようなストーリーを語り始めた。少女が学校で作文に取り組んでいる。書き終わると、それを読んだ教師が言う。

「見て、『ocean』のつづりが間違ってる」

「いえ、間違ってません」と少女は言う。

すると教師はこう答える。

「残念だけど、間違ってる。直感に反することかもしれないけど、『s-h』じゃなくて『c』が正しい」

その子はいら立ちを強めながら繰り返す。

「いや、間違ってない」

「申し訳ないけど間違ってる」

「間違ってない」

「真実に向き合うのがつらいのもわかるけど、本当に間違ってる」

そして生徒は棚の方へ走っていき、涙を流しながら言う。

「間違って書いたりなんかしてない。私だって物書きになれるんだから」

アナはこれを「バケツエラー」と呼んでいる。

「『ocean』という単語をつづることができる」という事実が、「大きくなったら物書きになれる」という事実と同じバケツに入れられていた。そして片方が否定されたとき、少女は無意識のレベルで、どちらも否定されたと考えてしまっていたのだ。

もっと日常的な例で言えば、ひとりの人間のなかで、言葉で思考する自分と、その奥にある自分のコミュニケーションが欠けてしまうということがしばしば起こる。スーパーに買い物に行って、何か買い忘れている気がするんだけど思い出せない――ブロッコリーだったっけ？　いや、お米？　違う、でも米も必要だ。アボカドだっけ？　アボカドだ！　どこか奥に引っかかっていた答えを探り当てたときは、なんだか体もスッキリする。

ＣＦＡＲや合理主義者たちの想定する脳のモデル（あくまでもモデルだ、とアナは繰り返し強調した。脳が実際にこう動いているということではなく、モデル化すると有用で効果的なだけだという）によれば、何かの情報を得て自分のなかで葛藤が生じたとき、小さな警告としてブザーが鳴る。その情報はどこかの何かと矛盾していると脳が告げてくる。そして意識のレベルでは理由がわからないものの、その情報を受け入れることが難しくなる。

これはエリエゼル・ユドカウスキーが「違和感を抱いたら立ち止まる」の章で言っていたことだろう。私がアナに、理屈はわかるけど結論を受け入れることができないと伝えたとき、彼女はまさにこのことを指摘していたのだった。

「内なる2つの核」は、こうした状況において合理主義者たちが使う方法論であり、自分が何を拒絶していて、結論のどこが受け入れがたいと感じているかを見つけるきっかけにするものだ。

儀式的だし自己啓発風に聞こえることはわかっている。でも実際は違う。もちろん変わった体験ではあったが、きわめて常識的で地味な方法だ。

懐疑派の自分との対話

基本的なやり方はシンプルだった。アナが私に聞く。「『あなたの子供たちは老化で死ぬことはないと思う』という言葉を聞いて、最初に頭によぎるものは何？」。

「最初に頭に浮かぶのは、もちろん、自分はぼんやりと、自分の子供たちもみなと同じようにいつか死ぬんだろうと思っているということだ。祖父は最近死んだ。いま両親は60代で、自分は37歳になる。それぞれの人生の道が見える。どの人生もおおよそ似た道をたどっている。触れるものは違う——iPhoneだったり、カラーテレビだったり——だが基本的な人生の道すじは同じだ。ほかに思い浮かんだのは、『これにどう反論すればいいかわからない』という感覚だ。100年以内にAGIが実現する可能性がかなりあることは認めている。そしてそれが実現したら、人間の生命が劇的な形で変わる——老化で死ぬことがなくなったり、ドローンに殺されたり、意識をクラウドにアップロードしたりする——可能性が高いことも認めている。自分の子供たちは、西洋の国の中流階級に生まれ、豊かに暮らしているから、その頃まで生きているだろうとも思う。すべてを踏まえると、自分の子供たちが老化で死なない確率はゼロでない可能性がかなり高いのに、自分の素朴な人間観と一致しないんだ。人は年をとり、子供を持ち、孫が生まれて死んでいく。それが人生の道すじだ。思い浮かんだ基本的なことはこの2つで、たがいに簡単には折り合わない」

そこでアナは、それぞれ順番に見ていこうと促した。

私のなかの不死に懐疑的な自分は、次のように語っていた。

「自分のなかの大部分は、あらゆるものを見たうえで、『そこで話されてきた不死や世界の滅亡なんていうのは、人びとが昔から予言してきたようなことばかりだ』と考えてる。どの世代も自分たちが最後の世代だと考えてきた。そう考えなかった世代はないだろうし、どの世代においてもそれはバカげた考えだった。ヘヴンズ・ゲートのようなカルトや、1世紀のキリスト教の預言者たち、ミュンスターの反乱におけるアナバプテストたち。誰もがすぐにでも起きると考えていた。このパターンを果てしなく繰り返しながらも、そのたびに実現はしなかった。これらすべてのことから引きだすべき教訓は、人類の滅亡や不死の予測は実現しない傾向にあるということだ」

じゃあ、その意見をもう一方の自分にぶつけて、なんて答えるか考えてみて、とアナは言った。意見に関して正しいと思った部分はすべて「全面的に寛大に認める」こと。

そこで懐疑派の自分は、「老化で死なない可能性がある」ことを頭では理解しつつも悩んでいる自分に対し、次のように語った。

「実に多くの人が滅亡や不死の予測をしてきた。予測をする人の立場で考えてみると、それぞれに確かだと思えるロジックが存在していたに違いない。そうじゃないと予測は立てられないから。バカな人たちだったとは思わないしね。自分たちの世代で滅亡が訪れると信じるに足る理由があったはずだ。そうやって信じている人が、その考えから一歩抜けだして、『たしかに信じてる。けどこういう予測は昔にもたくさんあって、全部間違ってた』と言うことはかなり難しい。この種の物事を考える際には、基準率を証拠として活用する必要がある。そうじゃないと、過去に予測をしてきた人たちと変わらなくなる。基準率を確認しなくちゃならない。そして滅亡が訪れる基準率はゼロだ」

これは数章前に紹介した「外部情報」だ。内部から見て説得力を持つロジックでも、一歩外に出て、ほかの似たような事例が過去にどういう道をたどったか確認してみる必要がある。

それから、悩んでいる自分が、返答をする。

「でも、それじゃあ気候変動への対策についての反対意見と変わらない。きみは世界がいつも同じように動いているというけれど、人類は実際に世界を変えているじゃないか。100年前の暮らしはいまと大きく違う。100年前の暮らしは、そこから300年前の暮らしに比べても大きく違うものだった。でもその300年前の暮らしとそこから1000年前の暮らしは、そこまで大きく違わない。暮らしの変化のペースは勢いを増しているんだ」

次の100年の変化がもっと予測できないものになると考えるのはバカげたことじゃない。悩んでいる方の自分は、さらに議論を展開する。「人類滅亡の予測は、ひとつを除いてすべてが間違うことになる。それは論理的な必然だ。明日太陽は昇らないと言い続ける場合、正解の時が来るまで間違い続けることになる。帰納はいくつも事例を重ねていくことができる。だがその性質上、最終的には何か別の証拠が現れて、仮説を打ち砕くことになる」。

懐疑派の自分は、その意見を受けて認める。

「認めよう。気候変動は心配する必要がないという主張の多くは、懐疑論者たちの『人類は10万年も地球で暮らしてきたが、まだ海面水位は上昇していない』という意見のコピーにすぎない。この意見は、今後上昇しないという根拠にはならないし、環境への影響は50年や100年前と比べてもはるかに大きくなっている。それに、滅亡の基準率はゼロにしかならないので、予測する際にはそれも使えない。いまの時代の方が、アナバプテストたちの時代よりも滅亡に近いと考えるなら、その結論を導く独自の根拠が必要だ」

そして懐疑派の自分は、こう続ける。

「大気中の二酸化炭素の濃度を追うことはできる。そして1900年代の前半頃から出てきた方程式を活用すれば、気温や海面の上昇を予測するシンプルな数学的モデルを作ることができる。そしてそうした予測が実世界のデータとおおよそマッチしているかを確認することができる。それに気候変動が、どれほど人工知能の問題と比較可能かはわからない。気候変動が差し迫った危険だとする気象学者の割合の方が、AIが差し迫った危険だとするAI研究者の割合より多い」

まだ懐疑派が話し続けるところだったが、このあたりから少し変わった展開を見せ始めた。懐疑派は、次のように言った。

「私の子供たちが暮らしている50年後や100年後の世界は、海岸線の形も変わり、嵐のリスクも高まり、正直に言えば、自分の行かない国々では飢饉も起きているだろう。西洋の国に生まれたわが子たちは、西洋で私と大きくは違わない暮らしを送っていることだろう。そこでは世界の苦しみの多くは目に見えず、裕福な西洋人たちの暮らしは続いていき、わが子たちも職を得る。娘は医者で、息子はジャーナリスト、とかね。だけどもしAGIが実現したら、こういう未来ではなくなる。子供たちの未来はペーパークリップ製造工場となって破壊されてしまうか、トランスヒューマンの人生として意識をアップロードされるか、ペットとして飼われるかだ。物事がどうなっていくかは私にはわからない。ボストロムの主張からわかるのは、知的爆発は世界を完全に変えてしまうということだ。超知能が世界をどうするかは予測をしたって無駄なんだ。ゴリラが『人間はどう世界を変えるんだろう』と考えたって無駄であるのと同じようにね」

そう言って私は、これこそがAIのリスクをめぐる議論について考えるときに感じた本能的な嫌悪感だと気づいた。

「親というのは、子供にアドバイスをできる立場であるべきだと思う」

私は言った。

「子供たちが生きているうちにAGIが実現したら――私はその未来に生きる子供たちにアドバイスをすることができない。どう生きるのが最善であるか伝えることができない。子供たちの生活がどのようなものになっているのかも、人の形をして暮らしているのかさえもわからないのだから」

私はアナに促されて言葉を切り、自分の気持ちを短くまとめた。

「子供たちのことが心配なんだ」

そして私は謝った。涙を流していることに気づいたのだ。

「私もワークショップをやると、そのうち半分では涙を流してる」とアナは優しく言った。

「たいていこの変わったエクササイズの最中にね」

42 生命、宇宙、そのほかのあらゆること

2017年の秋にカリフォルニアのオフィスで泣いたという事実を根拠にして、AIが人類を抹殺し、宇宙を滅ぼすと主張したいわけではない。私は子供たちから8000キロほど離れた異国でひとりきりであり、疲れと時差ぼけもあって、かなり感情が弱っている状態だった。

私はあまり涙を流さないが、このとき自分が泣いたのはあまり驚きではない。だがしかし、影響はすごく大きかった。そのときの感情を呼び起こそうとしてはだいだい失敗してきたが、これを書きながら録音を聞いていると感覚がよみがえってくる。その感情はすごくリアルだったが、涙の原因についてはあまり考えたくなかった。その原因は恐ろしいものであるからだ。

結局、私はペーパークリップ・マキシマイザーによる世界の滅亡を信じているのだろうか？　確率的に考えてみよう。

AGIがほどなく実現する可能性があるだろうとは思う。いつ実現するかについてはまったく定かではないが、AI研究者の多くが次の50年以内に実現する可能性があり、100年以内にはほぼ確実と言うのだから、私が反対する理由が見つからない。

ボストロムによる調査では、汎用人工知能が実現する確率について、AI研究者たちは2075年

までに実現する確率が90パーセントあると考えていることが明らかになった。[1]

ボストロムと同じように、私は決して実現しない、あるいは実現するとしてももっと先の未来だという考えに近い。核融合発電のようにＡＩもこの50年ずっと、あと30年で実現すると言われ続けてきたからだ。自分の子供たちの寿命だと考えられる90年〜１００年後にＡＧＩが誕生する確率は80パーセントくらいだと思っている。

次の問い。私はＭＩＲＩなどが恐れているようなひどい破滅が起きると考えているだろうか？　またしてもボストロムの調査では、回答者の18パーセントがＡＧＩの誕生はたとえば人類の滅亡といった「きわめて悪い」ことにつながると信じている。

ＡＩの安全性対策に取り組む関係者のなかには、確率はもっと高いと考えている人もいる。ロブ・ベンシンガーは「確率は高い」と言い、ニック・ボストロムは知的爆発による「悲劇的結末」は「命運」だとしている。[2]

しかし、それはバカげた考えだとするＡＩ研究者たちもいる。たとえばトビー・ウォルシュは、知的な存在が世界を破滅させるという前提自体がおかしいうえに、「知能」という言葉の意味にそぐわないとしている。長らくこのテーマを見てきた私としては、彼が間違っているのではないかと思うが、彼はＡＩ研究者であり、私はそうではない。彼の意見は、ＡＩ研究者の大部分が人類の危機は可能性の高いシナリオではないと回答した調査結果にも合うものなので、確率は18パーセントのままとしておこう。

黙って計算せよ、と合理主義者たちは言う。80パーセント（今後90〜１００年のうちにＡＧＩが誕生する可能性）を18パーセントでかけると、14・4パーセントとなる。私の予測は１桁以上間違っているかもしれない。それに、私が正しい確率も１パーセントしかないかもしれない。そうだとしてもまだ、懸念してもおかしく思われないリスクである自動車事故で子供たちが死亡する確率より高い。

合理主義者たちは、ポリアモリー（複数恋愛）の傾向が高く、難解な用語を使い、変わった暮らしや行動をする、変わった集団だ。政治的な愚かさもある（議論に対してオープンであるため、ネット上では彼らのところに不快な人間たちがたくさん集まってくる）。

そのため彼らが気にかけていること、たとえばＡＩのリスクや効果的利他主義などは、彼らからの連想で中傷を受ける危険性がある。「シンギュラリティ？　それって、あのレイシストのセックスカルト集団が熱を上げてるやつじゃないの？」。

しかしそんな精神分析をしても真実にはたどり着かない。彼らは変わっているかもしれないが、パンデミックや気候変動と同じように、ＡＩのリスクも社会が協力して軽減していくべきだと信じることが間違っているとは思えない。悲惨なことが起きる確率が少なからずあるうえ、そうした確率を減らしていくための現実的な方法があるようにも見える。

ＡＩは人類を滅ぼさない

私はカリフォルニアでベテランの合理主義者と会ったが、彼はものすごく私のことを警戒し、録音を拒否した。誰より人当たりがいいと評判だったが、少なくともはじめのうちはちょっとそっけなかった。それは私がこの本を書いていると知っていたからだろう。彼は、もしＡＩのリスクが多くの人に知られすぎてしまうと、「ＩＱ」という概念に起きた事態のようにならないか心配だと言った。つまり、科学とは関係のない議論で批判の対象となったり、カリフォルニアのオタクの白人男性はＡＩリスク研究の先導者としてふさわしくないと言われたりすることを懸念していた。こうした懸念は何人かから聞いた。

そうしたことが起こらないことを願う。合理主義者たちは興味深い人びとで、彼らの取り組みは価値あるもののように見える。AIのリスクが中心的なテーマだが、「自分がどう考えているか」や「どのように議論するか」を考えるという視点や、「白か黒か」「イエスかノーか」で考えるのではなく確率や可能性で考えるという視点は価値があるように思う。

そしてたしかに、彼らは好きになるのが難しい――特にエリエゼル・ユドカウスキーは気難しく、変わった、いら立たしい男だが、否定できないほど賢く、未来へのビジョンを持っていると言える。そしてネット上には彼らの仲間として不快な人間がたくさんいる。

しかし彼らの取り組みには立派な側面もある。私たちは、意見の相違を超えて話し合うことがますます下手になってきている。SNSのせいか政治的分断のせいかはわからないが、人びとは自分と政治的信条を異にする相手も良識ある人間であるかもしれないと想像することが難しくなってきているように思う。

なぜ私たちはしばしば間違いを犯してしまうのかを説明したり、議論やアイデアを真剣に受け止め、気に入らない意見も否定せず、真摯《しんし》な反論者のためにも場所を作ったりする取り組みは素晴らしいものだ。

AIのリスクというテーマにおける彼らの功績は大きいと思う。彼らは、ニッチでディストピアSF的なアイデアだったAIのリスクを、人びとが真剣に考えるテーマにした。

マイク・ストーリーは、俳優でラッパーのドナルド・グローヴァーがテレビ番組「コミ・カレ!!」のなかでボストロムのアイデアを援用したことに触れ、こうしたテーマがメインストリームへと浸透していることを指摘した。

もっと直接的に関係のあるもので言えば、オバマ政権下のホワイトハウスは、「人工知能の未来に備えて（Preparing for the Future of Artificial Intelligence）」[3]なる報告書を発表した。これはユドカウスキーやボストロムのアイデアに大きく依拠したものだった。プエルトリコでのカンファレンスや「ＡＩの安全性における具体的な問題」にもたびたび言及され、ボストロムの研究が参考文献に並んでいる。

２０００年代半ばの隆盛期以降、合理主義者のコミュニティは大きく様変わりした。エリエゼル・ユドカウスキー自身もレスロングから基本的に姿を消した。ときおりＭＩＲＩのサイトに長大な投稿をするくらいで、もっとふざけたものやＡＩと関係のないものはFacebookやTumblrに投稿していたが、最近ではあまりコミュニティ作りに力を注いでいない。

しかしほかの面々は活動を続けている。ホールデンのオープンフィルはＡＩの安全性をめぐる取り組みに資金援助を続けているし、アジェヤは分野の開拓を続けている一方、ヘレンは現在中国の大学で機械学習に取り組んでいる。ポールはいまもグーグルの暗号エンジニアとして働いているが、空いた時間で人類の未来を懸念している。

スコットとカーチャは別れたが、数週間後に偶然とはいえ一緒に旅行をしていた。とても彼らしい。子供はできていないが、あのロボット赤ちゃんでの実験が影響しているのかはわからない。２人とも合理主義者のプロジェクトに熱心に関わり続けている。ユドカウスキーが後ろへ退いたいま、スコットはプロジェクトの旗頭のような存在となっており、カーチャはＦＨＩなどで研究をおこなっている。

アナは多くの聡明な若きオタクたちをＣＦＡＲに招き入れ、細やかさと良識をもって、世界を救う手助けができるかもしれないキャリアへと彼らを導き続けている。ロブは現在もこの世にユドカウスキーのメッセージを伝える使者だ。そしてもちろん、ニック・ボストロムは、ある種の人びとのなかでは世界的に有名な存在となっており、ＮＢＣのテレビ番組やホワイトハウスの文書からも参照されている。

振り返ると、彼らは大きな変化を引き起こしてきた。彼らはＡＩによる人類の滅亡という考えをメインストリームのものにした。片隅にいるようなオタクたちがメーリングリストで語るだけでなく、賢明で立派な大人たちが口に出すようになった。これはいいことだろう。

私はＡＩが人類を滅ぼすことになるとは思わない。しかし可能性は低いのだから無視していいとも思わない。未来からこの時代を振り返ったとき、エリエゼル・ユドカウスキーやニック・ボストロム、そしてＳＬ４のメーリングリストやLessWrong.comが世界を救ったと思う可能性は、少ないが無視できないほどに存在するのだ。ポール・クローリーが正しく、私の子供たちが老化で死ぬことがなく、人類が友好的な超知能の手を借りて、さまざまな恒星へと到達したら――それはもしかしたら、おそらくは、合理主義者たちのおかげかもしれない。

謝辞

この本を書き上げることができたなんて、正直に言うと不思議な気分だ。私は着々と本を量産していけるタイプではない。私は昔から、「いつか本を書く」とたびたび語りながらも、友人たちからは「いいね、トム。5年前もそう言ってたけど」と返ってくるような人間だ。だから、本を実際に書き上げることができたという事実に関して、私が果たした役割はほんのわずかにすぎない。ほとんどの部分は、以下に紹介する人びとの力のおかげである。

ジャンクロー&ネスビット社でエージェントを務めるウィル・フランシスは、使えるアイデアが私の頭に降りてくるまで、何度も美味しいランチに連れ出してくれた。出版社ワイデンフェルト&ニコルソンのポール・マーフィーは、ありがたいことに本を書く対価を支払ってくれることに合意してくれたうえ、私のくだらない冗談を削除してくれた。リンデン・ローソンは、回りくどく繰り返しの多い私の文章を見事に整理してくれた。

アジェヤ・コトラ、アンドリュー・サビスキー、アナ・サラモン、バック・スレゲリス、キャサリン・ホランダー、デヴィッド・ジェラルド、ダイアナ・フライシュマン、ヘレン・トナー、ホールデン・カーノフスキー、カーチャ・グレース、マイケル・ストーリー、マイク・レヴィーン、マレー・シャナハン、ニック・ボストロム、ピーター・シンガー、ロブ・ベンシンガー、ロビン・ハンソン、スコット・アレクサンダー、トビー・オード、トビー・ウォルシュら、私と話してくれたすべての人に深く感謝する。エリエゼル・ユドカウスキーは、直接話すことは認めてくれなかったものの、メールでの私の苛立たしい質問に答えてくれたことは、改めて感謝する。エリザベス・オールドフィールドとピート・エッチェルズは、草稿を部分的に何度も読んでくれ、まったくダメな内容のものではないのだと励まされた。

ポール・クローリーには特に感謝している。合理主義界隈について基本的な知識をあれこれ教えてくれ、私をカリフォルニアに招いてくれ、滞在中にはとてもよくしてくれ、たくさんの質問に答えてくれたばかりか、のちに原稿ができたら目を通してくれ、たくさんの愚かな間違いを取り除いてくれた。

それから、もちろん、両親のアリソンとアンディにはすべてに感謝する。妻のエマにも、すべてに感謝する。ビリーとエイダには、2階に上がってきてベタベタした手でキーボードを叩くことが、あまり頻繁にはなかったことに感謝したい。

訳者あとがき

ミッキー・マウスと人工知能

ＡＩが人類を滅ぼすかもしれない。

そんな話を聞いたとき、これからは『ターミネーター』に登場する骸骨のようなメタリックの機械ではなく、ミッキー・マウスを想像してもらいたい。

正確に言うならば、『ファンタジア』内で「魔法使いの弟子」をしているミッキー・マウスだ。なぜか？

ＡＩが人類にとって危険なのは、あの骸骨の機械のように「意識」を持って「反旗をひるがえす」からではない。「人間の命令に忠実すぎる」ことに危険が潜んでいるのだ。

『ファンタジア』で、魔法使いの弟子のミッキーは井戸から水を汲んでかめに入れておくよう命じられる。魔法の帽子を見つけたミッキーは、ほうきに魔法をかけ、自分の代わりにその作業を実行するよう命じる。棒から生えた手にバケツを持ち、毛を足にして、ほうきの一群が水を汲みはじめる。それを見たミッキーは安心して眠りにつく。しかし、しばらくして目を覚ますと、部屋が水であふれていて、ミッキーは溺れかけてしまう。

ミッキー（＝プログラマー）に「水を汲め」と命じられたほうき（＝ＡＩ）は、その命令を忠実に実行するあまり、部屋を水であふれさせてしまったのだった。

ＡＩは何かを命じられた際、それを最も効果的な形で実行しようとする。そしてうまく設定しない限り、目標以外のことは気にしない（部屋が水浸しになろうが、ミッキーが溺れようが関係ない）。たとえばペーパー・クリップを作れと命じられたＡＩは、とにかくたくさんのペーパー・クリップを生み出すべく、宇宙のあらゆる資源を利用するだろう。人間を構成する原子を利用してペーパー・クリップに変えようと考える可能性だってある。あるいは、「がんをなくせ」という命令を受けたとしても、がんを治療するのではなく、人類自体を消滅させることで、この世からがんをなくそうと考えることだってありえる……。

「合理主義者（Rationalist）」と呼ばれる人びとは、ＡＩについてこうした懸念を抱いている。シンギュラリティが訪れ、人間は不死のような存在になるかもしれないが、一方で絶滅する可能性だってあるかもしれない。

本書 *The AI Does Not Hate You: Superintelligence, Rationality and the Race to Save the World* (Weidenfeld & Nicolson, 2019)は、そんな合理主義者たちを追った一冊だ。合理主義者とはどういう人たちなのか。なぜＡＩが人類を滅ぼすかもしれないと考えているのか。そもそも合理主義者はどんな考え方をしているのか。合理主義者たちから派生した効果的利他主義運動とはどのようなものか。イギリスのデイリー・テレグラフやBuzzfeedで記者を務めたのち、２０１８年にサイエンスライターとしてフリーランスとなったトム・チヴァースによるデビュー作である。本書はのちに小説『銀河ヒッチハイク・ガイド』をもじって*The Rationalist's Guide to the Galaxy: Superintelligent AI and the Geeks Who Are Trying to Save Humanity's Future*と改題されており、合理主義者たちや、その思想を紹介するガイドである点が強調されている。

著者は合理主義コミュニティに属する人びとと長く付き合って取材をおこない、合理主義者のさまざまな側面を追求していく。合理主義者を名乗り、その考え方を広めていったのはエリエゼル・ユドカウスキー（Eliezer Yudkowsky）という人物だ。本編の第1章に描かれているように、彼のブログ「レスロング（LessWrong）」やロビン・ハンソンのブログ「Overcoming Bias」、そしてスコット・アレクサンダーのブログ「Slate Star Codex」などを中心に、コミュニティが形成されてきた。ユドカウスキーの目標はＡＩが脅威である理由を伝えることだった。

本書のタイトルも、「ＡＩはあなたを憎んでもいないし、愛してもいないが、あなたを構成している原子を別の用途に使うかもしれない」というユドカウスキーの言葉からとられたものである。しかしそうした脅威を伝えるにはまず、「知能とは何か」や「人工知能」と「人間の知能」はどう違うかを説明しなければならなかった。人間の脳はバイアスがかかっているものなので、そうしたエラーを排除しつつ、人びとが合理的思考（ベイズの定理に基づく確率的思考）をできるように手助けすることに主眼が置かれるようになった。本書では多くの分量を割いて、合理主義者が主張する「ベイズの定理に基づく思考法」や「人間のバイアス」が紹介されている。

合理主義者や、彼らが「ＡＩは人類を絶滅させる危険がある」と主張する根拠や（パート1、2）、合理的思考法および人間が持つバイアスを解説すること（パート3、4）に加え、本書にはもうひとつテーマがある。合理主義者が主張するＡＩがもたらす輝かしい未来（「子供世代は老化で死ぬことがなくなる」）を信じるかどうか、著者なりに見極めていくことだ。要するに、合理主義者の思考法や主張を紹介したうえで、それらが信じるに足るものであるか検討するということである。公平に検討するためには、合理主義のコミュニティや思考法に付随する負の側面も紹介しておかなければならない。

合理主義者はＡＩの安全性を研究する聡明な人びとだが、一方で、オタク的で自閉症的な人間の集まるコミュニティだと揶揄されることもあり、純粋に合理的な思考を突き詰めた結果、「１人の人間を50年間拷問し続けるよりも、膨大な数の人間の目に一瞬ホコリが入るちょっとした不快感」の方が悪いといったギョッとするような見解を導きだしてしまうこともある。さらにはポリアモリー（複数恋愛）を実践する人も多く、主義を共にする人びととグループハウスで暮らすことも多いため、セックスカルトだと責められることもある。白人男性が大多数を占め、ミソジニー（女性嫌悪）だと批判されたり、新反動主義やオルタナ右翼との関連を指摘されたりもしている（パート6、7）。

著者は、こうした側面についても丁寧に取材している。そして批判を一部認めることもあれば、批判はまったくの誤解に基づくものだとデータや事例を用いて主張したりもする。著者から見たこのコミュニティの実態はどのようなものであるか、著者は彼らの主張を信じるに至るのか、ぜひ本書を読んで確かめてみていただきたい。

本編でも語られているように、合理主義者たちは、テクノロジーを使って身体機能の拡張を目指すトランスヒューマニズムや人体冷凍保存に関心を持ち、この世界はシミュレーションにすぎないという仮説を主張し、複数と同時に恋愛関係を築くポリアモリーや集団生活といった一般とは異なる慣習に則っていて、変わった考えを持つ、変わった人たちの集まりだとされている。

しかし合理主義者たちは、純粋に真実を求める人びとでもある。この分断の時代には珍しく、感情は脇に置いて、自分たちとは違う主張や、不快に思える主張もまずは受け入れて、感情ではなく論理を戦わせる（だからこそ彼らのブログのコメント欄には極端な意見が散見され、見る者に誤解を与えてしまうこともある）。遺伝子操作によるウイルスでのパンデミックとＡＩを人類絶滅の2大リスクだと語った合理主義者もいる。数値やデータをもとにした合理主義的思考・意思決定は国のレベルでも個人のレベルでも、その重要性を感じる機会が増えた人もいるかもしれない。

著者の言うように、あるアイデアの発案者が変わっているからといって、そのアイデアの正当性が損なわれることはない。アイデアはアイデアとして純粋に検討されるべきだ。トム・チヴァースによるレポートを読みながら、合理主義者たちの思考や主張に触れ、ぜひとも自分なりに見極めていただきたい。

2021年5月

樋口武志

Science and Technology Council Committee on Technology, October 2016
https://obamawhitehouse.archives.gov/sites/default/files/whitehouse_files/microsites/ostp/NSTC/preparing_for_the_future_of_ai.pdf

mildreds-is-really-like-a3772061.html

39 AIと慈善事業

1. Benjamin Todd, 'Why, despite global progress, humanity is probably facing its most dangerous time ever', 80,000 Hours https://80000hours.org/articles/extinction-risk/
2. Holden Karnofsky, 'Potential risks from advanced artificial intelligence: The philanthropic opportunity', OpenPhil
https://www.openphilanthropy.org/blog/potential-risks-advanced-artificial-intelligence-philanthropic-opportunity#Tractability
3. 'Machine Intelligence Research Institute–general support', OpenPhil 2016
https://www.openphilanthropy.org/focus/global-catastrophic-risks/potential-risks-advanced-artificial-intelligence/machine-intelligence-research-institute-general-support
4. 'Our progress in 2017 and plans for 2018', OpenPhil
https://www.openphilanthropy.org/blog/our-progress-2017-and-plans-2018
5. Dylan Matthews, 'I spent a weekend at Google talking with nerds about charity. I came away . . . worried', Vox, 10 August 2015 https://www.vox.com/2015/8/10/9124145/effective-altruism-global-ai
6. Ben Kuhn, 'Some stories about comparative advantage', December 2014
https://www.benkuhn.net/advantage
7. Edward Miguel and Michael Kremer, 'Worms: Identifying impacts on education and health in the presence of treatment externalities', *Econometrica*, vol. 72(1), January 2004, pp. 159–217
8. D.C. Taylor-Robinson, N. Maayan, K. Soares-Weiser, S. Donegan and P. Garner, 'Deworming drugs for soil-transmitted intestinal worms in children: Effects on nutritional indicators, haemoglobin, and school performance', Cochrane Database of Systematic Reviews, 23 July 2015 (CD000371)
9. Philip Oltermann, 'Greenpeace loses £3m in currency speculation', *Guardian*, 16 June 2014
https://www.theguardian.com/environment/2014/jun/16/greenpeace-loses-3m-pounds-currency-speculation
10. 'Introducing OpenAI', OpenAI.com 2015 https://blog.openai.com/introducing-openai/

40 AIによる滅亡を防ぐためにしていること

1. D. Amodei, C. Olah, J. Steinhardt, P. Christiano, J. Schulman and D. Mane, 'Concrete problems in AI safety', technical report, 25 July 2016 arXiv:1606.06565v2 (cs.AI)
2. Paul Christiano, et al., 'Deep reinforcement learning from human preferences', OpenAI
https://blog.openai.com/deep-reinforcement-learning-from-human-preferences/
3. Paul Christiano, 'Capability amplification', Medium
https://ai-alignment.com/policy-amplification-6a70cbee4f34

41 内なる2つの核

1. Duncan Sabien, 'Double crux–A strategy for resolving disagreement', LessWrong, 2017
https://www.lesswrong.com/posts/exa5kmvopeRyfJgCy/double-crux-a-strategy-for-resolving-disagreement

42 生命、宇宙、そのほかのあらゆること

1. Bostrom and Müller, 'Future progress in artificial intelligence'
https://nickbostrom.com/papers/survey.pdf
2. ニック・ボストロム、『スーパーインテリジェンス 超絶AIと人類の命運』、245頁
3. 'Preparing for the Future of Artificial Intelligence',ExecutiveOfficeof the President, National

and *Personality Psychology Compass*, vol. 4, issue 11, 20 October 2010
https://doi.org/10.1111/j.1751-9004.2010.00320.x
8. Scott Alexander, 'Contra Grant on exaggerated differences', 2017
http://slatestarcodex.com/2017/08/07/contra-grant-on-exaggerated-differences/
9. 'The state of medical education and practice in the UK', General Medical Council, 2016
https://www.gmc-uk.org/-/media/documents/SOMEP_2016_Full_Report_Lo_Res.pdf_68139324.pdf
10. 'Higher Education Student Statistics: UK, 2016/17–Subjects studied', HESA, 2018
https://www.hesa.ac.uk/news/11-01-2018/sfr247-higher-education-student-statistics/subjects
11. 'Association of American Medical Colleges 2015 Reporton Residents', AAMC, 2015
https://www.aamc.org/data/484710/report-on-residents.html
12. 'The state of medical education and practice in the UK', General Medical Council, 2017
https://www.gmc-uk.org/-/media/about/somep-2017-final-full. pdf?la=en&hash=3FC4B6C2B7EBD840017B908DBF0328CD840640A1
13. Scott Alexander, 'Untitled', 2015 http://slatestarcodex.com/2015/01/01/untitled/

37 新反動主義者たち

1. 2016 Less Wrong diaspora survey results
http://www.jdpressman.com/public/lwsurvey2016/Survey_554193_LessWrong_Diaspora_2016_Survey%282%29.pdf
2. Less Wrong diaspora survey 2016
http://www.jdpressman.com/public/lwsurvey2016/analysis/general_report.html
3. Scott Alexander, 'You're probably wondering why I've called you here today', 2013
http://slatestarcodex.com/2013/02/12/youre-probably-wondering-why-ive-called-you-here-today/
4. SSC survey results 2018 http://slatestarcodex.com/2018/01/03/ssc-survey-results-2018/

38 効果的利他主義

1. ピーター・シンガー、『飢えと豊かさと道徳』、児玉聡訳、勁草書房、2018 年、2-26 頁
2. Benjamin Todd, 'Earning to give', 80,000 Hours, 2017
https://80000hours.org/articles/earning-to-give/
3. 'What we can achieve', Giving What We Can
https://www.givingwhatwecan.org/get-involved/what-we-can-achieve/
4. Giving USA 2018: The AnnualReport on Philanthropy for the Year 2017
https://givingusa.org/giving-usa-2018-americans-gave-410-02-billion-to-charity-in-2017-crossing-the-400-billion-mark-for-the-first-time/
5. The 2014 survey of Effective Altruists, Centre for Effective Altruism
http://effective-altruism.com/ea/gb/the_2014_survey_of_effective_altruists_results/
6. EA 2017 survey, Centre for Effective Altruism https://rtcharity.org/tag/ea-survey-2017/
7. LessWrong diaspora survey 2016
http://www.jdpressman.com/public/lwsurvey2016/Survey_554193_LessWrong_Diaspora_2016_Survey282%29.pdf
8. Scott Alexander, 'Nobody is perfect, everything is commensurable', 2014
http://slatestarcodex.com/2014/12/19/nobody-is-perfect-everything-is-commensurable/
9. 'Impossible Foods – R&D Investment', OpenPhil 2016
https://www.openphilanthropy.org/focus/us-policy/farm-animal-welfare/impossible-foods
10. Katie Strick, 'This is what the "bleeding" vegan burger at Mildredsis really like', *London Evening Standard*, 21 February 2018
https://www.standard.co.uk/go/london/restaurants/this-is-what-the-bleeding-vegan-burger-at-

https://www.lesswrong.com/posts/hxGEKxaHZEKT4fpms/our-phyg-is-not-exclusive-enough
2. Eliezer Yudkowsky, 'Every cause wants to be a cult', LessWrong, 2007
https://www.lesswrong.com/posts/yEjaj7PWacno5EvWa/every-cause-wants-to-be-a-cult
3. 'Transcription of Eliezer's January 2010 video Q&A', LessWrong, 2010
https://www.lesswrong.com/posts/YduZEfz8usGbJXN4x/transcription-of-eliezer-s-january-2010-video-q-and-a
4. MIRI Independent Auditors Report for 2016,
https://intelligence.org/wp-content/uploads/2012/06/Independent-Auditors-Report-for-2016.pdf
5. SSC 2018 survey results http://slatestarcodex.com/2018/01/03/ssc-survey-results-2018/
6. LessWrong 2014 survey results http://lesswrong.com/lw/lhg/2014_survey_results/
7. Elizabeth Sheff, 'How many polyamorists are there in the US ？ ' *Psychology Today*, 9 May 2014
https://www.psychologytoday.com/us/blog/the-polyamorists-next-door/201405/how-many-polyamorists-are-there-in-the-us
8. M. L. Haupert et al., 'Prevalence of experiences with consensual nonmonogamous relationships: Findings from twonational samples of single Americans', *Journal of Sex & Marital Therapy*, vol. 43, issue 5, 2017 https://www.tandfonline.com/doi/abs/10.1080/0092623X.2016.1178675?journalCode=usmt20
9. Brendan Shucart, 'Polyamory by the numbers', *Advocate*, 1 August 2016
https://www.advocate.com/current-issue/2016/1/08/polyamory-numbers

35 心理分析は真実を教えてはくれない

1. Scott Alexander, 'Is everything a religion?', 2015
http://slatestarcodex.com/2015/03/25/is-everything-a-religion/
2. John Horgan, 'The consciousness conundrum', IEEE Spectrum, 1 June 2008
https://spectrum.ieee.org/biomedical/imaging/the-consciousness-conundrum
3. John Horgan, 'AI visionary Eliezer Yudkowsky on the Singularity, Bayesian brains and closet goblins', Scientific American, 1 March 2016
https://blogs.scientificamerican.com/cross-check/ai-visionary-eliezer-yudkowsky-on-the-singularity-bayesian-brains-and-closet-goblins/

36 合理主義者とフェミニズム

1. Vashte Galpin, 'Women in computing around the world: An initial comparison of international statistics', *ACM SIGCSE Bulletin*, vol. 34(2), June 2002, pp. 94–100
http://homepages.inf.ed.ac.uk/vgalpin1/ps/Gal02a.pdf
2. Elizabeth Weise, 'Tech: Where the women and minorities aren't', *USA Today*, 15 August 2014
https://eu.usatoday.com/story/tech/2014/05/29/silicon-valley-tech-diversity-hiring-women-minorities/9735713/
3. NCWIT, 'Girls in IT: The facts in fographic', National Center for Women and IT, 30 November 2012
https://www.ncwit.org/infographic/3435
4. Beth Gardiner, 'Computer coding: It's not just for boys', *New York Times*, 7 March 2013
https://www.nytimes.com/2013/03/08/technology/computer-coding-its-not-just-for-boys.html
5. Kathy A. Krendl, Mary C. Broihier and Cynthia Fleetwood, 'Children and computers: Do sexrelated differences persist?', *Journal of Communication*, vol. 39(3), 1 September 1989, pp. 85–93
https://doi.org/10.1111/j.1460-2466.1989.tb01042.x
6. Lily Shashaani, 'Gender differences in computer attitudes and use among college students', *Journal of Educational Computing Research*, vol. 16, issue 1, 1 January 1997
http://journals.sagepub.com/doi/abs/10.2190/Y8U7-AMMA-WQUT-R512?journalCode=jeca
7. Richard A. Lippa, 'Gender differences in personality and interests: When, where, and why?', Social

8. Ibid.

28 確率的に考える

1. Tetlock quoted in Dan Gardner, *Future Babble* (Virgin Books, 2011), p.24
2. Ibid., p.25
3. バーリン、『ハリネズミと狐―『戦争と平和』の歴史哲学』、河合秀和訳、岩波書店、1997年、7頁

29 信念に家賃を払わせる

1. Eliezer Yudkowsky, 'Disputing definitions', LessWrong sequences, 2008
https://www.readthesequences.com/Disputing-Definitions
2. Eliezer Yudkowsky, 'Making beliefs pay rent (in anticipated experiences)', LessWrong sequences, 2008
https://www.readthesequences.com/Making-Beliefs-Pay-Rent-In-Anticipated-Experiences

30 違和感を抱いたら立ち止まる

1. Eliezer Yudkowsky, 'Fake explanations', LessWrong sequences, 2008
https://www.readthesequences.com/Fake-Explanations

31「間違っていた」と言うことの重要性

1. Eliezer Yudkowsky, 'The importance of saying "Oops"', LessWrong sequences, 2008
https://www.readthesequences.com/TheImportanceOfSayingOops
2. Ibid.

32 瀕死に陥った「聖地」レスロング

1. Riciessa, 'LessWrong analytics, February 2009 to January 2017'
https://www.lesswrong.com/posts/SWNn53RryQgTzT7NQ/lesswrong-analytics-february-2009-to-january-2017
2. Scott Alexander, 'A History of the Rationalist community', Reddit, 2017
https://www.reddit.com/r/slatestarcodex/comments/6tt3gy/a_history_of_the_rationality_community/

33 彼らは実社会でどうコミュニティを作っているか

1. Zvi Mowshowitz, 'The thing and the symbolic representation of the thing', 2015
https://thezvi.wordpress.com/2015/06/30/the-thing-and-the-symbolic-representation-of-the-thing/
2. Sara Constantin, 'Lessons learned from Meta Med', 2015
https://docs.google.com/document/d/1HzZd3jsG9YMU4DqHc62mMqKWtRer_KqFpiaeN-Q1rlI/edit
3. 2016 LessWrong diaspora survey results
http://www.jdpressman.com/public/lwsurvey2016/Survey_554193_LessWrong_Diaspora_2016_Survey%282%29.pdf
4. SSC survey results 2018 http://slatestarcodex.com/2018/01/03/ssc-survey-results-2018/

34 彼らはカルトなのか?

1. Unknown author, 'Our phyg is not exclusive enough', LessWrong, 2012

25 スコープ無反応性——自分の命がかかっていても正しく計算できない

1. Elezier Yudkowsky, 'Scope insensitivity', LessWrong sequences, 2008 https://www.readthesequences.com/ScopeInsensitivity
2. William H. Desvousges, et al., *Measuring Non use Damages Using Contingent Valuation: An Experimental Evaluation of Accuracy* (RTI Press, 1992) https://www.rti.org/sites/default/files/resources/bk-0001-1009_web.pdf
3. Richard T. Carson and Robert Cameron Mitchell, 'Sequencing and nesting in contingent valuation surveys', *Journal of Environmental Economics and Management*, vol. 28(2), 1995, pp. 155–73 doi:10.1006/jeem.1995.1011
4. Daniel Kahneman, Ilana Ritov and Daniel Schkade, 'Economic preferences or attitude expressions ? : An analysis of dollar responses to public issues', *Journal of Risk and Uncertainty*, vol.19, issue 1–3, 1999, pp. 203–35 doi:10.1007/978-94-017-1406-8_8
5. David Fetherstonhaugh, et al., 'Insensitivity to the value of human life: A study of psychophysical numbing', *Journal of Risk and Uncertainty*, vol. 14(3), 1997, pp. 283–300 doi:10.1023/A:1007744326393
6. Rebecca Smith, '"Revolutionary" breast cancer drug denied on NHS over cost: NICE', *Daily Telegraph*, 8 August 2014

26 動機づけられた懐疑、動機づけられた停止、動機づけられた継続

1. ジョナサン・ハイト、『社会はなぜ左と右にわかれるのか 対立を超えるための道徳心理学』、高橋洋訳、2014 年、紀伊國屋書店、147-148 頁
2. Eliezer Yudkowsky, 'Motivated stopping and motivated continuation', LessWrong sequences, 2007 https://www.lesswrong.com/posts/L32LHWzy9FzSDazEg/motivated-stopping-and-motivated-continuation
3. R.A. Fisher, 'Lung cancer and cigarettes', *Nature*, vol. 182, 12 July 1958, p. 108 https://www.york.ac.uk/depts/maths/histstat/fisher275.pdf
4. F. Yates and K.Mather, 'Ronald Aylmer Fisher 1890–1962', *Biographical Memoirs of Fellows of the Royal Society*, vol. 9, 1963, pp. 91–129 doi:10.1098/ rsbm.1963.0006.

27 最も重要なバイアス

1. Eliezer Yudkowsky, 'Illusion of transparency: Why no one understands you', LessWrong sequences, 2007 https://www.readthesequences.com/Illusion-Of-Transparency-Why-No-One-Understands-You
2. Boaz Keysar, 'The illusory transparency of intention: Linguistic perspective taking in text', *Cognitive Psychology*, vol. 26(2), 1994, pp. 165–208 doi:10.1006/cogp.1994.1006
3. Eliezer Yudkowsky, 'Hind sight devalues science', LessWrong sequences, 2007 https://www.readthesequences.com/Hindsight-Devalues-Science
4. 'Did you know it all along?', excerpt from David G. Meyers, *Exploring Social Psychology* (McGraw-Hill, 1994), pp. 15–19 https://web.archive.org/web/20180118185747/https://musiccog.ohio-state.edu/Music829C/hindsight.bias.html
5. Eliezer Yudkowsky, 'The affect heuristic', LessWrong sequences, 2008 https://www.readthesequences.com/TheAffectHeuristic
6. Eliezer Yudkowsky, 'The halo effect', LessWrong sequences, 2008 https://www.readthesequences.com/TheHaloEffect
7. Eliezer Yudkowsky, 'Knowing about biases can hurt people', LessWrong sequences, 2008 https://www.readthesequences.com/Knowing-About-Biases-Can-Hurt-People

10. Eliezer Yudkowsky, 'One life against the world', LessWrong sequences, 2007
https://www.lesswrong.com/posts/xiHy3kFni8nsxfdcP/one-life-against-the-world

21 バイアスの正体

1. Rob Bensinger, 'Biases: An introduction', LessWrong sequences, 2015
https://www.readthesequences.com/Biases-An-Introduction
2. Ibid.

22 利用可能性ヒューリスティック

1. David Anderson QC, 'The Terrorism Acts in 2011: Report of the Independent Reviewer on the Operation of the Terrorism Act 2000 and Part 1 of the Terrorism Act 2006', 2012
https://terrorismlegislationreviewer.independent.gov.uk/wp-content/uploads/2013/04/report-terrorism-acts-2011.pdf
2. Sarah Lichtenstein, et al., 'Judged frequency of lethal events,' *Journal of Experimental Psychology: Human Learning and Memory*, vol. 4(6), 1978, pp.551–78 doi:10.1037/0278-7393.4.6.551
3. Elezier Yudkowsky, 'Availability', LessWrong sequences, 2008
https://www.readthesequences.com/Availability
4. Garrick Blalock,et al., 'Driving fatalities after 9/11: A hidden cost of terrorism', *Applied Economics*, vol. 41, issue 14, 2009 http://blalock.dyson.cornell.edu/wp/fatalities_120505.pdf

23 連言錯誤——細かい情報の罠

1. Eliezer Yudkowsky, 'Burdensome details', LessWrong sequences, 2007
https://www.readthesequences.com/Burdensome-Details
2. Amos Tversky and Daniel Kahneman, 'Judgments of and by Representativeness', in *Judgment Under Uncertainty: Heuristics and Biases*, ed. Daniel Kahneman, Paul Slovic and Amos Tversky (CUP, 1982), pp. 84–98
3. A.Tversky and D.Kahneman, 'Extensional versus intuitive reasoning: The conjunction fallacy in probability judgment', *Psychological Review*, vol. 90, 1983, pp. 293–315

24 計画錯誤——なぜ自分の立てたスケジュール通りに進まないのか

1. Eliezer Yudkowsky, 'Planning fallacy', LessWrong sequences, 2007
https://www.readthesequences.com/Planning-Fallacy
2. Roger Buehler, Dale Griffin and Michael Ross, 'It's about time: Optimistic predictions in work and love,' *European Review of Social Psychology*, vol. 6(1), 1995, pp. 1–32
doi:10.1080/14792779343000112
3. Ian R. Newby-Clark, et al.,'People focus on optimistic scenarios and disregard pessimistic scenarios while predicting task completion times,' *Journal of Experimental Psychology: Applied*, vol. 6(3), 2000, pp. 171–82 doi:10.1037/1076-898X.6.3.171
4. Roger Buehler, Dale Griffin and Michael Ross, 'Exploring the "planning fallacy": Why people underestimate their task completion times', *Journal of Personality and Social Psychology*, vol. 67(3), 1994, pp. 366–81 doi:10.1037/0022-3514.67.3.366
5. Roger Buehler, Dale Griffin and Michael Ross, 'Inside the planning fallacy: The causes and consequences of optimistic time predictions', in Thomas Gilovich, Dale Griffin and Daniel Kahneman (eds), *Heuristics and Biases: The Psychology of Intuitive Judgment* (CUP, 2012), pp. 250–70
6. Yudkowsky, 'Planning fallacy' https://www.readthesequences.com/Planning-Fallacy

18「合理性」の本当の意味

1. Eliezer Yudkowsky, 'What do I mean by rationality?', LessWrong sequences, 16 March 2009 https://www.readthesequences.com/What-Do-I-Mean-By-Rationality
2. Ibid.
3. Eliezer Yudkowsky, 'Newcomb's problem and regret of rationality', LessWrong sequences, 31 January 2008
https://www.lesswrong.com/posts/6ddcsdA2c2XpNpE5x/newcomb-s-problem-and-regret-of-rationality
4. 宮本武蔵、『五輪書』、1985年、岩波書店、28-29頁
5. Eliezer Yudkowsky, 'Why Truth ? And...', LessWrong sequences, 27 November 2006 https://www.readthesequences.com/Why-Truth-And
6. Robert Nozick, 'Newcomb's problem and two principles of choice', *Essays in Honor of Carl G. Hempel* (Springer Netherlands, 1969) http://faculty.arts.ubc.ca/rjohns/nozick_newcomb.pdf
7. Eliezer Yudkowsky, 'Timeless Decision Theory', 2010 https://intelligence.org/files/TDT.pdf

19 ベイズ理論と最適化

1. https://en.wikipedia.org/wiki/Thomas_Bayes
2. Thomas Bayes, *An Essay towards solving a Problem in the Doctrine of Chances*, 1763
3. 'An intuitive explanation of Bayes' theorem', LessWrong sequences, 1 January 2003 https://www.readthesequences.com/An-Intuitive-Explanation-Of-Bayess-Theorem
4. Ward Casscells, Arno Schoenberger and Thomas Graboys, 'Interpretation by physicians of clinical laboratory results,' *New England Journal of Medicine*, vol. 299, 1978, pp. 999–1001
5. 'Searching for Bayes-Structure', LessWrong sequences, 28 February 2008 https://www.readthesequences.com/SearchingForBayesStructure
6. Fred Hoyle, 'Hoyle on Evolution', *Nature*, vol.294, No5837 (12 November 1981), p. 105
7. Eliezer Yudkowsky, 'How much evidence does it take?', LessWrong sequences, 2007 https://www.readthesequences.com/How-Much-Evidence- Does-It-Take
8. Ibid.

20 功利主義——黙って計算せよ

1. Mason Hartman, @webdevmason, 2 April 2018
https://twitter.com/webdevMason/status/980861298387836928
2. 'Extracts from Bentham's Commonplace Book', in *10 Works of Jeremy Bentham* (John Bowring, 1843), p. 141
3. Eliezer Yudkowsky, 'Torture vs dust specks,' LessWrongs equences, 2008
https://www.lesswrong.com/posts/3wYTFWY3LKQCnAptN/torture-vs-dust-specks
4. Ibid.
5. Eliezer Yudkowsky, 'Circular altruism', LessWrongs equences, 2008
https://www.lesswrong.com/posts/4ZzefKQwAtMo5yp99/circular-altruism#uWXxEmfea9WFJmMSk
6. For instance, Alastair Norcross of the University of Colorado in his paper 'Comparing harms: Headaches and human lives', 1997 http://spot.colorado.edu/~norcross/Comparingharms.pdf
7. Derek Parfit, *Reasons and Persons* (OUP, 1984), p.388
8. Eliezer Yudkowsky, 'The lifespan dilemma', LessWrong sequences, 2009
https://www.lesswrong.com/posts/9RCoE7jmmvGd5Zsh2/the-lifespan-dilemma
9. Eliezer Yudkowsky, 'Ends don't justify means (among humans)', LessWrong sequences, 2009 https://www.readthesequences.com/EndsDontJustifyMeansAmongHumans

6, 1966, pp. 31–88
http://commonsenseatheism.com/wp-content/uploads/2011/01/Good-Speculations-Concerning-the-First-UltraIntelligent-Machine.pdf
4. ニック・ボストロム、『スーパーインテリジェンス 超絶AIと人類の命運』、236頁（文脈に合わせ、一部表現を変更した）
5. Bostrom, 'The superintelligent will' https://nickbostrom.com/superintelligentwill.pdf
6. Yudkowsky, 'AI as a positive and negative factor in global risk', 2008
https://intelligence.org/files/AIPosNegFactor.pdf

14 知能爆発

1. ニック・ボストロム、『スーパーインテリジェンス 超絶AIと人類の命運』、138頁
2. 同上、141頁
3. 同上、152頁（文脈に合わせ、一部表現を変更した）
4. 同上、150頁
5. Eliezer Yudkowsky, 'Hard takeoff ', LessWrong, 2008 http://lesswrong.com/lw/wf/hard_takeoff/
6. Luke Meuhlhauser and Anna Salamon, Intelligence Explosion: Evidence and Import (MIRI, 2012)
https://intelligence.org/files/IE-EI.pdf

15 だけど、箱に閉じ込めておけばいいのでは？

1. Scott Alexander, 'No physical substrate, no problem,' 2015
http://slatestarcodex.com/2015/04/07/no-physical-substrate-no-problem/
2. Dowd, 'Elon Musk's billion-dollar crusade to stop the AIapocalypse'
https://www.vanityfair.com/news/2017/03/elon-musk-billion-dollar-crusade-to-stop-ai-space-x
3. ニック・ボストロム、『スーパーインテリジェンス 超絶AIと人類の命運』、277頁
4. 'The "AI box" experiment', SL4 archives, 2002 http://www.sl4.org/archive/0203/3132.html
5. Eliezer Yudkowsky, 'Shut up and do the impossible!', LessWrong sequences, 2008
https://www.lesswrong.com/posts/nCvvhFBaayaXyuBiD/shut-up-and-do-the-impossible
6. Bostrom, 'Risks and mitigation strategies for Oracle AI', 2010
https://www.fhi.ox.ac.uk/wp-content/uploads/Risks-and-Mitigation-Strategies-for-Oracle-AI.pdf

16 哲学の思いもおよばぬこと

1. Bostrom and Müller, 'Future progress in artificial intelligence'
https://nickbostrom.com/papers/survey.pdf
2. Scott Alexander, 'AI researchers on AI risk', 2015
http://slatestarcodex.com/2015/05/22/ai-researchers-on-ai-risk/
3. Ibid.

17 100パーセントの確信を持って、バスをダチョウだと言う

1. Jason Yosinsky, et al., 'The surprising creativity of digital evolution:
A collection of anecdotes from the Evolutionary Computation and Artificial Life Research communities', ArXiv, March 2018 https://arxiv.org/pdf/1803.03453v1.pdf
2. Christian Szegedy,et al., 'Explaining and harnessing adversarial examples'
https://arxiv.org/pdf/1412.6572v3.pdf?loc=contentwell&lnk=a-2015-paper&dom=section-9

6. Nikita Khrushchev, 'Telegram From the Embassy in the Soviet Union to the Department of State', 2 October 1962. From *Foreign Relations of the United States*, 1961–63, Volume VI, Kennedy-Khrushchev Exchanges, US Department of State Office of the Historian, ed. Charles S. Sampson, United States Government Printing Office 1966
https://history.state.gov/historicaldocuments/frus1961-63v06/d65
7. Bostrom, 'The superintelligent will' https://nickbostrom.com/superintelligentwill.pdf
8. Soares, 'Ensuring smarter-than-human intelligence has a positive outcome'
https://intelligence.org/2017/04/12/ensuring/
9. Maureen Dowd, 'Elon Musk's billion-dollar crusade to stop the AI apocalypse', *Vanity Fair*, April 2017
https://www.vanityfair.com/news/2017/03/elon-musk-billion-dollar-crusade-to-stop-ai-space-x
10. https://wiki.lesswrong.com/wiki/Roko's_basilisk
11. http://rationalwiki.org/wiki/Roko%27s_basilisk/Original_ post#Comments_.28117.29
12. https://xkcd.com/1450/
13. https://www.reddit.com/r/xkcd/comments/2myg86/xkcd_1450_aibox_experiment/cm8vn6e/
14. David Auerbach, 'Roko's Basilisk, the single most terrifying thought experiment of all time', *Slate*, 17 July 2014
http://www.slate.com/articles/technology/bitwise/2014/07/roko_s_basilisk_the_most_terrifying_thought_experiment_of_all_time.single.html
15. Dylan Love, 'Just reading about this thought experiment could ruin your life', *Business Insider*, 6 August 2014 http://www.businessinsider.com/what-is-rokos-basilisk-2014-8?IR=T
16. 2016 LessWrong diaspora survey results
http://www.jdpressman.com/public/lwsurvey2016/Survey_554193_LessWrong_Diaspora_2016_Survey%282%29.pdf
17. Scott Alexander, 'Noisy poll results and reptilian Muslim climatologists from Mars', 2013
http://slatestarcodex.com/2013/04/12/noisy-poll-results-and-reptilian-muslim-climatologists-from-mars/

11「チェスに勝つという目標が変わったら、チェスに勝てなくなりますよね？」

1. Omohundro, 'The basic AI drives'
https://selfawaresystems.files.wordpress.com/2008/01/ai_drives_final.pdf

12「人間レベル」の範囲の狭さ

1. Vernor Vinge, 'Signs of the Singularity', 2008
http://www.collier.sts.vt.edu/engl4874/pdfs/vinge_2008.pdf
2. Demis Hassabis, et al., 'Mastering the game of Go with deep neural networks and tree search', *Nature*, January 2016 https://www.nature.com/articles/nature16961
3. Miles Brundage, 'AlphaGo and AI progress', February 2016
http://www.milesbrundage.com/blog-posts/alphago-and-ai-progress
4. Eliezer Yudkowsky, 'My Childhood Role Model', 2008
https://www.readthesequences.com/MyChildhoodRoleModel

13 ますます加速していく世界

1. ニック・ボストロム、『スーパーインテリジェンス 超絶 AI と人類の命運』、20、21 頁
2. Robin Hanson, 'Economics of the Singularity', 1 June 2008
https://spectrum.ieee.org/robotics/robotics-software/economics-of-the-singularity
3. I.J. Good, 'Speculations concerning the first ultraintelligent machine', *Advances in Computers*, vol.

nuclear conflict', *Earth's Future*, 2014 http://onlinelibrary.wiley.com/doi/10.1002/2013EF000205/full
5. 本書は真実を求める人びとを題材にしているため、このエピソードには異論があることも付け加えずにはおけない。22 年以上経ち、ペトロフが「世界を救った」として世界市民協会から賞を贈られたとき、ロシアの国際連合大使は、報復発射に際しては「地上設置レーダーや、早期警戒衛星、そして諜報レポートなど、複数のシステムによる確認が必要だ」と語っている。
6. 'Soviets close to using A-bomb in 1962 crisis, forum is told', *Boston Globe*, 13 October 2002 http://www.latinamericanstudies.org/cold-war/sovietsbomb.htm
7. List of nuclear close calls, Wikipedia https://en.wikipedia.org/wiki/List_of_nuclear_close_calls
8. Yudkowsky, 'AI as a positive and negative factor in global risk' https://intelligence.org/files/AIPosNegFactor.pdf

7 暗号学的宇宙探査機と、それを最初から正しく動かさねばならない理由

1. NateSoares, 'Ensuring smarter-than-human intelligence has a positive outcome' 2017 https://intelligence.org/2017/04/12/ensuring/
2. Tom Chivers, 'The space ship that took some of the greatest images of the solar system has died', BuzzFeed, September 2017 https://www.buzzfeed.com/tomchivers/cassini-death-spiral

8 ペーパークリップとミッキーマウス

1. Nick Bostrom, 'Ethical issues in advanced artificial intelligence', 2003 https://nickbostrom.com/ethics/ai.html
2. http://www.decisionproblem.com/paperclips/index2.html
3. Soares, 'Ensuring smarter-than-human intelligence has a positive outcome' https://intelligence.org/2017/04/12/ensuring/

9 賢くても愚かなことをする

1. Bostrom, *Superintelligence*, p. 9
2. Nick Bostrom, 'The superintelligent will: motivation and instrumental rationality in advanced artificial agents', 2012 https://nickbostrom.com/superintelligentwill.pdf
3. Elezier Yudkowsky, 'Ghosts in the machine', 17 June 2008 https://www.readthesequences.com/GhostsInTheMachine
4. NCD Risk Factor Collaboration, 'Trends in adult body-mass index in 200 countries from 1975 to 2014: A pooled analysis of 1698 population-based measurement studies with 19.2 million participants', *The Lancet*, 2 April 2016 http://www.thelancet.com/journals/lancet/article/PIIS0140-6736(16)30054-X/fulltext
5. Bostrom, 'The superintelligent will' https://nickbostrom.com/superintelligentwill.pdf

10 目標を達成したいなら、まずは死なないこと

1. Soares, 'Ensuring smarter-than-human intelligence has a positive outcome' https://intelligence.org/2017/04/12/ensuring/
2. Omohundro, 'The basic AI drives' https://selfawaresystems.files.wordpress.com/2008/01/ai_drives_final.pdf
3. Thucydides, *History of the Peloponnesian War*, trans. Richard Crawley (J.M. Dent & co., 1903), Chapter 1 https://ebooks.adelaide.edu.au/t/thucydides/crawley/complete.html
4. モーゲンソー、『モーゲンソー 国際政治（上）――権力と平和』、原彬久訳、2013 年、岩波書店、180 頁
5. Thomas Hobbes, *Leviathan*, 1651 (Andrew Crooke,1st edn), Chapter 13

グの『エージェントアプローチ 人工知能』を大いに参考にさせてもらった。
2. Alan Turing, 'On computable numbers, with an application to the *Entscheidungsproblem*', *Proceedings of the London Mathematical Society*, vol. s2-42, issue 1, 1 January 1937, pp. 230–265 https://doi.org/10.1112/plms/s2-42.1.230
3. J. McCarthy, M. Minsky, N. Rochester and C.E. Shannon, 'A proposal for the Dartmouth summer research project on artificial intelligence', 2 September 1956. Letter to the Rockefeller Foundation, retrieved from http://raysolomonoff.com/dartmouth/boxa/dart564props.pdf
4. I.J. Good, 'Speculations concerning the first ultraintelligent machine', *Advances in Computers*, vol. 6, 1965
5. Charles Krauthammer, 'Be afraid', *The Weekly Standard*, 26 May 1997 http://www.weeklystandard.com/be-afraid/article/9802#!
6. John McCarthy, quoted in David Elson, 'Artificial intelligence', *The Johns Hopkins Guide to Digital Media* (Johns Hopkins University Press, 15 April 2014)
7. A. Newell, J.C. Shaw and H.A. Simon, 'Chess-playing programs and the problem of complexity', *IBM Journal of Research and Development*, vol. 2(4), 1958, pp. 320–335
ニック・ボストロム、『スーパーインテリジェンス 超絶 AI と人類の命運』、40、44 頁
8. Wolfgang Ertel, *Introduction to Artificial Intelligence* (Springer, 1993), p. 109

5 いつ起きる？　巨大なブレイクスルーはいつも突然に

1. Eliezer Yudkowsky, 'There's no fire alarm for artificial general intelligence' https://intelligence.org/2017/10/13/fire-alarm/
2. Donald B. Holmes, *Wilbur's Story*, 1st edn (Lulu Enterprises, 2008), p. 91 https://books.google.co.uk/books?id=ldxfLyNIk9wC&pg=PA91&dq=%22i+said+to+my+brother+orville%22&hl=en&sa=X&redir_esc=y#v=onepage&q=%22i%20said%20to%20my%20brother%20orville%22&f=false
3. Richard Rhodes, *The Making of the Atomic Bomb* (Simon & Schuster, 2012), p. 280 https://books.google.com/books?id=aSgFMMNQ6G4C&pg=PA813&lpg=PA813&dq= weart+fermi&source=bl&ots=Jy1pBOUL10&sig=c9wK_yLHbXZS_GFIv0K3bgpmE58&hl= en&sa=X&ved=0ahUKEwjNofKsisnWAhXGlFQKHbOSB1QQ6AEIKTAA
4. Bostrom and Müller, 'Future progress in artificial intelligence' https://nickbostrom.com/papers/survey.pdf
ニック・ボストロム、『スーパーインテリジェンス 超絶 AI と人類の命運』、54 頁
5. K. Grace et al., 'When will AI exceed human performance ? Evidence from AI experts', ArXiv https://arxiv.org/pdf/1705.08807.pdf?_sp=c803ec8d-9f8f-4843-a81e-3284733403a0.1500631875031
6. David McAllester, 'Friendly AI and the servant mission', Machine Thoughts blog, 2014 https://machinethoughts.wordpress.com/2014/08/10/friendly-ai-and-the-servant-mission/
7. Luke Muelhauser, 'Eliezer Yudkowsky: Becoming a rationalist', Conversations from the Pale Blue Dot podcast, 2011 http://commonsenseatheism.com/?p=12147

6 人類絶滅の危機はどのぐらいの確率で訪れるのか

1. Eliezer Yudkowsky/MIRI, 'AI as a positive and negative factor in global risk', 2008 https://intelligence.org/files/AIPosNegFactor.pdf
2. The Giving What We Can pledge: https://www.givingwhatwecan.org/pledge/
3. Nick Beckstead and Toby Ord, 'Managing risk, not avoiding it', *Managing Existential Risk from Emerging Technologies*, Annual Report of the Government Chief Scientific Adviser 2014, p. 116 https://www.fhi.ox.ac.uk/wp-content/uploads/Managing-existential-risks-from-Emerging-Technologies.pdf
4. A. Robock, et al., 'Multidecadal global cooling and unprecedented ozone loss following a regional

21. Riciessa, 'LessWrong analytics, February 2009 to January 2017', LessWrong, 2017 https://www.lesswrong.com/posts/SWNn53RryQgTzT7NQ/lesswrong-analytics-february-2009-to-january-2017

2 宇宙で生き延びるという選択肢

1. 'Research priorities for robust and beneficial artificial intelligence: An open letter', Future of Life Institute https://futureoflife.org/ai-open-letter
2. Donald E. Brownlee, 'Planetary habitability on astronomical time scales', in Carolus J. Schrijver and George L. Siscoe, *Heliophysics: Evolving Solar Activity and the Climates of Space and Earth* (Cambridge University Press, 2010)
3. Nick Bostrom, 'Existential risk prevention as global priority', 2012 http://www.existential-risk.org/concept.pdf
4. Carl Haub, 'How many people have ever lived on Earth?', 2011 http://www.prb.org/Publications/Articles/2002/HowManyPeopleHaveEverLivedonEarth.aspx
5. ニック・ボストロム、『スーパーインテリジェンス 超絶 AI と人類の命運』、215 頁
6. 同、216 頁
7. Existential Risk FAQ, Future of Humanity Institute http://www.existential-risk.org/faq.html
8. Eliezer Yudkowsky, 'Pascal's mugging: Tiny probabilities of vast utilities', LessWrong, 2007 http://lesswrong.com/lw/kd/pascals_mugging_tiny_probabilities_of_vast/
9. Nick Bostrom, 'Pascal's mugging', 2009 https://nickbostrom.com/papers/pascal.pdf
10. Scott Alexander, 'Getting Eulered', 2014 http://slatestarcodex.com/2014/08/10/getting-eulered/
11. Scott Alexander, 'Stop adding zeroes', 2015 http://slatestarcodex.com/2015/08/12/stop-adding-zeroes/

3 そもそも AI とは何か

1. スチュワート・ラッセル、ピーター・ノーヴィグ、『エージェントアプローチ 人工知能』、古川康一訳、2008 年、共立出版、2 頁
2. A.M. Turing, 'Computing machinery and intelligence', *Mind*, vol.59, 1950, pp. 433–60
3. スチュワート・ラッセル、ピーター・ノーヴィグ、『エージェントアプローチ 人工知能』、3 頁
4. Luke Muehlhauser and Anna Salamon, 'Intelligence explosion: evidence and import', 2012 https://intelligence.org/files/IE-EI.pdf
5. Eliezer Yudkowsky, 'Expected creative surprises', LessWrong sequences, 2008 http://lesswrong.com/lw/v7/expected_creative_surprises/
6. Eliezer Yudkowsky, 'Belief in intelligence', LessWrong sequences, 2008 http://lesswrong.com/lw/v8/belief_in_intelligence/
7. Ibid.
8. Demis Hassabis et al., 'Mastering chess and shogi by self-play with a general reinforcement learning algorithm', Arxiv, 2017 https://arxiv.org/pdf/1712.01815.pdf
9. スチュワート・ラッセル、ピーター・ノーヴィグ、『エージェントアプローチ 人工知能』、4 頁
10. Nick Bostrom and Vincent C. Müller, 'Future progress in artificial intelligence: A survey of expert opinion', *Fundamental Issues of Artificial Intelligence*, 2016 https://nickbostrom.com/papers/survey.pdf
11. Nick Bostrom,'How long before superintelligence?', *International Journal of Future Studies*, vol. 2 1998 https://nickbostrom.com/superintelligence.html

4 AI の数奇な歴史

1. この章に記した歴史は、ニック・ボストロムの『スーパーインテリジェンス』と、ラッセルおよびノーヴィ

原注

※ URL は 2019 年 6 月の原著出版時点のもの

イントロダクション「あなたの子供たちが老化で死ぬことはないと思う」

1. Elon Musk, Twitter, 3 August 2014
https://twitter.com/elonmusk/status/495759307346952192?lang=en
2. https://qz.com/698334/bill-gates-says-these-are-the-two-books-weshould-all-read-to-understand-ai/
3. Cambridge University press release, 19 October 2016
http://www.cam.ac.uk/research/news/the-best-or-worst-thing-to-happen-to-humanity-stephen-hawking-launches-centre-for-the-future-of
4. ニック・ボストロム、『スーパーインテリジェンス 超絶 AI と人類の命運』、倉骨彰訳、日本経済新聞出版社、467 頁
5. https://en.wikipedia.org/wiki/2017_California_wildfires

1 合理主義者とは

1. http://yudkowsky.net/obsolete/singularity.html
2. *Omni* magazine, January 1983
3.'Raised in technophilia', LessWrong sequences, 17 September 2008
https://www.readthesequences.com/RaisedInTechnophilia
4. 'The magnitude of his own folly', LessWrong sequences, 30 September 2008
https://www.readthesequences.com/TheMagnitudeOfHisOwnFolly
5. Nick Bostrom, 'A History of Transhumanist Thought', *Journal of Evolution and Technology*, vol. 14, issue 1, 2005 https://nickbostrom.com/papers/history.pdf
6. Marie Jean Antoine Nicolas Caritat, Marquis de Condorcet, *Esquisse d'un tableau historique des progrès de l'esprit humain* (Masson et Fils, 1822)
7. Benjamin Franklin, letter to Jacques Dubourg, 1773, US government archives
https://founders.archives.gov/documents/Franklin/01-20-02-0105
8. Julian Huxley, *Religion Without Revelation* (Harper Brothers, 1927)
9. Eliezer Yudkowsky, *My life so far*, August 2000
http://web.archive.org/web/20010205221413/http://sysopmind.com/eliezer.html#timeline_great
10. William Saletan, 'Among the Transhumanists', *Slate*, 4 June 2006
https://web.archive.org/web/20061231222833/http://www.slate.com/id/2142987/fr/rss/
11. Quoted in Bostrom, 'A History of Transhumanist Thought', p. 14
12. Alvin Toffler, *Future Shock* (Turtleback Books, 1970)
13. Eliezer Yudkowsky, 'Future shock levels', SL4 archives, 1999 http://sl4.org/shocklevels.html
14. Eliezer Yudkowsky, 'The plan to Singularity', 2000 http://yudkowsky.net/obsolete/plan.html
15. 'Re: the AI box experiment', SL4 archives, 2002 http://www.sl4.org/archive/0203/3141.html
16. Nick Bostrom, 'The simulation argument', SL4 archives, 2001
http://www.sl4.org/archive/0112/2380.html
17. History of LessWrong, https://wiki.lesswrong.com/wiki/History_of_Less_Wrong
18. Overcoming Bias: about http://www.overcomingbias.com/about
19. 'Fake fake utilityfunctions', LessWrong sequences, 6 December 2007
http://lesswrong.com/lw/lp/fake_fake_utility_functions/
20. 聖書はこれ以上に長い。欽定訳聖書は 78 万 3137 字だ。それを調べているときに知ったのだが、初期の頃は誰かが一語見落としてしまったため 78 万 3136 字となっていた。不運なことに、そのせいで十戒の第六戒「汝、姦淫するなかれ」が「汝、姦淫せよ」となってしまっていた。

著訳者プロフィール

トム・チヴァース（Tom Chivers）

サイエンスライター・作家。テレグラフに7年間、バズフィードに3年間勤めて2018年にフリーランスとなった。かつてテリー・プラチェット卿から「ジャーナリストになるにはお人好しすぎる」と評されたこともあったが、2017年にはサイエンスライティングの分野において英国サイエンスライター協会賞やブリティッシュ・ジャーナリズム賞の最終候補にノミネートされただけでなく、アメリカ心理学協会のメディア賞も獲得。2018年には、王立統計学会から統計を活用した優秀なジャーナリズムに贈られる賞を獲得した。デビュー作となる本書は、『タイムズ』紙が選ぶ2019年の科学本のひとつに名を連ねた。

樋口武志（ひぐち・たけし）

1985年福岡生まれ。訳書に『ウェス・アンダーソンの風景』(DU BOOKS)、『insight』『異文化理解力』(英治出版)、『無敗の王者 評伝ロッキー・マルシアノ』(早川書房)、字幕翻訳に『ミュータント・ニンジャ・タートルズ：影<シャドウズ>』など。

AIは人間を憎まない

2021年6月6日　第1刷発行

著　者　トム・チヴァース
訳　者　樋口武志

発行者　大山邦興
発行所　株式会社　飛鳥新社
〒101-0003東京都千代田区一ツ橋2-4-3
光文恒産ビル
電話（営業）03-3263-7770（編集）03-3263-7773
http://www.asukashinsha.co.jp

装　丁　山之口正和（OKIKATA）
カバー写真　© Getty Images

印刷・製本　中央精版印刷株式会社

ISBN978-4-86410-771-6

編集担当　矢島和郎